Michael Eric Dyson

TUPAC SHAKUR

Michael Eric Dyson

TUPAC SHAKUR

Vermächtnis
einer Legende

riva

Bibliografische Information der Deutschen Nationalbibliothek
Die Deutsche Nationalbibliothek verzeichnet diese Publikation in der Deutschen Nationalbibliografie. Detaillierte bibliografische Daten sind im Internet über http://dnb.d-nb.de abrufbar.

Für Fragen und Anregungen
info@m-vg.de

Wichtiger Hinweis
Ausschließlich zum Zweck der besseren Lesbarkeit wurde auf eine genderspezifische Schreibweise sowie eine Mehrfachbezeichnung verzichtet. Alle personenbezogenen Bezeichnungen sind somit geschlechtsneutral zu verstehen.

2. Auflage 2024
© 2021 by riva Verlag, ein Imprint der Münchner Verlagsgruppe GmbH
Türkenstraße 89
80799 München
Tel.: 089 651285-0

Die amerikanische Originalausgabe erschien 2001 bei Basic Books, an imprint of Perseus Books LLC, a subsidiary of Hachette Book Group, Inc., New York, New York, USA, unter dem Titel *Holler If You Hear Me: Searching for Tupac Shakur*. © 2001 by Michael Eric Dyson. All rights reserved.
This edition published by arrangement with Basic Books, an imprint of Perseus Books LLC, a subsidiary of Hachette Book Group, Inc., New York, New York, USA. All rights reserved.

Alle Rechte, insbesondere das Recht der Vervielfältigung und Verbreitung sowie der Übersetzung, vorbehalten. Kein Teil des Werkes darf in irgendeiner Form (durch Fotokopie, Mikrofilm oder ein anderes Verfahren) ohne schriftliche Genehmigung des Verlages reproduziert oder unter Verwendung elektronischer Systeme gespeichert, verarbeitet, vervielfältigt oder verbreitet werden. Wir behalten uns die Nutzung unserer Inhalte für Text und Data Mining im Sinne von § 44b UrhG ausdrücklich vor.

Übersetzung: Peter Peschke
Redaktion: Rainer Weber
Umschlaggestaltung: Catharina Aydemir
Umschlagabbildung: Michael O'Neill/Corbis via Getty Images
Satz: Carsten Klein, Torgau
Druck: GGP Media GmbH, Pößneck
Printed in Germany

ISBN Print 978-3-96775-029-4
ISBN E-Book (PDF) 978-3-96775-030-0
ISBN E-Book (EPUB, Mobi) 978-3-96775-031-7

Weitere Informationen zum Verlag finden Sie unter

www.rivaverlag.de

Beachten Sie auch unsere weiteren Verlage unter www.m-vg.de

DEN FRAUEN GEWIDMET, DIE TUPAC LIEBTE

Afeni Shakur
Jada Pinkett Smith
Leila Steinberg
Danyel Smith
Cassandra Butcher
Jasmine Guy
Tracy Robinson
Kidada Jones

UND DEN SCHWESTERN, DIE FURCHTLOS UNSERE JUGEND LIEBEN

Maxine Waters
Nikki Giovanni
Sonia Sanchez
Ingrid Saunders Jones
Ruth J. Simmons
Susan L. Taylor
Toni Morrison

Hinweis an den Leser

Michael Eric Dyson (*1958) zählt zu den führenden intellektuellen Stimmen der USA und gilt als Biograf des schwarzen Amerikas. Unter anderen veröffentlichte er Bücher über Martin Luther King Jr., Malcolm X, Marvin Gaye, Jay-Z und Barack Obama. Seine Tupac-Biografie *Holler If You Hear Me* wurde zuerst 2001 veröffentlicht und erscheint nun erstmalig auf Deutsch. Während Dysons soziale und kulturelle Beobachtungen von ungebrochener Aktualität sind – zumal vor dem Hintergrund der *Black-Lives-Matter*-Bewegung –, wurde der Originaltext für die Übersetzung an einigen Stellen behutsam aktualisiert. So wurden Hinweise auf inzwischen verstorbene Interviewpartner eingebaut und vereinzelt popkulturelle Referenzen angeglichen.

Hip-Hop und insbesondere Gangsta-Rap ziehen einen nicht geringen Teil ihrer Wirkmacht aus dem Gebrauch von degradierenden (aber häufig in einem selbstermächtigenden Sinne verwendeten) Slang-Begriffen wie *nigga*, *bitch* oder *thug*. Diese Wörter sind im Genrekontext zu begreifen und lassen sich auch dann nicht immer sinnvoll ins Deutsche übertragen, wenn das Wörterbuch verschiedene Übersetzungsmöglichkeiten vorsieht. Da Dysons Text ausführliche sprachkulturelle Einordnungen der verwendeten Begriffe liefert, wurden diese Wörter in ihrer ursprünglichen Form belassen und durch eine kursivierte Kleinschrift kenntlich gemacht. Ähnlich wurde auch mit einigen wenigen anderen Begriffen verfahren, die dem amerikanischen Gangsta-Rap-Umfeld zuzuordnen sind und sich nicht wirklich mit einer deutschen Übersetzung wiedergeben lassen.

INHALT

Intro: »I Always Wanted to Make a Book Out of My Life« 9
    Auf der Suche nach Tupac 9

Teil 1: Ketten der Kindheit und das Streben der Jugend 25

    Kapitel 1: »Dear Mama« 27
        Die Liebe einer Ghetto-Mutter 27

    Kapitel 2: »The Son of a Panther« 51
        Eine postrevolutionäre Kindheit 51

    Kapitel 3: »No Malcolm X in My History Text« 71
        Die Schule, das Lernen und Tupacs Bücher 71

Teil 2: Porträts eines Künstlers 101

    Kapitel 4: »Give Me a Paper and a Pen« 103
        Tupacs Stellung im Hip-Hop 103

    Kapitel 5: »For All the Real Niggas Out There« 135
        Das Ringen um Authentizität 135

Teil 3: Körper und Credos 163

    Kapitel 6: »Do We Hate Our Women?« 165
        Huren und Heilige 165

    Kapitel 7: »But Do the Lord Care?« 189
        Gott und Tod, Leid und Mitleid im Ghetto 189

Kapitel 8: »I Got Your Name Tatted on My Arm« 215
   Den schwarzen Körper lesen 215

Outro: »How Long Will They Mourn Me?« 229
   Das Nachleben eines Heilsbringers aus dem Ghetto 229

Danksagung 249

Anhang 253
   Anmerkungen 255
   Literaturverzeichnis 263
   Register 281
   Bildnachweis 285
   Über den Autor 287

Intro

»I ALWAYS WANTED TO MAKE A BOOK OUT OF MY LIFE«

Auf der Suche nach Tupac

Im März 2001 machte ich mich an einem warmen Sonntagnachmittag auf den Weg zum Warehouse District von Los Angeles, in der Hoffnung, mich mit Snoop Dogg über seinen verstorbenen Freund und Gelegenheitskollaborateur Tupac Shakur unterhalten zu können. Der berühmte Rapper sollte mit seinen Kollegen Warren G und Nate Dogg ein kleines, privates Promo-Set spielen, das die Sportschuh-Firma, deren Werbeträger er war, auf die Beine gestellt hatte. Ich stieg die Treppen der umgebauten Lagerhalle hinauf, die als Hauptsitz der Firma dient. Im dritten Stockwerk entdeckte ich einen behelfsmäßigen Backstage-Bereich, in dem sich Künstler und Medienvertreter vor der Show aufhalten konnten. Ich gesellte mich zu den anderen Journalisten und hielt Smalltalk mit einer Handvoll Celebrities und Künstlern, die sich kurz sehen ließen, während ich auf Snoops Ankunft wartete. Ein paar Minuten lang konnte ich mich mit Big Boy unterhalten – ein Radiomoderator, der als Bodyguard der West Coast Hip-Hop-Kombo The Pharcyde Zeit mit Tupac verbracht hatte, wenn man gemeinsam unterwegs war.

»Weißt du, was mir an dem Kerl gefallen hat?«, fragte mich Big Boy, als wir uns in eine stille Ecke drückten, während um uns herum ein intimes Grüppchen von mehr als fünfzig Personen durch den Raum wuselte. »Er hat jeden geliebt, aber er hat immer gewusst, dass er ein starker, schwarzer Mann war. Und er hatte keine Scheu davor, eine Menge Zeug auszusprechen; Sachen, die andere nicht sagten. Andere meinten: ›Das kann ich nicht sagen.‹ Aber Pac nicht. Wenn du willst, dass dir jeder zuhört, dann kannst du nicht einfach rumsitzen und sagen: ›Hey ...‹ Du musst dir schon Gehör verschaffen.«

Ohne Vorwarnung beendete Big Boy seinen Gedanken, indem er mit den Händen einen Trichter um seinen Mund formte und aus voller Lunge schrie: »HEY!« Er erschreckte mich und all die anderen Leute im Raum.

Nachdem ich mich von diesem unerwarteten Schallangriff erholt hatte – mit krausgezogener Stirn und zusammengekniffenen Augen –, fuhr er fort, sichtbar erheitert über meine Reaktion und das jähe Innehalten der Menge.

»Manchmal musst du schreien. Du musst die Aufmerksamkeit an dich reißen. Und deshalb lebt seine Musik auch weiter, deshalb ist es den Leuten nicht egal – weil er so einen gewaltigen Eindruck hinterlassen hat. Es ist ja nicht so, dass Pac erst nach seinem Ableben ein Star wurde. Pac war schon ein Star, als ich ihm das erste Mal die Hand schüttelte. Von Anfang an war er ein Star. Er hat einfach *immer* Aufmerksamkeit eingefordert.«

Damit war unser improvisiertes Interview vorbei und ich suchte den Raum nach anderen Leuten ab, die Tupac gekannt haben konnten. Zufällig begegnete mir Ray J. Er und seine Schwester Brandy waren Stars der TV-Show *Moesha*, und beide waren auch als Musiker erfolgreich.

»Ich habe gerade einen neuen Song mit Tupac aufgenommen«, erzählte mir der junge Künstler.

Oh je, dachte ich bei mir. Er ist zwar talentiert, aber offenbar ist mein junger Bruder einer von denen, die glauben, dass Tupac noch am Leben ist. Aber dann fiel mir wieder ein, dass Tupacs posthum veröffentlichte

Tracks bereits Legendenstatus hatten. Viele Künstler waren ins Studio gegangen, um Musik und Vocals für Hunderte von Tonspuren beizusteuern, die er vor seinem Tod aufgenommen hatte.

»Die Nummer heißt ›Unborn Child‹ und wird auf seiner neuen Doppel-CD sein. Bisher hat sie noch niemand gehört.«

Für Ray J war die Arbeit mit Tupac aufregend. Während wir sprachen, erinnerte ich mich daran, dass moderne Technologien es möglich machten, dass selbst lebende Künstler, wenn sie an einer gemeinsamen Nummer arbeiteten, nur noch selten zur selben Zeit am selben Ort aufnahmen. Gewissermaßen war diese Vorgehensweise also nichts Neues. Aber sein schwärmerischer Gesichtsausdruck verriet mir, dass die Gelegenheit, einen Track mit Tupac aufzunehmen, ihn begeisterte.

»Tupac ist einer der größten Poeten unserer Zeit«, sagte Ray J. Mir fiel auf, dass er im Präsens sprach, wohl weil Tupacs Kunst, die in immer neuen Büchern, Filmen und Tonaufnahmen Verbreitung findet, es schwer macht, in der Vergangenheitsform über ihn zu sprechen.

»Das ist ein Bruder, der vor seinem Abgang einfach ins Studio ging und Songs aufgenommen hat, die einer Menge Leute nahegehen und von denen sie lernen können. Wie er selbst gesagt hat: Er ist einfach nur ein *thug* – jemand, der ein rastloses Outlaw-Leben außerhalb gesellschaftlicher Normen führt –, aber ein *thug* mit einer Menge Kohle. Aber er ist eben auch ein *thug*, der den Kids eine positive Message mit auf den Weg gibt, damit sie so werden können wie er.«

Mir fiel auf, dass er weiterhin im Präsens sprach – ohne einen Anflug von Ironie, vielmehr sehr leidenschaftlich –, was seinen Worten eine gewisse Schieflage gab; außerdem interessierte mich, wie ein *thug*, und möge er auch ein begabter Poet sein, diesem jungen Mann, der für seine braven Texte und sein freundliches Auftreten bekannt war, als Vorbild dienen konnte. Also fragte ich Ray J.

»Er hat uns beigebracht, dass wir für uns selbst sorgen können, dass wir es als Unternehmer in diesem Spiel zu Reichtum bringen können.«

Seine Presseagentin gab ihm zu verstehen, dass sein nächster Termin anstand. Ich blieb allein zurück und fragte mich, wie viele junge

Menschen Tupac noch mit seiner Message und seiner Musik berührt hatte, wie viele der folgenden Generationen die Erinnerung an ihn durch ihre Bewunderung lebendig halten würden. In diesem Augenblick bemerkte ich den atemberaubend begabten Schauspieler Larenz Tate, der durch seine lebendigen, versierten und nachdenklichen Auftritte in den Filmen der Hughes-Brüder – *Menace II Society* und *Dead Presidents* – bekannt geworden war. Es war aber klar, dass er *on the down-low* war, wie es im Hip-Hop heißt: sehr zurückhaltend und bescheiden und daher unauffällig (zumindest hoffte er das). Nachdem wir ein paar Höflichkeitsfloskeln ausgetauscht und unserer Bewunderung für den jeweils anderen Ausdruck verliehen hatten, führte er mich aus dem Raum hinaus ans andere Ende des Flurs, damit wir wirklich ungestört waren – und um den anderen Schreiberlingen zu signalisieren, dass er sich nicht von jedem anwesenden Journalisten ausquetschen lassen wollte. Er sprach klug, sehr herzlich und nahbar, auf eine leise und nachdenkliche Art.

»Für seine eingefleischten Fans und die Leute, die ihn kannten, war er ein Prophet«, erläuterte Tate mit ruhiger, fast schon geflüsterter Stimme. »Es ist wirklich merkwürdig, wie ein Mensch Dinge vorhersagen konnte, so wie er das gemacht hat. Nach seinem Tod ist all das, wovon er vorher gesprochen hatte, tatsächlich auch eingetreten.«

Ein Funke geht von Tate aus, als er weiterspricht; sein intensiver Blick leuchtet förmlich auf, als er auf eine oft bemühte Parallele hinweist, die nicht weniger wahr wird, nur weil man sie immer wieder hört.

»Ich halte ihn für den Elvis Presley des Hip-Hops«, erklärte Tate. »Überall auf der Welt gibt es Menschen, die Tupac gesehen haben wollen.« Während er über Tupac und Elvis sprach, drängte sich mir ein Gedanke auf: Es wird auch höchste Zeit. Weiße Leute sichten ständig irgendwo Elvis, JFK oder Marilyn Monroe. Das ist eine große Sache, wenn deine Ikonen und Helden nur scheinbar tot sind, in Wirklichkeit aber auf einer einsamen Insel abhängen, um ungesehen alt zu werden und die Legende zu überdauern, die sie geworden sind. Immer wieder hatte ich mich im Laufe der Jahre gefragt, warum niemand je berichtete, er habe beispielsweise Sam Cooke, Otis Redding, Billie Holiday oder auch nur Donny Hathaway gesehen – im Schatten einer Palme, ganz im Reinen mit der Tatsache, dass zwischen ihnen und ihrer tragischen, von Legenden umrankten Vergangenheit Welten liegen. Schwarze Mythologien und Legenden lassen sich nur schwer errichten – und noch schwieriger ist es, sie am Leben zu halten.

»Er hat definitiv seine Spuren in der Hip-Hop-Kultur hinterlassen.« Tates Worte rissen mich aus meiner kurzen Tagträumerei. »Aber es ist ihm auch gelungen, über den Hip-Hop hinaus in die Popwelt aufzusteigen, in die Welt von Film und TV und allen möglichen anderen Medien. Dass er heute noch so groß wie zu Lebenszeiten ist, ist unglaublich.« Da Tate ein solch talentierter Schauspieler ist, fragte ich ihn, wie er Tupacs filmische Aura einschätzte.

»Vor der Kamera möchtest du die Wahrheit zeigen, oder etwas, das *echt* ist. Was Geschichten aus dem Leben anbelangt – und meist war Tupac in Filmen zu sehen, die das Leben auf der Straße zeigen sollten, wie es wirklich war –, so konnte er von seinen eigenen Erfahrungen, von seinem Leben auf der Straße zehren.« Wahrheit, Authentizität, das *Echte*, das sind Begriffe, die häufig fallen, wenn von Tupac die Rede ist – und es sind Ideen, an denen er selbst sich abgearbeitet hat. *»Keeping it real«*, echt und bodenständig bleiben, ist das Mantra, das Tupac in verheerender, letztlich vielleicht sogar tödlicher Weise ausgeschöpft hat. Tate sprach über die kurzen Begegnungen zwischen ihm und Tupac, über das Versprechen, das sie einander gemacht hatten. Ein Versprechen, das sie nicht halten konnten.

»Ich habe nicht so viel Zeit mit Tupac verbracht, wie ich das gerne gewollt hätte«, klagte Tate. »Eine Menge Leute, die sowohl Tupac als auch mich gut kannten, sagen, dass es toll gewesen wäre, wenn wir die Gelegenheit gehabt hätten, uns wirklich intensiv auszutauschen. Dann hätte er vielleicht den positiven Dingen mehr Beachtung geschenkt. Dazu ist es aber leider nie gekommen.« Leider, das kann man wohl sagen, denn die Liebe und die Inspiration, die schwarze Männer brauchen, um am Leben zu bleiben, sind oft genug etwas, das ein Bruder ihnen hätte geben können. Die Vorstellung, dass Tupacs Leben durch Tate einen anderen Verlauf hätte nehmen können, stellt eine verpasste Chance dar. Man fragt sich still: Was wäre gewesen, wenn ...? Wir verabschieden uns voneinander, wie schwarze Männer das so oft tun. Die rechten Hände umschlingen einander freundschaftlich, der rechte Arm wird angewinkelt, um den anderen zu uns heranzuziehen; den linken Arm legen wir um die Schulter des jeweils anderen. Tupac ist die Brücke, die uns einander so nah gebracht hat, aber das müssen wir nicht aussprechen. Ein vorbehaltloses Anerkennen dieser Tatsache im Blick des Gegenübers ist ausreichend.

Gleich nachdem unsere Wege sich getrennt hatten, hörte ich draußen die langerwartete Bus-Karawane, die unten vor dem Lagerhaus vorfuhr. Sie kamen nur zwei Stunden zu spät, was nicht schlecht ist in CP-Zeit. [*CP time* ist ein amerikanischer Ausdruck für *colored people's time* und er bezieht sich auf das negative Stereotyp, dass Schwarze chronisch unpünktlich seien; in Bezug auf Snoop und seine Leute meine ich damit aber *chilling posse*-Zeit, also das Zeitempfinden einer »gechillten« Clique.] Da Snoop sich seinen Namen von einem Hund geliehen hat, machte es irgendwie Sinn, dass wir gefühlt in Hundejahren gealtert waren, während wir auf ihn warteten. Als ich aus den höhlenartigen Räumlichkeiten hinaus ins Sonnenlicht trat, wurde ich von einer Horde von Kameras und Reportern begrüßt, die alle versuchten, ein Stückchen Snoop abzubekommen, während er vom Bus in das Backstage-Zimmer ging, das man für ihn reserviert hatte – und das war nicht der große Raum, in dem die meisten von uns gewartet hatten. Natürlich waren führende Mitarbeiter des Turnschuh-Herstellers da, ebenso wie eine Menge Handlanger und sonstiges Personal, das sich anschickte, Snoop in seine Garderobe zu begleiten. Von Minute zu Minute war mir unbehaglicher zumute. Mir war klar, dass das nicht der richtige Weg war, um an ein ernsthaftes Interview zu gelangen; dabei hatte ich im Vorfeld alles versucht, um Snoop über die herkömmlichen und eigentlich zuverlässigeren Kanäle zu erreichen. Nachdem aber sämtliche Versuche gescheitert waren, setzte ich auf Glück und Zufall: Jemand, der bei der

Organisation des Konzertes involviert war, hatte mich im Hotel angesprochen, weil er mich aus dem Fernsehen und von meinen Büchern kannte; er bot mir einen Backstage-Pass an, als ich ihm erzählte, wie gerne ich im Rahmen meiner Recherchen für ein Buch über Tupac mit Snoop sprechen würde. Mich in Ecken rumzudrücken, um auf Prominente zu warten, während ich die Menschenmenge um mich herum abwehrte – das war nicht wirklich meine Sache. Ich wollte einfach nur ein bisschen Zeit mit einem Mann verbringen, von dem ich dachte, dass er meinem Anliegen dienlich sein könnte.

Außerdem hatte ich genug über Hip-Hop gelesen und geschrieben, hatte genug Konzerte und Shows und Club-Promos besucht, um zu wissen, dass ein Rapper sich in seiner Männlichkeit von nichts so sehr angegriffen fühlt wie von »männlichen Groupies«. Es gibt im Hip-Hop eine eigene Form der Schmähung, einen Diss, der sich in gehässiger und verachtender Weise gegen Typen richtet, die ihre Liebe für den Hip-Hop und seine Stars allzu offen zur Schau stellen, indem sie hinter der Bühne auftauchen, um ein Autogramm zu ergattern oder ihr Idol mit Lob zu überschütten. Im misogynen Jargon dieser Kultur galt das als Job der *hoe* oder der *bitch*, der Nutten und Schlampen, und mir war absolut nicht daran gelegen, mich den hasserfüllten Blicken oder der brüsken Zurückweisung von jungen Menschen auszusetzen, die im selben Alter waren wie die Studierenden, die ich an der Universität unterrichtete. Zumindest dachte ich das. Bis mir klar wurde, dass mir kaum Zeit bleiben würde, um Snoop näherzukommen, wenn ich wartete, bis das Gedränge um ihn herum sich auflösen würde, sobald er seinen Rückzugsort im oberen Stockwerk erreicht hatte. Hier stand ich nun also in einer Reihe mit all den Reportern und Hofschranzen, denen das üppig bemannte Security-Team kurzzeitigen Zugang zu dem Bereich gewährte, in dem der Bus geparkt hatte, um die Rap-Stars aussteigen zu lassen. Es war mir gelungen, einen Platz an der Bustür zu ergattern, als diese sich öffnete und eine Rauchwolke hinausließ, die die Schaulustigen begrüßte. Ich erkannte das Gesicht von Warren G. (Genau wie bei Snoop konnte man in dessen Musik die südkalifornische Herkunft hören, und seine

Melodien wurden oft von der angenehmen Stimme des so früh verstorbenen Gangsta-Crooners und Predigersohns Nate Dogg unterstützt.) Mir schien, ich sollte mein Anliegen am besten ohne Umschweife vorbringen, da der Konkurrenzdruck durch die umstehenden Kollegen fast genauso schwer auf mir lag wie der Weed-Geruch, der durch die Luft waberte.

»Warren G, Bruder, ich arbeite an einem Buch über Tupac, und ich würde wirklich gerne deine Meinung über ihn hören.« Ich kam mir dumm vor, als ich diese Worte so schnell, so öffentlich und, ja, auch so verzweifelt aussprach. Ich schämte mich furchtbar, aber das war mir nun auch egal. Vermutlich war ich so etwas wie die Hip-Hop-Entsprechung des besorgten weißen Liberalen – die Szene konnte sich meiner Unterstützung in allen möglichen Formen gewiss sein, aber wenn es darum ging, meinen Körper und mein Ego zu kompromittieren, sah die Sache schon wieder ganz anders aus. Während das Drama seinen Lauf nahm, meldete sich meine Selbstwahrnehmung lautstark zu Wort: »Ich bin nicht irgendwer, ich bin ein Intellektueller, jemand, der Bücher schreibt und im Fernsehen auftritt, eine Menge Leute finden das, was ich zu sagen habe, wichtig. Ich habe hier nichts zu suchen und ich sollte mich auch nicht so aufführen. Ich sollte von hier verschwinden.« Aber nun war ich schon so weit gekommen, dass es wohl nicht schaden könnte, noch ein bisschen länger auszuhalten. Und noch während ich das dachte, öffnete Warren G den Mund.

»Scheiße, du nimmst auch keine Gefangenen, was?«, sagte er amüsiert. Das (nach Hip-Hop-Standards) greise Schreiberlein, das ihm auf die Pelle rückte und mit einem Tonbandgerät unter der Nase rumfuchtelte, um etwas über einen gefallenen Kameraden in Erfahrung zu bringen, entlockte Warren ein leises Lachen. Aber er war ein guter Kerl, wie ich schon bald feststellte; ein viel besserer Kerl als seine geschwätzigen Kollegen.

»Hey, ich muss meine Chancen eben nutzen, Mann«, entgegnete ich schnell.

»Was willst du denn wissen?«, fragte er.

»Ich will wissen, wie es kommt, dass Tupac auch Jahre nach seinem Tod noch eine so bedeutende Rolle spielt.«

Warren hielt sich im Türrahmen des Busses fest und lehnte sich leicht nach hinten, bevor er zu sprechen ansetzte.

»Er hatte einfach immer eine echte Message, die direkt ins Herz spricht – weißt du, was ich meine?«, sagte er. »Ich habe oft mit ihm zusammengearbeitet; wir sind nie beste Freunde geworden, aber wir wussten immer, dass wir einander liebten und respektierten. Als er ›Definition of a Thug Nigga‹ aufgenommen hat, durchlebte ich gerade eine schwierige Zeit, genau wie er, also tauschten wir uns aus. Das hat uns wirklich geholfen, einander besser zu verstehen.« Als ich ihn darum bat, mir etwas über Tupac zu erzählen, wovon die Welt noch nicht weiß, sprach er über dessen Arbeitsmoral.

»Im Studio war er unglaublich«, sagte Warren G. »Er hielt seine Geschäfte am Laufen. Kaum dass man ihm die Hand gegeben und ein paar Sätze gewechselt hatte, ging er los und holte sich seinen Schreibblock. Verdammt, dann legte er los. Und dann fügte sich eins zum anderen.«

Ich bedankte mich bei Warren G, der nun aus dem Bus stieg und gemächlich in Richtung Lagerhaus ging. Nach ihm stieg Nate Dogg aus, der Crooner mit der Samtstimme, der Frank Sinatra des Gangsta-Rap, der als Gastsänger auf zahllosen Rap-Songs zu hören ist. Als ich Nate nach Tupac fragte, reagierte er zurückhaltender, steif und eher abwehrend, darauf bedacht, sich selbst zu schützen. Ganz offensichtlich hatte ich einen Nerv getroffen, und er ließ mich höflich abblitzen, indem er mir sagte, dass er oben mit mir sprechen würde. »Lass mich erst mit meinen Leuten reden, danach können wir uns unterhalten.« Aber ich wusste, dass meine Chancen gegen null gingen.

Als dann Snoop aus dem Bus stieg, die Augen hinter einer schwarzen Sonnenbrille versteckt, das Haar zu zwei üppigen Zöpfen geflochten, die sein Gesicht von links und rechts einrahmten, wurde mir klar, dass es beinahe unmöglich sein würde, zu ihm vorzudringen. Ich war also kurz davor aufzugeben, als ich Big Tray Deee entdeckte, der für The Eastsidaz rappte und zusammen mit Tupac auch auf dem Soundtrack zu *Gridlock'd* vertreten war (ein Film, bei dem Vondie Curtis-Hall Regie geführt hatte). Ich beschloss, nach oben zu gehen und mich ein wenig in der Küche aufzuhalten, wo für die Künstler und ihre Gäste ein Catering bereitgestellt worden war. Ich setzte mich an den Tisch, an dem auch Big Tray Deee einen Platz gefunden hatte. Seine hübsche kleine Tochter saß neben ihm. Ihr geflochtenes und von Spangen gehaltenes Haar war eine stilvolle Ergänzung zu den Jheri-Curls, die unter Big Tray Deees Basecap hervorlugten. Der Mann sah aus wie ein echter West-Coast-Player mit einem Achtzigerjahre-Vibe. Es sprang einem förmlich ins Auge, dass Big Tray Deee ein warmherziges Wesen hatte, und die Art, wie er sich um sein geliebtes Kind sorgte, stand im dramatischen Gegensatz zu seinem Ruf als harter Gangsta-Rapper. Ich fragte ihn nach Tupac, und während er sich die leckere Barbecuesauce von den Fingern leckte, die seine Spareribs überzog, öffnete er mir sein Herz.

»Ich wusste, dass er ein Workaholic war«, sagte er, und wiederholte damit, was zuvor schon Warren G angemerkt hatte. »Er schrieb so drei oder vier Songs pro Tag. Wenn er so richtig im Flow war und seine Boys mitzogen, dann schaffte er auch sechs oder sieben Songs an einem Tag. Es war phänomenal, ihm dabei zuzusehen.« Nachdem er über Tupacs Stil gesprochen hatte – die Art, wie er an einen neuen Song heranging, die Themen, an denen er sich abarbeitete, und was diese in Big Tray Deee selbst auslösten –, kam der Rapper auf Tupacs Vermächtnis zu sprechen.

»Jeder weiß, dass er zu früh von uns genommen wurde«, sagte Big Tray Deee. »Er hatte nicht die Chance, sein Potenzial voll zu entfalten, so wie Howard Hughes, Michael Jackson oder all die Menschen, die alt genug geworden sind, um ihren Ruhm wirklich mitzuerleben. Er wird nicht das Vergnügen haben zu sehen, wie man sich an seine Musik erinnert; er wird nie die Statuen sehen, die sie von ihm anfertigen. Verstehst du, was ich sagen will? Die Leute fühlen mit ihm mit. Er war ein großartiger Mensch. Wir spüren die Lücke, die er hinterlassen hat.«

Es berührte mich, wie dieser sommersprossige Soldat, dessen Ghetto-Narben nicht sichtbar, aber spürbar waren, in bewegenden Worten über die Momente von Kreativität und Bruderschaft sprach, die er und Tupac miteinander erlebt hatten. Noch bemerkenswerter war indes, was als Nächstes passierte; es wärmte und brach mir das Herz im selben Augenblick. Nachdem Big Tray Deee seine Ausführungen beendet und ich mich bei ihm bedankt hatte, fing er zu weinen an. Stumm, ohne zu schluchzen, aber stetig, zwanzig Minuten lang. Die Tränen röteten seine Augen und quollen über seine Wangen. Seine Tochter hielt sich am Arm ihres Vaters fest und funkelte mich an, als hätte ich ihren Vater verletzt. Ich bot ihm mehrere Servietten an, in die er seine wortlose Pein ergoss, ganz ohne sich um sein Ansehen oder seine Männlichkeit zu scheren. Als ich sah, dass er sich ausgeweint hatte, bedankte ich mich bei ihm und ging wieder nach draußen. Aber das Bild von diesem weinenden Mann wird mir auf ewig eine kraftvolle Metapher für den Schmerz sein, den so viele angesichts des Verlustes von Tupacs unbeschreiblicher Begabung empfunden haben. Sie bleibt ein Geschenk, das auch heute noch zu Millionen von Menschen aus aller Welt spricht.

Auch wenn ich an diesem Tag nicht das bekam, wofür ich eigentlich gekommen war – ein Interview mit Snoop Dogg –, so wurde ich doch mehr als reich belohnt. Ich konnte mir einen üppigeren Eindruck von der Vielschichtigkeit von Tupacs Leben verschaffen, von den unterschiedlichen Identitäten, die ihn als Mensch definierten, von den miteinander konkurrierenden Leidenschaften, denen er seine Aufmerksamkeit widmete, und von den widersprüchlichen Kräften, die seine Kunst und seine Karriere formten. Tupac ist womöglich *die* Galionsfigur seiner Generation. In seiner eindringlichen Stimme klingen sowohl die lebendige Hoffnungsfreude als auch die verzweifelte Hoffnungslosigkeit an, die die äußeren Parameter der Hip-Hop-Kultur abstecken, der er sich so beherzt verschrieben hat; es klingen die Leben von Millionen junger Menschen an, die ihn bewunderten und verehrten. Doch je größer seine Legende wird, desto mehr entzieht sich Tupac historischen Betrachtungsweisen, desto mehr wird er zum Gefangenen eines skrupellosen Wettstreits der Bilder, die den Mythos umreißen, zu dem er innerhalb seines Kulturkreises geworden ist. All die Motive, die in den Gesprächen anklangen, die ich an jenem Tag im Lagerhaus führte, sind wichtig: seine starke schwarze Maskulinität, seine Bereitschaft, die Stimme zu erheben, sein Hunger nach Aufmerksamkeit, seine kraftvolle Poesie, sein *thug*-Image, seine unternehmerischen Großtaten, seine prophetischen Standpunkte, sein Status als popmusikalische Ikone, seine Suche nach einem authentisch schwarzen Erleben, seine von Herzen kommenden Botschaften an die in Armut lebenden Menschen in sozial benachteiligten Stadtvierteln, seine unglaubliche Arbeitsmoral, sein letztlich unausgeschöpftes Potenzial, sein Aufstieg zu einer mit Elvis vergleichbaren Figur, und auch die Trauer, die sein viel zu früher Tod auslöste. Diesen und vielen weiteren Motiven werde ich in diesem Buch nachspüren.

Im ersten Teil des Buches, »Ketten der Kindheit und das Streben der Jugend«, widme ich mich Tupacs Erfahrungen als Kind sowie den Einflüssen seiner Jugend. Afeni, seine Mutter, die gut 20 Jahre nach ihrem Sohn im Mai 2016 verstarb, spielt eine bedeutende Rolle in den Tupac'schen Überlieferungen; im wunderschönen »Dear Mama« hat er sie hochleben lassen, aber vor der Veröffentlichung dieses Liedes war sie auch schon Ziel seiner öffentlichen Kritik gewesen, als er ihre Drogensucht und ihre Unfähigkeit anprangerte, ihm ein stabiles häusliches Umfeld zu bieten. Genau wie ihr Sohn war Afeni Shakur eine ganz außergewöhnliche Person. Als schwarze Revolutionärin kämpfte sie in der schwarzen Bürgerrechtsbewegung. Als Mutter zog sie zwei Kinder groß, ohne dass sie dabei Unterstützung von den Vätern bekam. Und als Frau, die sich in der Sucht verlor, setzte sie ihr Zuhause aufs Spiel, um ihrer Abhängigkeit neues Futter zu geben. Ich widme mich dem zweischneidigen Vermächtnis, das Afeni an Tupac weitergab – als schwarze Revolutionärin einerseits, als suchtkranke Mutter andererseits. Zuerst befasse ich mich mit dem Einfluss, den Afenis Sucht auf Tupac hatte: wie ihm in den Jahren seiner Adoleszenz ein sicheres Zuhause verwehrt blieb, wie sein Selbstbild als heranreifender Jugendlicher dadurch geprägt wurde und wie sich diese existenziellen Nöte, denen er aufgrund ihrer Probleme ausgesetzt war, in seiner Arbeit widerspiegelten.

Ebenso untersuche ich Tupacs postrevolutionäre Kindheit, um herauszufinden, wie ein Junge, der dazu erzogen worden ist, sich der weißen Vorherrschaft entgegenzustellen, in einer Welt zurechtkommt, in der diese Überzeugungen dem Wandel der Zeiten angepasst werden müssen. Ich betrachte die Leitmotive, die Tupac als Black Panther der zweiten Generation erlernt hat, und ich werfe einen Blick darauf, wie er die Botschaften, die man ihm vermittelt hat, aufgesaugt und sich ihnen auch widersetzt hat. Da die geistige und seelische Kluft zwischen seiner revolutionär geprägten Herkunft und seiner *thug*-Persona, also der Selbstinszenierung in der Öffentlichkeit, so viel von seinem Reiz ausmachte, erhält man hier einen entscheidenden Einblick in Tupacs Werdegang. Auch an den intellektuellen Einflüssen, die den heranwachsenden Jungen und aufstrebenden Rapper prägen, bin ich interessiert. Tupac war ein außergewöhnlich kluges und begabtes Kind. Seine schauspielerischen Talente wurden durch seine Mitwirkung an einem Schauspielensemble in Harlem sowie später an der Baltimore School for the Arts gefördert. Zudem war er ein unermüdlicher Leser, der sich mit einem unstillbaren intellektuellen Appetit eine beeindruckende Bandbreite an Büchern zu unterschiedlichsten Themen einverleibte. Obwohl er die Highschool abgebrochen hatte, hat er bis zu seinem Tod nicht damit aufgehört, Unmengen an Büchern und anderen Publikationen zu lesen. Ich untersuche Tupacs Ansichten über die Schule und sein Verständnis von Lernprozessen, und ich werfe auch einen Blick auf die Bücher, die für ihn von großer Bedeutung waren.

Im zweiten Teil, »Porträts eines Künstlers«, widme ich mich Tupacs künstlerischer Begabung, da sein erster und anhaltender Ruhm seiner Karriere als Rapper entsprungen ist. Er war mitnichten der beste Rapper aller Zeiten, aber er ist der vielleicht einflussreichste Star des Genres. Ich erkunde Tupacs Rolle im Rap, insbesondere seinen Blitzableiter-Status als renommiertester und umstrittenster Künstler des Genres. Obwohl er jenseits des Aufnahmestudios immer wieder für fette Schlagzeilen sorgte, so bleibt doch Tupacs kraftvolle, prophetische – und allzu häufig selbstzerstörerische – Arbeit die letztgültige Basis für unsere Beurteilung seiner künstlerischen Errungenschaften. Doch beinahe sein gesamtes Handeln war geprägt von seinem steten Bemühen, dem Bild eines *real nigga* gerecht zu werden. Die Frage nach einer schwarzen Authentizität geistert durch unsere Kultur; innerhalb des Hip-Hops gilt das auf besonders teuflische Weise, da die Künstler hier oft die Pose eines Schlägers oder Gangsters einnehmen. Es geht dabei um einen Ehrbegriff und darum, die eigene *street credibility* unter Beweis zu stellen. Vielleicht mehr noch als jeder andere Rapper versuchte Tupac das Leben, über das er rappte, auch zu leben; das führte im Studio zu spektakulären Ergebnissen, in der Welt jedoch hatte es desaströse Folgen. Immer wieder geriet Tupac in Konflikt mit dem Gesetz, und unablässig stritt er sich mit seinen Peers, mit Heuchlern und Rivalen. Manchmal nahm er diese Konflikte mit ins Aufnahmestudio. Der berüchtigte Streit zwischen East und West Coast lässt sich auf Tupacs wortgewaltigen Zorn und seine übertrieben konfrontativen Tiraden zurückführen.

Im dritten Teil des Buches, »Körper und Credos«, schaue ich mir an, wie Tupac sich im Rahmen seiner Kunst großen Themen annahm – darunter Geschlecht, Tod, Religion, Leiden und Mitgefühl. Außerdem widme ich mich der Bedeutung des schwarzen Körpers in Tupacs Schaffen und in seiner Karriere. Die extrem rauen Umgangsformen und misogynen Überzeugungen der Hip-Hop-Kultur kommen ebenso zur Sprache wie Tupacs eigener und komplexer Blick auf Geschlechterrollen – insbesondere auch mit Blick auf den sexuellen Missbrauch, für den er verurteilt wurde, wenn auch nur wenige glauben, dass er schuldig war. Auffächern will ich meine Betrachtungen entlang des Begriffs »Gynophobie«, jene pathologische Frauenfeindlichkeit also, die im Ghetto und auch darüber hinaus grausame Angriffe gegen Frauen motiviert. Ich erkunde, inwiefern Tupacs Verhältnis zu seiner Mutter seine Überzeugungen geprägt hat und wie seine ersten Erfahrungen mit Mädchen ihre Spuren in seiner Geschlechterphilosophie hinterlassen haben. Ich betrachte die Stellung der Frau im Ghetto sowie im breiteren kulturellen Kontext, sowohl unter gesellschaftlichen als auch unter sozialhistorischen Gesichtspunkten. Ich versuche, Tupacs religiöse Überzeugungen und geistige Glaubenssätze nachzuvollziehen: wie sie sich von seiner Jugend bis hin ins junge Erwachsenenalter entwickelt haben. Tupac vertrat klare Standpunkte zu Gott, Leid und Mitgefühl, die ich hier auf den Prüfstand stelle. Dem eigenen Tod schien er selbst dann unbekümmert zu begegnen, wenn er im Rahmen seines Schaffens ausführlich über das Wesen des Todes nachdachte – ein Thema, dem ich mich kurz annehmen werde. Und da die Tinte der Tattoo-Künstler großflächig aus seinem Torso blutete, gehe ich schließlich der Frage nach, in welchen Weisen er seinen Körper als Text begriff. Ich untersuche Tupacs Blick auf seinen eigenen Körper, nicht nur als Kunstwerk, sondern auch als Objekt von Verachtung und als Vehikel für abhängig machende Vergnügungen sowie, zum Ende hin, als Tempel einer ansteckend finsteren Selbstzerstörung.

Im Epilog, »Das Nachleben eines Heilsbringers aus dem Ghetto«, untersuche ich den Einfluss, den Tupacs Tod auf seine sich entfaltende Legende hatte – mit besonderem Augenmerk auf die Annahme, dass er gar nicht tot ist, sondern nach wie vor lebt, wenngleich an einem geheimen Ort. Ich erkunde, wie man ihn zu einer urbanen Legende stilisierte, zu einer – wie ich es nenne – »posthumen Persona«, einem Märtyrer und Ghetto-Heiligen. Dabei analysiere ich auch, welchen sozialen Nutzen insbesondere seine Anhänger und Nachahmer, die Tupacs Ruhm weiterleben lassen, aus solchen Behauptungen ziehen. Einer der Effekte, den die Behauptung nach sich zieht, dass Tupac – sowohl in seiner Rolle als *thug*-Persona als auch sonst – eine bedeutsame Figur, ja sogar eine Legende sei, ist die Bündelung von Kritik an einer Gesellschaft, die ihn glauben ließ, dass er nur auf diese Weise überleben könne. Tupacs Aufstieg zu einem Ghetto-Heiligen ist gleichermaßen Spiegel einer verzweifelten Jugend, die seine Kunde verbreitet, wie auch einer Gesellschaft, die nicht genügend Heilige hat, die zu den Hoffnungslosen in unseren Gemeinden sprechen.

Tupac Amaru Shakur ist einer der wichtigsten und widersprüchlichsten Künstler, die aus unserer Kultur heraus und zu ihr gesprochen haben. Unsere Bewunderung für ihn – wie auch die Verachtung, die wir für sein Image empfinden – sagt über uns genauso viel aus wie über ihn. Dieses Buch stellt den Versuch dar, beiden Impulsen nachzuspüren, um im Zuge dessen eine bedeutsame Aussage über das urbane schwarze Leben im letzten Viertel des 20. Jahrhunderts und in den Anfängen des 21. Jahrhunderts zu formulieren.

Teil 1

KETTEN DER KINDHEIT UND DAS STREBEN DER JUGEND

Kapitel 1

»DEAR MAMA«

Die Liebe einer Ghetto-Mutter

Über der Liebe einer Mutter steht im schwarzen Amerika nur die Liebe Gottes – und das auch nur knapp. Niemand symbolisiert diese Wahrheit mehr als Tupac Shakur, dessen Beziehung zu seiner Mutter Afeni Shakur so hingebungsvoll wie turbulent war. In einem Interview, das 1995 während Tupacs Inhaftierung wegen sexuellen Missbrauchs aufgezeichnet wurde, spricht er in bewegenden Worten über seine Mutter. »Meine Ma ist mein Homie«[1], sagt er da mit Nachdruck. »Wir haben verschiedene Stadien durchlaufen. Zuerst waren wir Mutter und Sohn. Dann wurden wir so etwas wie Offizier und Kadett ... Und dann war es eher wie Diktator und ein kleines Land«, stellt er mit einem breiten Lächeln fest. Tupac erzählt, dass er auszog und sich eine eigene Bleibe suchte, nur um anschließend zu ihr zurückzukehren »wie der verlorene Sohn«; dann führt er aus, dass seine Mutter ihn nun »als Mann respektiert, und ich respektiere sie als Mutter, für all die Opfer, die sie gebracht hat«. Tupac weist darauf hin, dass er in seiner Bewunderung der eigenen Mutter gegenüber nicht allein ist. »Ich glaube, alle jungen männlichen Schwarzen und Latinos, alle Männer, basta, insbesondere aber die, die aus dem Ghetto kommen ... uns eint eine tiefempfundene Liebe für unsere Mütter, weil sie uns meist allein großgezogen haben. Also haben wir einfach einen besseren Draht zu unserer Ma. Selbst früher galt das schon: ›I always loved my mama.‹«

Bande wie jene zwischen Tupac und seiner Mutter sind eines der Fundamente schwarzer Kultur. Der Muttertag ist für Afroamerikaner ein aufrichtig geheiligter Feiertag, ein Tag, an dem ansonsten stoische Männer in Gesang oder Tränen ausbrechen, wenn sie sich der fürsorglichen Liebe ihrer mütterlichen Wurzeln entsinnen. Erwachsene Kinder ergehen sich in Ehrbezeugungen für ihre Mütter, wenn sie sich an die außergewöhnlichen Opfer erinnern, die diese bringen mussten, und wenn sie an die Schrecken und Grausamkeiten denken, die diese Frauen in ihrer Jugend ertragen mussten. Beinahe jede Musikgruppe hat der schwarzen Mutter Tribut gezollt, wenngleich die Siebzigerjahre, als Tupac noch ein Kind war, eine Ära war, in der die Liebe zur Mutter besonders häufig besungen wurde. 1973 wogte das rhythmisch pulsierende »I'll Always Love My Mama« der Intruders auf den Rundfunkwellen, und nur ein Jahr später wurde das ergreifend melodische Stück »Sadie« der Spinners quasi über Nacht zu einem Klassiker. Inzwischen ist es üblich, dass man langgliedrige Basketball-Spieler in Begleitung ihrer Mütter sieht, die das Herzstück ihres durch die Lande ziehenden Trupps darstellen; und auf den Football-Feldern sieht man die Lippen der Spieler ihr »Hallo, Mama« formen, wenn die Kameras nach einem besonders spektakulären Wurf heranzoomen. Auch negativen Ruhm erfährt die schwarze Mutter, als symbolische »Heldin« in jenen improvisierten verbalen Schlagabtausch-Spielen, in denen schwarze Jugendliche um die Lacher ihrer Freunde buhlen, indem sie einander möglichst originelle Beleidigungen an den Kopf werfen, die alle mit dem berühmten »Yo Mama«[2] – »Deine Mudda« – beginnen.

Wo die Mutter eine zentrale Figur im Leben der Schwarzen darstellt, da dient sie auch als Sündenbock für den sozialen Verfall schwarzer Kultur. Alleinerziehende schwarze Mütter, die in Armut leben, sind in den Medien für die grausam verfehlte Erziehung ihres Nachwuchses angeprangert worden; einige kritische Stimmen machten sie zumindest teilweise für die Abwesenheit schwarzer Väter verantwortlich. Solche

Angriffe auf die Mütter – oft kommen sie in Gestalt der Überhöhung des Mannes auf Kosten der Mutter daher – sind von einem Denken geprägt, das trotz aller Wogen der Mutterliebe in die schwarze Populärkultur eingesickert ist. Grund dafür ist ein ebenso paradoxer wie vorhersehbarer Trend unter jungen schwarzen Männern: Ich liebe *meine* Mama, aber die Mama meines *Babys* verachte ich. Frauen, die zugleich Mama und Geliebte sind, ziehen den Zorn der Männer auf sich.

Der scharfe Widerspruch, in dem Anerkennung und Verunglimpfung der Mutterfigur zueinander stehen, ist ein charakteristisches Symptom unter Rap-Musikern. Tupac stellt in dieser Hinsicht sicher keine Ausnahme dar, aber bei ihm bekommt die Sache einen interessanten Dreh: Er ist imstande, seine Mutter mit nur einer künstlerischen Geste gleichzeitig zu umarmen und zu tadeln. In seinem fast schon elegischen Song »Dear Mama« erklärt er in einem Moment schonungsloser Kritik seine Liebe zu ihr: »And even as a crack fiend, Mama / You always was a Black Queen, Mama« – »Und selbst als Crack-Junkie bist du immer eine Schwarze Königin gewesen«. Das zeugt von einer Reife Tupacs, die es ihm ermöglicht, die Liebe seiner Mutter zu würdigen, selbst wenn er im selben Atemzug ihre Suchtkrankheit anspricht. Und seine Weigerung, die Wahrheit zu schönen, während er ihr Lobpreis singt, spricht Bände. Was ist das für eine Frau, die ein Kind großzieht, dessen Liebe zur Mutter von solch erbarmungslosem Mitleid geprägt ist? Wie war es um das Verhältnis Tupacs zu seiner Mutter bestellt, und in welcher Weise wurden sein Leben und seine Karriere davon geprägt?

Afeni Shakur ist selbst eine kulturelle Instanz. Die 2019 verstorbene Nobelpreisträgerin Toni Morrison erzählte mir einmal, dass Afeni eine »mutige, kreative Frau« gewesen sei. Mit dem zunehmenden Einfluss ihres Sohnes festigte sich auch ihr Ruf als kundige Schiedsrichterin einander widersprechender Bilder innerhalb seiner übergroßen Mythologie. Afenis Geschichte ist schon in ihren Grundzügen fesselnd und brutal, ganz im Einklang mit der aufgeladenen rassischen Verzweiflung und dem Generationskonflikt, die auch den engen Rahmen für die Biografie ihres Sohnes absteckten. Afeni legte einen spektakulären und strahlend eleganten Auftritt hin, als sie erstmals am Horizont der schwarzen Geschichte auftauchte – zumindest in den Maßstäben der Zeit, in der sie zu politischer Reife fand. In den unmittelbaren Nachwehen des rapiden Niedergangs der Bürgerrechtsbewegung tat sie das ihre, um den schwarzen Kampfgeist durch kraftvolle Gesten sozialer Revolution zu befeuern. Sie war zunächst, damals noch unter dem Namen Alice Faye Williams, eine einundzwanzigjährige Aushilfslehrerin auf Abruf, die sich in den Fängen der bitteren Rassenpolitik des New Yorks der Sechzigerjahre wiederfand. Als 1968 der berüchtigte Brownsville School Strike aufloderte – die Eltern armer schwarzer und puerto-ricanischer Familien wollten die Schulen der Stadt unter dezentrale, kommunale Verwaltung stellen und begehrten deshalb gegen die zumeist weißen und jüdischen Mitglieder der Lehrergewerkschaft UFT auf –, wurde Alice als Lehrerin angeheuert, weil sie die Tante eines der Kinder in ihrer Gemeinde war. Ihre Taufe in den Wassern der rassischen Unruhen ließ sie bald schon tiefer eintauchen in den Ozean des schwarzen Widerstandes. Sie legte ihren »Sklavennamen« ab und wurde als Afeni Shakur wiedergeboren – ein Mitglied der Black-Panther-Bewegung. Gemeinsam mit ihrem neuen Liebhaber, dem Panther-Organisator Lumumba, wurde Afeni zügig zu einem Teil der heute legendären Panther 21, einer Gruppe innerhalb der Bewegung, die verhaftet und angeklagt wurden, weil sie angeblich geplant hatten, mehrere Bomben in New Yorker Kaufhäusern, Polizeirevieren und S-Bahn-Stationen hochgehen zu lassen.

Nachdem sie auf Kaution wieder freigekommen war, wurde Afeni schwanger, allerdings nicht von Lumumba. Die beiden Männer, die als Kandidaten für die Vaterschaft infrage kamen, verkörperten die Optionen, die Tupac sich zum Vorbild nahm, um danach sein Leben und seine Karriere zu formen: Billy Garland war ein Black Panther, während der Drogendealer »Legs« ein Schüler des berüchtigten Harlem-Gangsters Nicky Barnes war. Nachdem zwei ihrer männlichen Vertrauten geflohen waren, ging Afeni abermals ins Gefängnis, um ihren Fötus mit Nahrung versorgen zu können – »Mein Embryo war im Knast«, sagte Tupac Jahre später in dem während seiner Haft aufgezeichneten Interview – und um die Panther 21 zu schützen, wobei sie ein erstaunliches Maß an Gewitztheit und rednerisches Geschick offenbarte. Wie sich herausstellte, war es Afenis Rettung, dass sie sich vor Gericht selbst vertrat. Ihr damals noch ungeborenes Kind sollte sich später als ihr schwarzer Prinz und als die prägende Stimme seiner Generation erweisen. Sie brachte es zur Welt, nur einen Monat nachdem sie errungen hatte, dass man sie vom Vorwurf der Mitgliedschaft in einer umstürzlerischen Seilschaft freisprach. Ein Jahr später gab sie ihrem Sohn den neuen Namen Tupac Amaru (sein Geburtsname war Lesane Parish Crooks), so benannt nach einem Inkakönig und Revolutionär des 18. Jahrhunderts, den spanische Konquistadoren zum Tode verurteilt und von Pferden hatten vierteilen lassen. Shakur, ein Name, der innerhalb des New Yorker Panther-Clans häufig Anwendung fand, ist ein arabisches Wort, das Dankbarkeit gegenüber Gott ausdrückt. Der Rest ist Geschichte, wie jeder weiß; jedoch eine Geschichte, die zunehmend von revisionistischen Mythen getrübt ist, die die Wahrheit verdunkeln. Die Legende ihres Sohnes hat dafür gesorgt, dass Afeni öffentliche Anerkennung als Mutter mit revolutionärer Vergangenheit erfuhr. Gleichermaßen mussten indes ihre persönlichen und politischen Makel als naheliegende Erklärung für den rätselhaften Zorn und die Selbstzerstörung ihres Sohnes herhalten. Diese Interpretation folgt in bedenklicher Weise einer sexistischen Logik, die die Schuld zuerst bei den Frauen sucht – eine Logik, der die Medien, der Hip-Hop und der oftmals schemenhafte Blick der Sozialwissenschaften auf schwarze Lebensentwürfe nur allzu bereitwillig folgen. Wenn wir uns die Kämpfe, die Afeni ausgefochten hat, jedoch genauer anschauen, so werfen sie womöglich ein Licht auf die widersprüchlichen ideologischen und existenziellen Bewusstseinsebenen, die Tupac als Künstler und als Mann ausmachten.[3]

Afeni kam 1947 in Lumberton, North Carolina, zur Welt. Eines jener Mysterien, die das Schicksal der Schwarzen prägen – dieses ewige Auf und Ab der Gezeiten, das beständig wogt im stürmischen Takt von Auf- und Untergang ikonischer Figuren und derer, die ihnen nahestehen –, ist der Umstand, dass der Vater des Basketball-Stars Michael Jordan in Lumberton erschossen wurde, drei Jahre vor dem Mord an Tupac. Das macht dieses eher unbekannte Fleckchen Land im Südosten der Vereinigten Staaten zum beständigen Boden schwarzer Mythologien im erweiterten Sinne: Die Eltern zweier Ikonen sind hier zur Welt gekommen beziehungsweise niedergestreckt worden. Afenis Familie, die aus ihrer Mutter, dem Vater und einer Schwester bestand, lebte in Norfolk, Virginia, doch sie selbst kam in Lumberton zur Welt, als ihre Mutter gerade Afenis kranker Großmutter einen Besuch abstattete. Sowohl in Virginia als auch in North Carolina verbrachte Afeni große Teile ihrer Kindheit. In der Familie ihres Vaters hatten die Leute eine Karriere als Krankenschwester oder Air-Force-Pilot gemacht, wenngleich Afeni mit diesen Menschen keinen Kontakt hatte. Die Familie ihrer Mutter war vom Schicksal weniger begünstigt. »Die Vorfahren meiner Mutter wurden nach der Sklaverei Farmpächter, dann Hausangestellte, dann Fabrikarbeiter«, hatte Afeni mir erzählt und damit die Klassenzugehörigkeit ihrer Familie zur mittellosen Arbeiterschicht unterstrichen. Sie wuchs unter den bösen Fittichen der Jim-Crow-Gesetze auf und ließ die rassistischen Beschimpfungen der weißen Nachbarschaft über sich ergehen, wenn sie die Straßen North Carolinas entlangging. Sie lebte inmitten der grausamen Widersprüchlichkeit der südstaatlichen Apartheid, wurde Zeugin von deren hasserfüllten Auswüchsen, während sie die selbstzerstörerische Logik, die ihr zugrunde lag, aus nächster Nähe beobachten konnte. Ihre Großmutter hatte einen Mann geheiratet, der halb Weißer, halb Inder war. Seine Familie enterbte ihn und zerrte ihn, an einen Wagen gebunden, durch die Stadt – als warnendes Beispiel für andere, die »Rassenschande« betrieben. Doch in Lumberton lernte Afeni auch, wie man zurückschlagen konnte. Nachdem der Ku-Klux-Klan für schwarze und indische Communitys eine 22-Uhr-Ausgangssperre verhängt hatte, setzten die Inder sich gewaltsam zur Wehr und befreiten so auch die Schwarzen von ihrer Furcht vor der Vormachtstellung der Weißen.

Im Alter von elf Jahren zog Afeni nach New York. Sie erzählte, dass sie »sehr aufgeweckt«, aber auch »sehr schlecht ausgerüstet« gewesen sei. »Ich war ein Kind der Straße«, hatte Afeni eingeräumt. »Dort fühlte ich mich besser aufgehoben.« Wie nach ihr auch ihr Sohn, besuchte Afeni eine Highschool mit Schwerpunkt auf die Darstellenden Künste, und so wie Tupac begeisterte sie sich für den Schauspielunterricht – der einzige Unterricht, an dem sie tatsächlich teilnahm. Ansonsten hing sie irgendwo ab und berauschte sich an »Thunderbird«, einem billigen Likörwein. Außerdem war sie Präsidentin der Disciple Debs, der weiblichen Entsprechung der Disciples, New Yorks berüchtigter Straßenbande. In den späten Sechzigerjahren, als die Black-Power-Bewegung sich in der Stadt etablierte, war Afeni der aufkommenden schwarzen militanten Elite ausgesetzt. »Ich sah Eldridge Cleaver im Mount Morris Park«, erinnerte sie sich. »Und dann sah ich Bobby Seale an der Ecke 125th Street und Seventh Avenue, als er das erste Mal herkam.« Schon damals, als Seale in die Stadt kam, gab es einen »bedeutenden Anteil an New Yorkern in der Partei«. Afeni verspürte »Ehrfurcht gegenüber den Männern in der Black Panther Party«, und durch ihre Beziehung zu Lumumba, dem Anführer des Parteiablegers in Harlem, begann sie im Sommer und Herbst 1968 an Treffen an der Long Island University teilzunehmen. Am 2. April 1969 »führte die Polizei eine koordinierte Razzia in einundzwanzig New Yorker Gebäuden durch, und zusammen mit vielen anderen Leuten wurde ich um fünf Uhr morgens festgenommen«. Als sie mich fragte: »Haben Sie das verstanden?«, klingt es zunächst wie eine sprachliche Marotte, dann aber wiederholte sie die Frage noch einmal mit Nachdruck. »Jawohl, Ma'am«, antwortete ich. Obwohl ich nur zwölf Jahre jünger als sie war, spürte ich wohl, wie sie die Bürde ihres naturgegebenen Adels und die Ungeheuerlichkeit von Leid und Verlust, die sie erfahren hatte, in ihre vehemente Nachfrage legte. »Das verrät Ihnen wirklich, wer ich bin«, insistierte sie. Jedoch basierte ihre Selbstversicherung nicht auf der Annahme, dass sie eine der Schlüsselfiguren schwarzer Politik gewesen sei. Sie hatte, ganz im Gegenteil, den Eindruck, dass Revisionismus und Nostalgie vorhersehbare Begleiterscheinung sind. »Wissen Sie, wenn es um Geschichte geht, dann schaut man zurück und sagt gütig: ›Wir sind klug und wir sind großartig.‹« Ihre Lippen formten ein sanftes »Nein!«. Dann fügte sie hinzu: »Das war wirklich alles, was mich ausmachte.«[4]

Als Afeni von ihrer Mutter im Gefängnis besucht wurde, brachte die es kaum über sich, die neue Identität ihrer Tochter anzuerkennen. »Sie war nicht mal imstande, dem Gefängniswärter meinen Namen zu nennen«, erinnerte Afeni sich. »Sie fühlte sich so erniedrigt wegen der Demütigung und der Schande, der ich sie ausgesetzt hatte. Aber das war nun einmal die Person, die ich war.« Diese Schilderung beschwört die Generationskluft einer früheren Ära herauf, als einige Schwarze sich lieber an den »Quietismus« hielten: eine vollständige Passivität, aus Furcht vor Vergeltungsmaßnahmen der Weißen und aus Angst um ihre gefährlich aufmüpfigen Kinder, die widerspenstig waren in Wort und Tat und auf diese Weise, so glaubten die Eltern, den Zorn der Weißen auf sie alle ziehen würden. Doch Afeni verstand die Misere ihrer Mutter, fühlte in gewisser Weise sogar mit ihr, wenn auch damals vielleicht nicht so sehr wie später, als sie gezwungen war, durch die Augen ihres nicht minder launischen Sohnes einen strengeren Blick auf ihr Leben als Revolutionärin zu werfen. Wenn Afeni Mutterliebe bewertete, dann tat sie das vielleicht auch, weil sie selbst Mutterliebe gewährte. Afenis Schicksal als alleinerziehende schwarze Mutter war bereits der Erfahrung ihrer eigenen Mutter nachempfunden. »Meine Mutter hatte zwei Kinder, zwei Töchter«, erzählte Afeni mir. »Und wie Sie wissen, haben [viele] farbige arme Frauen aus dem Süden keinen Ehemann, und es spielt keine Rolle. Meine Mutter hat ihre Töchter erbittert beschützt. Ganz egal, wie unsere Lage war, meine Mutter, meine Schwester und ich wussten immer, dass wir einander hatten.« Jahre später sollte ihr Sohn sich ein Credo zu eigen machen, das das kaputte Zuhause spiegelte, aus dem er kam, und gleichzeitig sein wesentliches Alleinsein und seine Kampfeslust gegenüber dem Universum, das ihm überlassen worden war, bestätigte; eine Haltung, die in seinem Song »Me Against the World« auch zum Ausdruck der häuslichen Entfremdung von Millionen anderer schwarzer junger Menschen wurde.

Die bedeutende Rolle, die Afeni in der Bestimmung des Schicksals der Panther 21 zufiel, wurde kurz sichtbar, als sie gegen Zahlung einer Kaution nach elf Monaten aus der Haft entlassen wurde (eine unheimliche Vorausahnung, wenn man bedenkt, dass ihr Sohn genau die gleiche Zeit wegen sexuellen Missbrauchs im Gefängnis verbrachte, bevor er auf Kaution wieder freikam). Eine Gruppe von Frauen, die in den Dreißiger- und Vierzigerjahren in der Arbeiterbewegung aktiv gewesen waren, hatten die Kaution für Afeni größtenteils durch kirchliche Benefizveranstaltungen zusammengetragen. »Ich war das erste Mitglied der Panther 21, das auf Kaution aus dem Gefängnis geholt wurde«, erzählte sie. »Und sie haben die Kaution für mich gezahlt, weil es meine Aufgabe war, zu den Leuten zu sprechen und Geld zu sammeln und dabei zu helfen, meine Kameraden aus dem Gefängnis zu holen. Später wurden auch Michael Tabor, Richard »Dhuruba« Moore und Joan Bird auf Kaution freigelassen. Afeni nutzte ihre neugewonnene Freiheit, um sich der schwierigen Aufgabe zu stellen, ein Bewusstsein für die Situation zu schaffen und Spenden zu sammeln.

Für das meiste Aufsehen sorgte wohl eine Gruppe von Prominenten, darunter Leonard Bernstein und Jane Fonda, die bei einer Spendengala in Bernsteins Haus in der Park Avenue 10 000 Dollar für die Panther 21 zusammentrommelte, was den Schriftsteller Tom Wolfe zu der bissigen Kritik veranlasste, hier würde sich die »radikale Schickeria« zur Schau stellen. Es ist zutreffend, dass es eine Annäherung zwischen dem schwarzen revolutionären Widerstand und einem ausgesprochen finanzkräftigen weißen Radikalismus gegeben hat, die eben jene Solidarität ad absurdum führte, die sie eigentlich bezweckte. Das Ergebnis war ein für beide Seiten unangenehmer Kompromiss: Schwarze Militanz wurde zu einer Frage von Stil und Performance degradiert, während die weiße Unterstützung zu einer überflüssigen Besichtigung schwarzen Elends in Form einer Scheckbuchrebellion verkam. Schwarzer Widerstand wurde zu einer Ware, die die gebildeten Gesellschaftsschichten auf dem metaphorischen Schwarzmarkt konsumierten und die sie sich bequemerweise auch noch aus dem Ghetto bis an die Türen ihrer Stadthäuser liefern lassen konnten. Es ist aber auch zutreffend, dass die Repressalien der Weißen gegen die Proteste der Schwarzen in den Siebzigerjahren bedeuteten, dass potenzielle Revolutionäre sich auch außerhalb der althergebrachten liberalen Kreise um Unterstützung bemühen mussten. So wie der Kampf um die Befreiung der Schwarzen sich offen zu selbstbestimmten Nationalisten bekannte, so wurde auch Unterstützung aus den Kreisen weißer Linker angenommen.

Als Afeni schwanger wurde, hoffte sie, dass ihre Schwester das Kind großziehen würde, da ihr und ihren Kameraden 352 Jahre Haft aufgrund von 156 Anklagepunkten drohten und sie alle davon ausgingen, dass man sie verurteilen würde. »Keine meiner Schwangerschaften hatte den dritten Monat überstanden«, sagte Afeni. »Aber inmitten all dessen blieb ausgerechnet dieses Kind.« Die Situation war vergleichbar mit der Geschichte des italienischen Sängers Enrico Caruso, dessen Mutter zahlreiche Fehlgeburten erlitt, bevor sie den großen Tenor zur Welt brachte. In der Gewissheit, dass diese Schwangerschaft nicht wie die vorigen war, erfuhr Afeni, dass sie und Joan Bird wieder ins Gefängnis gebracht werden sollten, da zwei ihrer männlichen Kameraden sich aus der Stadt abgesetzt hatten. Afeni berichtete, dass sie »einen Gerichtsbeschluss einholen musste, damit ich jeden Morgen ein Ei und ein Glas Milch haben konnte«. Trotz der schlechten Nährwerte ihrer Gefängniskost – »Im Gefängnis kriegst du keine echten Eier« –, erzählte Afeni, dass sie sich »eine Überdosis Vitamine und Mineralien« verpasst habe, und das »war eine gute Sache, denn so hatte mein Körper etwas, wovon er zehren konnte, als ich wieder ins Gefängnis kam«. Tupacs Geburt läutete einen neuen Abschnitt in Afenis Leben ein. Die Panther 21 hatten ein Sendschreiben an das Panther-Hauptquartier in Oakland geschickt, in dem sie unterstellten, dass an der Westküste »Realitätsferne, Pseudo-Machotum, Arroganz, Schergen-Gefolgschaft, Dogmatismus, Regionalismus, Reglementierung und Angst« die Partei beherrschen würden. Der Brief antizipierte die Rivalität zwischen Ost- und Westküste, die später auch von Tupac geschürt wurde. Wenig überraschend verkündete das Hauptquartier an der Westküste den Parteiausschluss der New

Yorker Panther 21, eine Reaktion, die exemplarisch für die Hybris und die internen Gemetzel stand, von denen revolutionäre Gruppen so oft heimgesucht wurden.[5]

Afeni hatte als Rechtsanwaltsgehilfin gearbeitet, als eine Art schwarze Erin Brockovich, die sich auf ihre fachkundige Selbstverteidigung stützen konnte. Tupacs Vater, Billy Garland, verstieß seinen Spross und verließ Afeni, die das Kind allein aufziehen musste. (Erst Jahre später, als Tupac sich im Krankenhaus von den Folgen seiner ersten Schießerei erholte und beim Aufwachen in die Augen eines Mannes blickte, dem er wie aus dem Gesicht geschnitten war, sollte Garland seinen Sohn wieder regelmäßig sehen.) Afeni wollte ihrem Sohn Stolz auf seine schwarzen Wurzeln und das Gefühl von persönlicher Sicherheit vermitteln. Als er ein Baby war, sang sie ihn in den Schlaf, unter anderem mit Liedern der Soullegende Roberta Flack. »Was bei mir ständig lief und mein Mantra war, war ›Black Seeds Keep on Growing‹ von den Main Ingredients«, sagte Afeni. »Ich wusste, etwas tief in mir wusste, dass dieses Kind nicht hätte hier sein sollen. Und doch war er da! Und er war stark und so herrlich lebendig, und er hatte ganz einfach das schönste Lächeln auf der ganzen Welt. Was für eine wundervolle, wundervolle Seele dieses Kind von Anfang an gewesen ist.« Als heranwachsendes Kind erhielt Tupac viel Liebe von Afeni, aber sie litten immens. 1975 brachte sie eine Tochter, Sekyiwa, zur Welt, deren Vater Mutulu Shakur, ein weiterer Revolutionär aus Afenis Umfeld, schließlich wegen Raub und Mord angeklagt und inhaftiert wurde. Oft ohne Obdach und Arbeit und schlechtweg mittellos, gondelte Afeni mit ihrem Nachwuchs zwischen Harlem und der Bronx hin und her. Zwar wurde berichtet, dass die Familie manchmal in Notunterkünften absteigen musste, aber Afeni stritt das ab. »Schwarze gehen nicht in Notunterkünfte«, sagte sie mir. »Schwarze Leute wohnen bei anderen Schwarzen.« Aber als die Familie nach White Plains, New York, ging, erhielt sie behördliche Unterstützung. »Kurz nachdem Tupac dreizehn geworden war, also wirklich nur ein paar Tage später, machten wir uns auf den Weg nach White Plains, und ein Freund von uns half uns, dort

Unterstützung für Obdachlose zu bekommen«, erinnerte sich Afeni. »[White Plains] ist anders als New York, und man steckte uns in ein Hotel und gab uns Geld, damit wir uns ein paar Sachen kaufen konnten, und dieses Geld haben wir letztendlich genutzt, um New York zu verlassen.«

Afeni nutzte ihre Bezüge, um mit ihrer Familie New York zu verlassen, als Tupac fünfzehn Jahre alt war, jedoch erst nachdem dieser 1984 während einer Benefizveranstaltung für die Präsidentschaftskandidatur Jesse Jacksons die Rolle des Travis in einer Inszenierung von Lorraine Hansberrys *A Raisin in the Sun* im Apollo Theater gespielt hatte – ein Vorbote seiner zukünftigen filmischen Verdienste. Das raue Ghetto Baltimores, wo die Familie hinzog, war für Tupac einfach nur ein neuer Ort, an dem er sich fremd und abgeschlagen fühlte. Als die Familie dann wieder den Wohnort wechselte und nach Marin County, Kalifornien, zog, war Tupac fast schon volljährig. Er war ein armes, häufig obdachloses Kind, dessen zunehmende Konflikte mit seiner Mutter von den Entscheidungen befeuert wurden, die diese getroffen hatte und immer noch traf: Sie führte das Leben einer schwarzen Revolutionärin – wodurch sie sich sowohl der Gefahr von staatlichen Repressionen als auch der boshaften Gleichgültigkeit und dem Undank der schwarzen Bourgeoise aussetzte –, und sie konsumierte Crack, um die Schmerzen ihres postrevolutionären Lebens sowie die Versagungen, Selbstzerstörungsmechanismen und Wutausbrüche zu betäuben, die damit einhergingen. Ich werde mich später mit Afenis Revolutionspolitik befassen und erörtern, was dieses Vermächtnis für ihren Sohn bedeutete, aber zunächst möchte ich der Frage nachgehen, wie Afenis Sucht sich auf Tupacs Jugend und Karriere auswirkte. Es ist davon auszugehen, dass sie dadurch zumindest den Boden für seine eigene Selbstmedikation bereitete, mit der er auf seine chaotische Postadoleszenz reagierte.

In den geschwungenen Annalen der populären schwarzen Geschichte – jenem informellen Geflecht von Narrativen, das sich durch die schwarzen Communitys spannt und sich aus Verschwörungstheorien, defensivem Argwohn, genauer Beobachtung und einer autodidaktischen

Kritik des Rassismus und seiner Folgen speist (nicht zu verwechseln mit der schwarzen Populärgeschichte, bei der es sich um eine intellektuelle kritische Betrachtung der Kräfte handelt, die schwarze Gesellschaft in ihrer Basis formen) –, hatten Zwänge und Zweck der Droge Crack in den Achtzigerjahren verheerende Auswirkungen auf das Leben schwarzer Amerikaner. Kokainabhängigkeit (Crack-Konsum ist das Rauchen von Freebase-Kokainkristallen für eine unmittelbare und deutlich verstärkte Wirkung) lässt sich in weiten Teilen als die logische Folge eines Zeitgeists verstehen, den Christopher Lasch als »Kultur des Narzissmus« bezeichnete und der die Siebzigerjahre mit ihren Leitmotiven der Selbstvergötterung und Ritualen selbstsüchtiger Vergnügungen im Schlepptau definierte. Doch Aspekte und Momente der Siebzigerjahre wirkten sich auch lähmend auf politische Verbindlichkeiten unter Nachbarn aus, und sie delegitimierten gegenkulturellen Widerspruch, um auf diese Weise das Bürgertum instand zu halten. Das ließ sich im Backlash erkennen, den die Proteste gegen den Vietnamkrieg erfuhren, und in der schlussendlichen Absorbierung politischer Rebellion durch die stilistischen Idiosynkrasien massenkultureller Antworten auf Generationsanomien, wie zum Beispiel Marketing, Merchandising und Mediation rund um das Woodstock-Festival.

Für schwarze Gemeinden stellten die Siebzigerjahre die Weichen für die Verheerungen der Achtziger: wirtschaftliche Umstrukturierungen, soziale Verwerfungen und urbane Regentrifizierung. Mit dem Aufkommen von Globalisierung, Deregulierung und gelockerten Handelsbeschränkungen ging der Verlust von Produktionsberufen einher, besonders in der Automobil- und der Stahlindustrie, die vielen Haushalten das Auskommen sicherten. Die sich ausdehnenden Stadtränder jenseits des Ghettos standen nur den gutsituierten Schwarzen offen, die nun – wie vor ihnen viele Weiße – in die Vororte flohen und die Ghetto-Communitys auf diese Weise um ihre Mittelschicht und eine gesetzeskonform agierende Wirtschaft brachten. Schlimmer noch: Der soziale Leidensdruck führte zu einem Aufschwung der blühenden Untergrund-Wirtschaft und befeuerte Bandenkriege, die die urbanen Lebensorte der

Schwarzen erschütterten. Es gab mehr Crack-Süchtige, mehr Sparmaßnahmen und mehr Verbrechen.[6]

Crack-Sucht war das Resultat von Crack-Märkten, und sie führte zu Crack-Verbrechen. Die politische Organisation von Crack führte im Sinne von Massenabsatz und Distribution zunächst dazu, dass Kokain nicht mehr als Pulver, sondern in Form kleiner Steinchen angeboten wurde. Drogenhändler sicherten sich ihre Vertriebsnetzwerke durch die gewaltsame Besetzung von Ghettos, insbesondere von leerstehenden Häusern und verwahrlosten Wohnvierteln. Drogengangs entstanden und machten sich für den Vertrieb ihres Cracks die Methoden des mittleren Managements zu eigen; sie regulierten die Einfuhr in Ghetto-Bezirke durch die Gesetze des Raubtierkapitalismus und die Theorie der rationalen Entscheidung. Überwiegend im Rahmen der schwarzen Populärgeschichte, aber auch in einer berühmten Artikelreihe der *San Jose Mercury News*, wurde die Meinung geäußert, dass die Regierung bei all dem weggeschaut habe; zunächst, als die Ausbeutung der schwarzen und dunkelhäutigen Bevölkerung durch Crack-Sucht eingeführt wurde, indem man zuließ, dass große Mengen der Droge die Wohngebiete überschwemmten, und im Weiteren, als die Profite, die die Ausbeutung der Bevölkerung brachten, von offiziellen Stellen genutzt wurden, um die illegale Zersetzung ausländischer Regierungen im Namen einer Guerilla-Demokratie zu finanzieren. Ob das nun zutrifft oder nicht, es ist hinlänglich belegt, dass Crack-Märkte in den Ghettos der Schwarzen und Dunkelhäutigen wohletabliert waren.[7]

Es ist zudem klar, dass das durch Crack verursachte High diejenigen ansprach, die auf der untersten Stufe der wirtschaftlichen Leiter standen. Crack-Sucht verbreitete sich rapide. Und in einer heuchlerischen, zynischen Geste behauptete die Regierung, dass die empfindlichen Strafen für Leute, die mit Crack erwischt wurden – in Kontrast zu jenen, die mit Koks in Pulverform erwischt wurden und in überwältigender Mehrzahl weiß und wohlhabend waren – dadurch begründet seien, dass die Abhängigkeit von Crack sich viel unmittelbarer einstelle und viel tödlicher sei. Weißes Pulver und die Macht der Weißen – das ließ sich beides kaum voneinander trennen. Crack zerstörte Familien, indem es die Drogenkonsumenten von den Nichtkonsumenten trennte. Crack-Sucht weckte in den Konsumenten nämlich das Bedürfnis, die Familie und den Freundeskreis zu bestehlen, um ihre Abhängigkeit zu finanzieren – oder befeuerte eine bereits vorhandene Absicht. Das führte dazu, dass Mütter und Väter sich den Familienbanden und ihren elterlichen Verpflichtungen entzogen, um sich der unkoordinierten, aber beinahe vollumfänglichen Kontrolle ergeben zu können, die das Crack über ihr Leben hatte. Crack-Sucht und die Umtriebe von Straßengangs trugen zur Entstehung einer Juvenokratie bei: Die wirtschaftliche und soziale Autorität ging von den älteren auf die jüngeren Verwandten und Community-Mitglieder über. Wenn jemand das Kabelfernsehen, die Wegwerfwindeln für das Baby und die Lebensmittel kauft, dann ist er dem patriarchalen Verständnis zufolge »der Mann«. Von all den Verbrechen, die durch Crack befeuert wurden – Drive-by Shootings, Diebstahl von Handtaschen und TV-Geräten, Prostitution –, war das Im-Stich-Lassen der Kinder, ob nun buchstäblich oder im übertragenen Sinne, eines der schrecklichsten. Das war Afenis Achillesferse. Es herrscht Uneinigkeit darüber, wann Afenis Sucht ihr Familienleben zerriss. Sie selbst behauptet, das sei in Tupacs später Jugend passiert, als er siebzehn Jahre alt war; Tupac hingegen behauptet, es sei früher gewesen, als er zwölf oder dreizehn war. Es macht keinen Unterschied, denn die Folgen von Armut und Obdachlosigkeit waren drastisch genug. Ihr Griff zu Flasche und Crack-Pfeife entzündete ein Pulverfass, das ihrer gesamten Familie in Form einer zerstörerischen Sucht um die Ohren flog.[8]

Als ich mit Afeni sprach, hatte sie einen nüchternen Blick auf ihre Sucht; sie gab zu, dass diese ihren Kindern und insbesondere ihrem Sohn geschadet habe. »Ich weiß, was ich ihm angetan habe«, sagte sie, »was ich dadurch tatsächlich erreicht habe, war, dass ich ihn darauf vorbereitet habe, das Leid zu durchleben.« Mit einem Weinen in der Stimme beklagte sie ihre Verfehlungen, ohne dabei in Selbstmitleid zu verfallen. »Ich habe als Mutter keinen besonders großartigen Job gemacht, nicht mal einen guten«, sagte sie, »ansonsten wäre er vielleicht noch hier.

Aber man weiß ja nie.« Ich konnte spüren, wie schwer es ihr fiel, sich ihrem Drangsal aufrichtig zu stellen, um diesen Gedanken auszuleuchten. »Ich sage das nicht, um mir selbst zu schaden«, fuhr sie fort, »aber ich bin eine clean lebende Suchtkranke. Es ist deshalb sehr wichtig für mich, all die schrecklichen Dinge genau anzuschauen und zu untersuchen, mit offenen Augen und ohne mich selbst zu belügen.« Derselbe Hang zur Wahrheit war auch charakteristisch für Afenis Beziehung zu ihrem Sohn. Vielleicht weigerte sie sich, ihn anzulügen, weil sie mit ihm zusammen aufgewachsen ist, weil sie reifer wurde, als er reifer wurde, sich entwickelte, als er sich entwickelte, und dazulernte, als er dazulernte.

Afenis Behauptung wird von Äußerungen gestützt, die Tupac im Alter von siebzehn Jahren gemacht hat. Im Rahmen eines bemerkenswerten, auf Video festgehaltenen Interviews, das 1988 geführt wurde, ist Tupac zu sehen, der Baltimore erst kurz zuvor verlassen hatte und nun Schüler an einer Highschool in Marin City, Kalifornien, war. Tupac hatte einer vielversprechenden Zukunft an der Baltimore School for the Arts den Rücken gekehrt, um der Sucht seiner Mutter und dem Trauma der ständigen Umzüge zu entkommen, um nicht mitansehen zu müssen, wie schlecht Afeni sich von ihrem gewalttätigen Partner behandeln ließ. In diesem niemals offiziell veröffentlichten Interview überstrahlt Tupacs jugendliche Unschuld seine frühreifen Beobachtungen. Tupac stellt seine Mutter als ein mutiges Vorbild dar, die sich seit ihrer Zeit bei den Black Panthers in den Siebzigerjahren mit Vorliebe gegen die korrumpierten Narrative der offiziellen Gesellschaft und Geschichte stemmte. »Keine Lügen, so hat meine Mutter mich erzogen«, sagt Tupac. Seine Zähne strahlen hell, als ein breites Lächeln sein jugendliches, dunkles Gesicht überzieht und die häusliche Pädagogik seiner Mutter bekräftigt.[9] »Du kennst die komplette Wahrheit. Alles ist real in dieser Gesellschaft. Falls etwas falschläuft, dann weiß ich alles.« Doch mit diesem Wissen geht eine enorme Verantwortung einher, wenngleich Tupac andeutet, dass diese Verantwortung für einen so jungen Menschen zu groß ist. »Ich habe gewissermaßen Verantwortung übernehmen müssen, bevor ich das wollte, und jetzt kann ich nicht mehr wirklich differenzieren, was tatsächlich große Verantwortung ist, weil ich sie schon so lang gehabt habe.«

Dennoch vermag Tupac im Beharren seiner Mutter, er solle die Lasten seines Lebens selbst schultern, einen Vorteil zu erkennen: »Ich werde ein bisschen eher am Start sein als jemand, der in Disney World aufgewachsen ist« und in dem Glauben lebt, »dass der Weihnachtsmann kommen wird.« Der Nachwuchsrapper glaubte daran, dass seine Erziehung ihn deutlich besser auf das Leben vorbereiten würde, als das bei den verhätschelten Jugendlichen der Fall war, denen Not und Kampf erspart blieb. Afenis Leben – der Herzschmerz, die Rückschläge, das Scheitern, die Gegensätze, Tragödien und Triumphe – lagen ausgebreitet vor Tupac wie eine Landkarte und waren ihm Denkzettel. In manchen Erziehungsratgebern wird eine elterliche Offenbarung dieser Art als verantwortungslos gewertet. Tatsächlich gilt die Regel, Wissen vorzuenthalten. Dieser Logik folgend hat Afenis Ablehnung einer erkenntnistheoretischen Kluft zwischen Eltern und Kind den Mythos adulter Allwissenheit zerstört – eine essenzielle Stütze, die im sich entwickelnden Ego das Vertrauen und den Glauben in die Menschheit fördert. Doch in der Kosmologie des Ghettos – wie auch in revolutionären Weltbildern, in denen Wissen von der Regierung aus hinterhältigen Gründen entweder preisgegeben oder vorenthalten wird – ist ein großer Teil dieser Logik auf den Kopf gestellt: Was du nicht weißt, kann dich umbringen.

»Ich habe früher Gedichte für ihn geschrieben«, berichtete Afeni über ihren jungen Sohn. »Und ich hatte dieses eine Gedicht geschrieben, das ging so: ›Wo gehst du hin, brauner Mann? / Kleiner brauner Mann / Wo gehst du hin, mein kleiner brauner Mann?‹« Afenis Empfinden nach waren diese Zeilen ihr Versuch, ihren fünf Jahre alten Sohn vor den Gefahren der Unwissenheit zu warnen und ihm die Stärke von Selbsterkenntnis und Selbstbestimmtheit aufzuzeigen. »Dieses Gedicht sagte ihm: ›Ich weiß nicht, wo du hingehst oder was für Dinge du tun wirst oder was für Entscheidungen du treffen wirst‹«, erinnerte sie sich. »›Ich weiß aber, dass ich sie nicht für dich treffen kann. Ich möchte einfach nur mit dir gehen.‹ Im Grunde genommen wollte ich, dass er in der Lage ist, eigene Entscheidungen zu fällen, dass er versteht, dass es mir viel lieber wäre, wenn er seine eigene sachkundige Entscheidung trifft, anstatt sich immer nur nach dem zu richten, was ich sage, weil ihn das am Ende umbringen könnte. Er konnte es sich nicht erlauben, seinen Verstand nicht einzusetzen.« Es besteht kein Zweifel daran, dass Tupac seinen Verstand schon früh und energisch einsetzte, um sein Umfeld zu hinterfragen und seine Mutter herauszufordern.

Vor der Kamera mag der siebzehnjährige Tupac mit fröhlicher Mine die Vorzüge seiner Mutter gepriesen haben – so erlaubte er seinen Freunden auch, Afeni mit ihrem Vornamen anzusprechen und gab ihnen das Gefühl, »sie könnten jederzeit vorbeikommen« und über alles sprechen –, aber es zeichneten sich bereits ernsthaftere Probleme ab. Auf dem Videoband räumt Tupac ein, dass er und Afeni gelegentlich stritten – insbesondere dann, wenn er morgens um halb drei nach Hause kam. Er sagt auch, »dass sie oft Unrecht hat«, dass sie aber »darüber sprechen können«. Verständlicherweise gibt es kaum je ein Gespräch über Afenis Drogenleiden oder die emotionale Bedrängnis, in die Tupac dadurch geraten ist. Interessant ist auch, dass Tupac sagt, er könne Afeni alles fragen. »Ich kann alles ansprechen … und ich kann sagen … ›Ich frage mich echt, wie diese Droge wirkt‹, und dann sie so: ›Ich habe die ausprobiert, und Folgendes ist passiert, und ich denke, du solltest sie nicht ausprobieren.‹« Aber Afeni fehlte es an Willen oder Unterstützung, um die Finger von der Crack-Pfeife zu lassen.

Elmer »Geronimo« Pratt, der legendäre Black Panther, der wegen des Mordes an einer Lehrerin während eines Raubüberfalls in Santa Monica im Jahr 1968 siebenundzwanzig Jahre lang im Gefängnis saß, bevor die Anklage 1997 fallengelassen wurde, erfuhr während seiner Haft von Afenis Absturz in die Sucht. »[Afeni und ihre Kinder] kamen im Haus meiner Frau unter, wo auch meine beiden Kinder lebten«, sagte Pratt, der auch Tupacs Patenonkel war. Das Zuhause seiner Frau Linda war einer von vielen Orten, an denen Afeni und ihre Kinder einkehren konnten, wenn sie wieder einmal in Kalifornien waren. »Und es war ein einziges Chaos. Weil es dort keinen Mann gab, herrschte der Wahnsinn.« Ein wesentlicher Teil dieses Wahnsinns bestand darin, dass Tupac in Linda Pratts Haus wohnte, während Afeni »gleich um die Ecke war« und Drogen nahm. Pratt sagte, dass Tupac davon besonders schwer getroffen war. »Er war das Älteste von den Kindern, und seine Mutter war auf Crack. […] Da lastete eine ziemliche Bürde auf den Schultern dieses jungen Bruders.« Wegen des heimischen Chaos beauftragte Pratt gelegentlich Kameraden, nach den Kindern zu sehen, die manchmal ganz allein waren. Ab und an blieben Kollegen »über Nacht bei ihnen. Sie waren buchstäblich verlassene Kinder«. Diese Verlassenheit hinterließ tiefe Spuren bei Tupac, sie spornte ihn an, geniale Kunst zu erschaffen, und sie ließ ihn um Aufmerksamkeit betteln, was er auf seine eigene chaotische und selbstzerstörerische Weise tat.[10]

Schon lange bevor er in Marin City dieses Gefühl der Verlassenheit erlebte, war er in Baltimore häuslichen Problemen ausgesetzt. Mit einer zierlichen kleinen Schönheit, deren unverhohlene Unbeständigkeit gut zu Tupacs Wesen passte, ging Tupac an der Baltimore School for the Arts eine enge Freundschaft ein. »Wir glichen uns in vielerlei Hinsicht«, erinnert sich die berühmte Schauspielerin Jada Pinkett Smith. »Sehr von uns selbst überzeugt, sehr leidenschaftlich. Wir wollten, dass die Dinge so liefen, wie wir uns das dachten – oder gar nicht.« Smith sagt, dass sie und Tupac »oft aneinandergerieten«, weil sie beide »Mütter hatten, die damals Drogen konsumierten, und das war für uns beide ein wirklich schwerer Kampf. Das hat bei uns beiden zu einer Menge Unsicherheiten geführt.« Ein großer Teil von Tupacs Unsicherheit ließ sich auf seine extreme Armut zurückführen, die eine Folge des erratischen Lebenswandels seiner Mutter war. »Er war arm«, erzählt Smith. »Ich meine, ich habe Tupac kennengelernt, da hat er zwei Hosen und zwei Pullover besessen, verstehen Sie? Und ich übertreibe nicht. Als ich das erste Mal in sein Zimmer kam, sah ich, dass er auf einer Matratze ohne Bettwäsche schlief, und es hat lange gedauert, bis er mich bei sich zu Hause reinließ, weil er sich schämte. Er wusste nicht, wann er das nächste Mal etwas zu essen bekommen würde.« Smith sagt, dass Tupac

»aufgrund der Beziehung zu seiner Mutter« kein gutes Selbstbild hatte. »Deine Mutter ist dein Puls in die Welt. Und wenn dieser Puls nicht ordentlich schlägt, dann wird auch sonst nicht viel in Ordnung sein. Ich glaube nicht, dass er damit jemals seinen inneren Frieden geschlossen hat. Sein Selbstbild und sein Selbstwertgefühl haben ihren Ursprung in seiner Mutter.« Doch Smiths nächster Satz enthüllt den Modus Vivendi, den Tupac angesichts der gewaltigen Konflikte mit seiner Mutter gewählt hat: »Und er ist einfach kein versöhnlicher Mensch.« Smith erzählt, dass Tupac »wirklich grob gegenüber Afeni war. Und er ließ keine Gelegenheit ungenutzt, jeden zu bestrafen, von dem er den Eindruck hatte, er habe sich ihm gegenüber falsch verhalten. Das rührte aus seiner Beziehung zu Afeni.« Smith räumt ein, dass Afenis Sucht Tupac elementaren Schaden zugefügt hat, und dass das auch für seine Beziehung zu anderen Menschen gilt. »Wir alle haben den Preis für ihre Drogensucht gezahlt.«

Eine schmerzvolle Wahrheit, der Afeni sich zeit ihres Lebens stellen musste. Aber die brutalen Verletzungen, die sie ihren Kindern durch ihr eigenes selbstzerstörerisches Verhalten zugefügt hat, reflektierte sie mit einer unerschrockenen Aufrichtigkeit, die im Einklang mit ihrer Erziehung stand. »Ich habe meinen Kindern beigebracht – und, wissen Sie, was man ihnen beibringt, daran muss man sich auch selbst halten –, ›Wenn du schon mitten auf die Straße scheißt, dann geh in die Mitte der Straße, stell dich daneben, und lass alle wissen, dass es deine Scheiße ist‹«, beharrte sie. »Und wenn du dich das nicht traust, dann scheiße gefälligst nicht mitten auf die Straße. Darum geht's.« Afeni glaubte daran, dass eine solche Aufrichtigkeit jungen Menschen tatsächlich dabei helfen kann, mit ihren unvermeidlichen Misserfolgen umzugehen. »Jeder junge Mensch wird irgendwann einen schrecklichen Fehler machen«, sagte sie mir. »Wir können ihnen beibringen, dass man danach tatsächlich wieder auf die Beine kommen kann. Du kannst es wirklich besser machen. Wenn wir ihnen das nicht beibringen können, dann können wir Algebra erst recht vergessen, denn was soll ihnen das Gutes bringen?« Wenn sich Algebra durch wiederholtes Üben, durch das Auslöschen von

Fehlern und das Aufstellen hinreichender Formeln meistern lässt, dann war Afeni eine Mathematikerin der gesundenden Seele. Stellvertretend für alle Eltern argumentierte sie, dass Kinder nicht wissen werden, dass sie ihre Probleme überwinden können, »solange sie nicht wissen, dass ich lange vor ihnen miese Dinge getan habe«. Sie beschwor die Sprache des Glaubens herauf, um ihre Überzeugung zu bekräftigen, dass sich erlösende Lehren aus unseren Leiden ziehen lassen. »In der Kirche heißt es: ›Wie sonst sollen die Menschen deine Wohltaten erkennen? Wenn du nicht in die Mülltonne steigen kannst, um ihnen von dem Müll zu berichten, wie sollen sie dann wissen, von wo Gott dich weggeführt hat?‹ Sie werden dann nichts von deiner Erlösung wissen. Sie müssen aber etwas wissen. Ich bin dafür ein lebendes Testament.«

Anders als manch anderer cleaner Exkonsument entschuldigte Afeni ihre Missbrauchshandlungen nicht, indem sie ihre Fehler ungeniert in dem Licht wusch, in dem sie sich jetzt baden konnte. Sie verfügte auch nicht über diese alchemistische Amnesie, die im Namen einer selbstherrlichen Eigensanierung auf magische Weise übergehen kann, was sie anderen angetan hat. Auch wenn Afeni seit zehn Jahren clean war, räumte sie unumwunden ein, geglaubt, ja sogar naiv erwartet zu haben, dass Tupac ihrer Pilgerwanderung hin zu Erleuchtung und Gesundheit ohne zu zögern applaudieren würde. Zum ersten Jahrestag ihrer Befreiung von chemischer Substanzabhängigkeit, als Tupac gerade in seinem Filmdebüt *Juice* über die Leinwände flimmerte, machte dieser ihre Hoffnungen zunichte. »Nach einem Jahr Entzug war ich wirklich stolz auf mich«, erinnerte sich Afeni. Sie glaubte, dass ihr bemerkenswerter Fortschritt ihren Kindern die schmerzvolle Erinnerung an ihre Süchte nehmen würde. Ihre Tochter Sekyiwa empfing sie mit offenen Armen. Tupac hingegen schrieb ihr während eines Fluges einen neunseitigen Brief und gab ihr diesen nach der Landung. »In diesen neun Seiten erklärte mir mein Sohn so ehrlich wie er nur konnte, wie sehr er hoffte, dass ich wirklich clean bleiben würde«, erinnerte sie sich. Doch ermahnte er sie auch: »Du kannst nicht jede einzelne Sache, die du angestellt hast, ungeschehen machen. Du kannst nicht von mir erwarten zu glauben, dass du dich ändern kannst, nur weil du das behauptest.« Afeni sprach darüber, wie ihr Sponsor ihr sagte, dass Tupacs Brief eine gesunde Geste sei. »Ich habe also während meiner Genesung verstanden, wie wichtig es für meine Kinder war, den Freiraum zu haben, den sie brauchten, um mit dem Schaden klarzukommen, den ich angerichtet habe, und zwar so, wie es für sie richtig war, und nicht etwa so, wie es mir genehm war. Was er sagte, traf aber wirklich zu. Was sagen Sie dazu? Er hat mich jeden Tag aufs Neue herausgefordert. Dafür bin ich ihm dankbar. Ich habe ihm das beigebracht. Hätte ich ihm etwa sagen sollen, dass das eine Lüge war? Er hat mir immer geholfen, aufrichtig zu bleiben.«

Dennoch war es für Afeni schwer mitanzusehen, wie ihr Sohn ihre Sucht öffentlich machte, wenngleich sie in der ganzen Angelegenheit einen Vorteil zu erkennen vermochte. »Ich denke wirklich, dass die schlimmsten Sachen, die die Menschen über mich wissen ... mich stärker machen ... weil die Leute nichts haben, womit sie mich erpressen könnten, weil ich dir Dinge von mir erzählen werde, die schlimmer sind als das, was du jemandem erzählen würdest.« Afenis Mischung aus Trotz und schonungsloser Ehrlichkeit war genau die Art Verschmelzung von Eigenschaften, die aus ihrem Sohn einen so überzeugenden jungen Künstler machte, der seine Dämonen der ganzen Welt zeigte. Afeni sagte sogar, sie habe Tupac ermutigt, »so viel wie möglich von diesem Gift rauszulassen, verstehen Sie, denn nur wenn man sich das alles ganz genau angeschaut hat, kann man seinen Frieden finden«.

Ein Stück weit repräsentiert der Song »Dear Mama« von 1995 Tupacs öffentliche Aussöhnung mit der schmerzvollen Vergangenheit seiner Mutter. Die eindringliche Eloquenz des Liedes besteht darin, dass Tupac seiner Mutter ihre Drogensucht, ihre familiäre Unbeständigkeit und die Vertreibung ihres einzigen Sohnes vergibt. Stattdessen hob er die Schwierigkeiten hervor, mit denen arme Menschen und alleinstehende Mütter konfrontiert sind. Er verlieh seiner Dankbarkeit darüber Ausdruck, dass Afeni sowohl ihrer Selbstzerstörung als auch all den Hindernissen, die eine abgestumpfte Gesellschaft ihr vor die Füße geworfen hat, mit heldenhafter Beharrlichkeit entgegentrat. Ganz besonders aber lobte er ihre schonungslose Ehrlichkeit: »You never kept a secret / always stayed real.« [»Nie hast du ein Geheimnis um etwas gemacht / bist immer ehrlich geblieben.«] Ein anhaltender Frieden indes schien Tupac nicht vergönnt zu sein. Je mehr er seine Seele in seinen Texten bloßlegte, desto mehr verlieh er auch dem stechenden Mangel an Selbstwertgefühl Ausdruck, der ihn glauben ließ, er habe die Bewunderung, die ihm entgegenschlug, nicht verdient. »Am tiefsten in ihm verwurzelt war das Gefühl, dass er einen Dreck wert sei«, bemerkt Smith traurig. Sie hat den Eindruck, dass Tupac in seinen späteren Jahren das Licht verschmähte und sich absichtlich an seine eigene Düsternis klammerte, weil er nicht daran glaubte, dass »die Leute, die im Licht waren, ihn ... akzeptieren würden«. Smith hat versucht, ihn vom Gegenteil zu überzeugen. »Ich wusste, dass die Menschen, die im Licht waren, nur auf ihn warteten. Und das wusste ich, weil es genau die Reise war, auf der ich selbst mich befand. Und wenn ich mir meinen Weg genau anschaute, konnte ich sehen, dass ich der Liebe würdig war, dass ich klug genug und gut genug war, ganz egal, wie meine Vergangenheit ausgesehen haben mag. Und er hat nie daran geglaubt.«

Die Schauspielerin LaTanya Richardson, die zusammen mit Tupac in *Juice* aufgetreten ist, stimmt dem zu: »Ich denke nicht, dass [Tupac] sich je wohl damit gefühlt hat, gut zu sein«, sagt sie. »Vielleicht hat er in einem psychologischen Sinne verstanden, dass er von anderen nicht auf diese Weise gesehen wurde. Oder dass es nicht von ihm erwartet wurde. Und vielleicht wollte er diejenigen [die dieses Bild von ihm hatten] nicht enttäuschen.« Also betonte Tupac sein Image als harter Kerl und verschrieb sich in verhängnisvoller Weise dem Bösen. »Aber ich glaube wirklich, dass er zu einer anderen Zeit und an einem anderen Ort einfach hätte loslegen können, mit der Schauspielerei und der Musik, und glücklich hätte werden können. Wenn wir ihn erzogen hätten.« Ihr Schlusssatz ist besonders aussagekräftig und bezieht sich womöglich auf das afrikanische Sprichwort, dessen sich auch Hillary Clinton bediente: »Es braucht ein Dorf, um ein Kind zu erziehen.« Richardson spricht Afeni frei von der alleinigen Verantwortlichkeit, Tupac zu erziehen, und verteilt diese gleichmäßig auf das schwarze Dorf, das von seinen Talenten profitierte und sein beinahe unabwendbares Verderben fürchtete. »Er war einer von denen, die wir einfach vorbeiziehen ließen«, bemerkt sie. »Und ich glaube, dass wir alle dafür zur Rechenschaft gezogen werden.«

Kapitel 2

»THE SON OF A PANTHER«

Eine postrevolutionäre Kindheit

Die folgende Szene beschwört auf unwiderstehliche Weise Tupacs revolutionäre Wurzeln herauf: Als er gerade erst ein paar Tage alt war, wurde Tupac zum ersten Mal zu einer politischen Rede mitgenommen, die der Pfarrer Louis Farrakhan im Zeughaus der 168th Street in New York hielt. »Dort habe ich ihn zum ersten Mal gesehen«, sagt Karen Lee, damals eine Kämpferin für die schwarze Sache, die – noch so eine Wendung des Schicksals – beinahe zwanzig Jahre später als Tupacs Presseagentin arbeiten sollte. »Er war ein kleines Baby mit großen Augen. Sie waren das Erste, was man sah.« Diese großen Augen und die Art, wie sie die Welt sahen, machten Tupac zum James Baldwin des Hip-Hops: Ein unerträglich gewissenhafter Schreiberling, dessen Erzählungen nur so loderten vor moralischer Empörung über das Leid der Schwarzen. Seine Verachtung für rassistische Unterdrückung hatte Tupac bereits im revolutionären Leib seiner Mutter in sich aufgesogen. Der Künstler war, wie Tupacs Patenonkel, der Black Panther Elmer »Geronimo« Pratt anmerkte, »in die Bewegung hineingeboren worden«.

Dieses Geburtsrecht eines schwarzen Nationalismus hing gleichermaßen als Versprechen und Urteil über Tupac. Manche sahen in ihm einen gottverlassenen Erben von Huey P. Newton, Eldridge Cleaver,

Bobby Seale und anderen strahlenden Sternen schwarzer Subversion. In diesem Licht betrachtet ließ sich Tupacs Karriere am besten in strikt politischen Begrifflichkeiten denken: Rap war Rassenkrieg mit anderen Mitteln. Andere sehen in den Black Panthers ein schrilles Symbol nach innen gerichteter politischer Zerstörung. Das würde bedeuten, dass Tupacs gewaltvolle Texte und sein wildes Gebaren ein Hinweis auf die moralische Verarmung eines romantischen Nationalismus sind. Tupac machte sich ursprünglich die erstgenannte Sichtweise zu eigen, wenngleich er der ästhetischen und ökonomischen Imperative, die ihm dadurch aufgebürdet wurden, alsbald überdrüssig wurde. Mit zunehmendem Ruhm und Reichtum duldete er keine Beschränkungen mehr in dem, was er sagen wollte und der Art, wie er leben durfte. Doch selbst als er seinen revolutionären Selbstanspruch gegen das *thug life* eingetauscht hatte, machte er sich nie die Sichtweise zu eigen, dass die Panther politische Selbstzerstörung versinnbildlichten. Zwar sah Tupac das *thug life* als Erweiterung dessen, woran die Panther glaubten – Selbstverteidigung und Klassenkampf. Aber er verwehrte sich der Ideale der Panther nie. Anders sah es mit den Methoden aus, wie wir bald sehen werden.[11]

Sowohl Förderer als auch Kritiker der Panther sind sich einig darüber, dass Tupac problematisch war. In diese Übereinstimmung ist jedoch Ironie eingestanzt. Beide Seiten finden Tupac aus den nämlichen Gründen inakzeptabel, aus denen heraus sie auch die Ansichten der jeweils anderen Seite unerträglich, ja sogar verwerflich finden. Die Puristen unter den Panthern behaupten, dass Tupacs verschwenderischer Materialismus und aufsässiger Hedonismus das Totengeläut eines politischen Gewissens darstellen – der ultimative Ausverkauf revolutionärer Ideale. Kritiker der Bewegung behaupten, dass Tupacs *thug*-Fantasien die unterschwellige Logik des Bandenunwesens der Panther mit ihrem sexuellen Missbrauch von Frauen, den Finanzverbrechen und den brutalen internen Querelen erfüllt. In beiden Fällen ist Tupac eine problematische Metapher für die hohen Ansprüche und gescheiterten Agenden der schwarzen Revolution. In seinem kurzen Leben versuchte er zunächst, das konkrete Überleben mit revolutionärem Idealismus in Einklang zu bringen. Später ging er in die andere Richtung.

In Anlehnung an W. E. B. Du Bois' Idee eines doppelten Bewusstseins lässt sich sagen, dass in Tupacs dunklem Körper zwei einander bekriegende Ideale eingeschlossen waren. Die Frage, die es nun zu stellen gilt, lautet: Hätte Tupacs verbissene Stärke allein ihn davor bewahren können, zerrissen zu werden? Rückblickend scheint eine negative Antwort gewiss, vielleicht aber auch unaufrichtig. Die versuchte Aussöhnung rivalisierender Verständnisse von schwarzem Aufruhr war schon für erfahrene Köpfe gefährlich genug, was so unterschiedliche Figuren wie Malcolm X und Huey Newton beweisen. Wie viel Weisheit lässt sich von einem Künstler erwarten, der kaum älter als fünfundzwanzig Jahre geworden ist, selbst wenn er enorm talentiert und fast schon bedenklich frühreif war? Es zeugt von seinem gigantischen Talent – und von unserer verzweifelten Bedürftigkeit, die ja nur deshalb so lautstark zu vernehmen ist, weil wir nicht in der Lage sind, geeignete Antworten zu finden –, dass eine solche Erwartungshaltung überhaupt existiert. Am ehesten wird es uns gelingen, Tupacs Dilemmata sowie auch seine Fehlschläge und Triumphe zu verstehen, wenn wir die Ideale untersuchen, die seine Erziehung prägten und sein Leben im Guten wie im Schlechten formten. Was bedeutete es, ein Kind der Black Panther zu sein, eine postrevolutionäre Kindheit zu haben?[12]

Zur Erklärung seiner geistlichen Berufung merkte Martin Luther King Jr. einmal an, sein Vater, sein Großvater und sein Urgroßvater seien Prediger gewesen. »Ich schätze, mir blieb nicht wirklich eine Wahl«, stellte er humorvoll fest. Auch wenn Tupacs revolutionäre Abstammungslinie nicht ganz so lang ist, so ist sie doch genauso dicht besiedelt und vielleicht sogar geschichtsträchtiger. Er war umgeben von Gestalten, die den Kampf für schwarze Freiheit lebten und in ihm starben. Afeni und ihre Liebhaber Lumumba und Billy Garland waren Black Panther. Tupacs Stiefvater, Mutulu Shakur, ein Akupunkteur und schwarzer Revolutionär, wurde 1988 wegen eines komplottierten bewaffneten Raubüberfalls und Mordes zu sechzig Jahren Haft verurteilt. Er wurde zudem des Versuchs schuldig befunden, Tupacs »Tante« Joanne Chesimard, die später unter dem Namen Assata Shakur bekannt war, aus dem Gefängnis zu befreien, wo sie seit 1977 saß, nachdem man sie des Mordes an einem State Trooper aus New Jersey schuldig gesprochen hatte. Und Tupacs Patenonkel, Geronimo Pratt, war eine überragende heroische Gestalt. Von Anfang an war Tupac, wie Pratt es sagte, »fasziniert von der Geschichte, in die er hineingeboren wurde«.

In dem tief bewegenden Filmmaterial, das Tupac als Schüler im Alter von siebzehn Jahren zeigt, bestätigt dieser Pratts Eindrücke: »Meine Mutter war ein Black Panther, und sie war wirklich ein aktiver Teil der Bewegung«, sagt Tupac. »Einfach nur schwarze Leute, die etwas verbessern wollten für sich, solche Sachen eben.« Und von Anfang an war Afenis Rolle innerhalb der Bewegung arbeitsintensiv und begrenzte, so sah Tupac es, die Zeit, die sie mit ihm verbrachte. »Anfangs habe ich gegen sie rebelliert, weil sie einer Bewegung angehörte, und wir verbrachten nie Zeit miteinander, weil sie immer irgendwo sprach und Colleges besuchte und all das«, erzählt Tupac. Doch nach einer Phase intensiver Aktivität innerhalb der Bewegung entstand ein engeres Band zwischen Tupac und seiner Mutter. »Und als das dann vorbei war, hat sie mehr Zeit mit mir verbracht, und ich dann so: ›Du bist meine Mutter‹, und sie so: ›Du bist mein Sohn.‹ ... Und dann standen wir uns wirklich nahe und sie war richtig streng mit mir.«[13]

Schon als Jugendlicher erkannte Tupac den Preis, den man für revolutionäre Prinzipien zahlt, insbesondere dann, wenn man kaum Geld hat. »Wenn man arm ist und dieser Philosophie folgt, das ist noch schlimmer«, sagt Tupac. Doch er analysiert den Unterschied zwischen finanziellem und moralischem Reichtum auf brillante Weise. »Denn, weißt du, wenn Geld nichts wäre, wenn es kein Geld gäbe und alles nur von deinen moralischen Grundsätzen abhängig wäre, von deinem Verhalten und der Art, wie du die Leute behandelst, dann wären wir Millionäre. Wir wären reich.« Als Realist, der er ist, schätzt Tupac vorausblickend die Situation seiner Familie ein, insbesondere den Preis, den man für kritisches, von revolutionären Überzeugungen getragenes Denken zahlen muss. »Da es aber nicht so ist, sind wir blank bis auf die Knochen. Wir sind nur arm, weil unsere Ideale uns ständig im Weg stehen, weil wir keine Jasager sind.« Tupac weiß, dass eine kritische Bestandsaufnahme der eigenen Umgebung nicht zur Jobsicherheit beiträgt, auch wenn er einräumt, dass es ihn verbittert, aufgrund seiner Prinzipien arm zu sein, weil er »eine Menge verpasst hat«, und weil »ich nicht immer kriegen kann, was ich will, oder auch nur Dinge, von denen ich meine, dass ich sie brauche«. Das hält ihn nicht davon ab, die Sinnlosigkeit des Lebens, das viele reiche Leute führen, auseinanderzunehmen. »Aber ich kenne reiche Leute, oder wohlhabende Leute, die sind ohne Halt, die sind verloren.« Aus diesem Grund haben sich die aufopfernden Entscheidungen seiner Mutter wirklich bezahlt gemacht. »Sie hätte [sich dafür entscheiden können], aufs College zu gehen und irgendeinen Abschluss zu machen und heute [hätte sie] wohlhabend sein können. Aber sie hat sich dafür entschieden, die Gesellschaft zu analysieren und zu kämpfen und die Dinge besser zu machen. Das ist also der Lohn. Und sie sagt immer zu mir, dass ihr Lohn ist, dass ich und meine Schwester gut aufgewachsen sind und dass wir einen guten Verstand haben und … Wir sind bereit für die Gesellschaft.«

Tupacs revolutionäres Empfindungsvermögen formte auch seine Neigung, gegen Ungerechtigkeit mit großem Gestus zu protestieren. Zunächst vergleicht sich Tupac auf der Videoaufnahme mit seiner Mutter, indem er behauptet, sie seien beide arrogant. Seine Selbstkenntnis wird nur noch von seinem ausgeprägten Sinn für dramatisches Timing und seiner Fähigkeit übertroffen, den Alltag mit kunstvollen Ausschmückungen zu beleben. In einer hinreißend vorgetragenen Geschichte erzählt Tupac, wie er sich die Zeit für das Interview freigemacht hat: »Ich habe tatsächlich gerade heute erst meinen Job gekündigt, weil ich herkommen und das [Interview] machen wollte, und die wollten mich nicht lassen. Und ich fand das wichtig – ein bisschen wichtiger, als Pizza zu servieren. Und es waren genügend Leute da, und da ich ja ein Schauspieler bin, hatte ich das Gefühl, die sollten das verstehen. Die hätten mich das machen lassen sollen, haben sie aber nicht. Und dann hatte ich eine Erkältung, also haben sie mich im Kühlraum arbeiten lassen, und ich lasse mich wirklich nicht so respektlos behandeln. Und das fand ich respektlos, weil ich ja gesagt hatte, dass ich gehen wollte, weißt du. Also habe ich gekündigt, und [mein Boss] hat mir erzählt, dass ich nicht kündigen kann. Und da bin ich aufgedreht. Ich bin arrogant, und als er mir sagte, ich könne nicht kündigen, hatten wir gerade lauter Kunden da. Ich habe mir diesen Moment ausgesucht, um eine Szene zu machen, mir meine Lederjacke zu schnappen, vor seinen Augen eine Zigarette anzuzünden, zu rauchen und dann mitten im größten Kundenansturm zu gehen.«

Wie sich herausstellt, ist diese Story klassisch Tupac: Er poliert eine persönliche Geschichte zu einer Betrachtung über soziale Ungerechtigkeit auf; er legt ein untrügliches Gespür für berufliche Prioritäten an den Tag; er bedient sich des stylischen Machismo der Popkultur, um sein Statement zu unterstreichen; er tritt der Autorität mit dem dramatischen Gestus des Ungehorsams entgegen; er verknüpft die Frage des Respekts mit Moralität; er hebt den Grad der emotionalen Verletzung hervor – übertreibt ihn vielleicht sogar –, um seine Rebellion zu rechtfertigen; und er verwandelt mit hervorragenden schauspielerischen Instinkten ein belangloses Ereignis in aufgeladenes Theater. Selbst hier erkennt Tupac den Vorteil, den die politische Erfahrung seiner Mutter bringt. Er gibt zu, dass seine Mutter, da sie »die Sechziger mitgemacht« hat, besonnen ist und eher dazu neigt zu sagen: »Lass mich erst darüber nachdenken, bevor ich es mache, denn ich weiß, wie das läuft.« Doch er weiß auch, dass ihre hehren Bemühungen ihr oft nur harschen Undank einbringen. Tupac behauptet, dass die Familie von New York weggezogen ist, »wegen der [politischen] Entscheidungen meiner Mutter. Und wegen ihrer Entscheidungen konnte sie ihren Job nicht behalten, weil es zu krass war. … Sie haben herausgefunden, wer sie war, und sie konnte nie lange in einem Job bleiben. Eine solche Behandlung sollte illegal sein.« Für diejenigen, die noch nie unter Beobachtung durch die Regierung standen, deren Familien nicht durch politische Schikane zerstört wurden, ist der Schleier aus Argwohn, Skepsis und natürlich auch Paranoia, der zwischen verfolgten Polit-Aktivisten und dem Rest der Welt hängt, schwer zu verstehen. Wir wissen heute, dass viele Regierungsbehörden im Verborgenen und auf korrupte Weise versucht haben, die schwarze Freiheitsbewegung zu zerstören, von der Southern Christian Leadership Conference bis zu den Black Panthers.[14]

Das Vorbild der Panther inspirierte Tupac dazu, Rassenkonflikte anzusprechen. Im Gespräch über einen Kampf zwischen Skinheads und schwarzen Jugendlichen während einer Party in Marin City sagt Tupac, dass er und seine Freunde versucht haben herauszufinden, »was man machen kann«. Als sie sich darüber einig waren, dass »so etwas in den Sechzigern nicht hätte passieren können«, ohne dass es eine Reaktion von schwarzen Aktivisten gegeben hätte, beschlossen Tupac und seine Freunde, dass »wir die Black Panther wieder aufleben lassen«. Tupac sagt, dass sie es anders als die Panther der Sechzigerjahre machen werden; »wir machen es so, dass es mehr unseren Ansichten entspricht: weniger gewalttätig und stiller.« Es werde »mehr Wissen geben, das helfen kann«, den schwarzen Stolz wiederherzustellen. »Ich glaube, wenn du dich selbst nicht respektieren kannst, dann kannst du deine Rasse nicht respektieren, dann kannst du die Rasse eines anderen nicht respektieren. ... Das hat einfach mit Respekt zu tun, wie meine Mutter es mir beigebracht hat.« Durch das Wiederaufleben der Black Panther würden Tupac und seine Kameraden nicht nur schwarzen Stolz lehren, sondern auch den Wert von Bildung als Mittel zur Selbstverteidigung und Schutzschild gegen Fanatismus vermitteln. Mit diesem Ansatz würden sie sich einer Strategie aus der Zeit des Jahrhundertwechsels bedienen, die auf Du Bois zurückgeht. Die wiederbelebten Black Panther würden als »ein Schutzmechanismus [gegen] die Skinheads dienen, denn das ist nicht richtig, und ich hasse es, mich hilflos zu fühlen«, erklärt Tupac. »Also, Skinheads hassen schwarze Menschen und ... Ich habe diese Vorstellung, dass wir einfach mehr werden, und die werden weniger, denn so funktioniert das mit Wissen. Es ist ansteckend, weißt du. Und wenn es Krieg und Frieden gibt, dann setzt der Frieden sich durch.« Tupac sagt, er werde »aus unseren Fehlern lernen. Und ich spreche derzeit mit einer

Menge Ex-Mitgliedern der Panther aus den Sechzigern, weil sie weniger gewalttätig sind. Die haben dazugelernt, weißt du.« Doch Tupac betont eilig ihre Vorzüge: »Sie haben in der Vergangenheit viel Gutes getan, und wir können eine Menge guter Dinge tun. ... Meine Mutter war damals ein Panther, und [wir werden] mit Geronimo Pratt sprechen, und mit einer Menge ehemaliger Panther, die für Verteidigungsfragen zuständig waren. Wir werden also eine Menge Gutes bewirken.«

Ganz anders, als die beißende Kritik unterstellte, der er später ausgesetzt war, fühlte Tupac sich von den Panthers nicht aufgrund der stilisierten Gewalt, der hypermaskulinen Optik oder des verlockend geheimnisvollen sozialen Nimbus angezogen. Seine Hinwendung zu den Black Panthers war der praktische Versuch, auf rassische Unterdrückung zu reagieren. Das Bekenntnis zu einem schwarzen Stolz diente keinem kompensatorischen oder therapeutischen Zweck. Es diente vielmehr, erstens, einem Selbstrespekt und, zweitens, dem Respekt anderer gegenüber. Moralität um des Selbst willen verband sich mit der Sorge um die sozialen Belange anderer. In der Hervorhebung von Bildung verwies Tupac außerdem auf eine Schlüsselthese liberaler Reformen: dass ein aufgeklärter Verstand dazu beiträgt, soziale Verhaltensweisen zu verbessern. Seine an der Rassenfrage orientierte Pädagogik war zu gleichen Teilen von Paulo Freire und John Dewey inspiriert und wurzelte in dem Glauben, dass moralisch gebildete Bürger dazu beitragen können, eine Gesellschaft umzugestalten.[15]

Bei allem Schwelgen in den Rassentheorien der Panther: Von ihren widersprüchlichen Praktiken zeigte Tupac sich weit weniger angetan. Er hatte den Eindruck, dass die Bewegung seine Mutter ungerechtfertigter Weise im Stich gelassen hatte, als diese sie am dringendsten brauchte, was ihn ganz besonders schmerzte. Wenn Tupac aufgrund der Armut, die Afenis Ideale mit sich gebracht hatten, zunehmend verbitterte, dann verbitterte ihn das Scheitern der Panther – für die Afeni ihre Familie und ihre Karriere geopfert hatte, um ihnen zu helfen – nicht minder. Während sie antikapitalistische Überzeugungen verkündeten, führten einige der größten Ikonen der Bewegung ein luxuriöses, ja sogar lasterhaftes

Leben auf Kosten des proletarischen Fußvolks. Solche Praktiken wirkten schon von fern betrachtet geschmacklos; in der Nahansicht waren sie absolut abstoßend. Afeni erwähnte, dass ihre Kinder ihr aufopferndes Wesen geerbt hatten. »Wenn sie zu viele [Spielzeuge] hatten, dann haben sie welche abgegeben«, erinnerte sie sich, »und ich war nicht reich.« Das Verhalten ihrer Kinder spiegelte ihre eigene Überzeugung wider, dass »alles der Gemeinschaft gehören sollte«. Da sie ihre »Ausbildung von der Bewegung erhalten« habe, habe sie geglaubt, dass »Kapitalismus ein Schimpfwort« sei. Tupac indes hatte andere Vorstellungen. »Er hatte einen logischen Verstand«, sagte Afeni, und blickte daher ohne den ideologischen Putz, der seine Mutter band, auf deren Lage. Afeni zufolge war Tupac jedoch »wirklich verärgert über die Tatsache«, dass die Bewegung sie verraten hatte. Sie erzählte davon, dass Tupac das dringende Bedürfnis hatte, mit seinem Patenonkel Geronimo Pratt darüber zu streiten, aber aus Respekt den Mund gehalten habe. Anderen Mitgliedern gegenüber zeigte er sich weniger gnädig. »Für andere Leute aus der Bewegung hatte er wirklich nicht viel Respekt«, sagte Afeni. »Weil er ein Kind war und dabei gewesen ist. Er wusste, was sie getan und was sie nicht getan hatten. Und ich habe meine Kinder niemals angelogen ... ganz egal, was war. So haben wir im Grunde unser Leben gelebt, also wussten sie ganz genau, was in unserem Leben los war, noch während es passierte. Und sie wussten, wer nicht für uns da war, wer uns verlassen hatte und sich nie die Mühe machte, uns zu helfen.« Afeni glaubte, dass Tupac diese Widersprüchlichkeiten auffielen, und »das verurteilte er«. Schnell fügte sie jedoch hinzu: »Die Prinzipien liebte er. Es waren nicht die Prinzipien, auf die er wütend war.« Vielmehr war es »der Mangel an Courage im Angesicht von Leid«, der ihn verärgerte, insbesondere des Leids, das den Soldatinnen der Bewegung zugefügt wurde.

Viele männliche Panther ließen ihre Frauen und Kinder allein zurück, aus freien Stücken oder weil sie dazu gezwungen waren. Die Unterdrückungsmethoden der Regierung zerstörten viele schwarze Aktivistenfamilien; oftmals wurden Väter und Mütter von ihrer Familie getrennt. Tupac selbst wurde in der Schule immer wieder von FBI-Agenten angesprochen, die auf der Suche nach dem Aufenthaltsort seines Stiefvaters Mutulu Shakur waren. Die immergleichen grauenvollen Muster, die sich bei diesen im Stich gelassenen Familien abzeichneten, erschütterten Tupac, vielleicht auch, weil sie ihn an seine eigene verzweifelte Lage erinnerten. Aus der Sicht eines Kindes, so sagte Afeni, seien solche Ereignisse sicherlich schmerzhaft. »Wenn man über den Schmerz spricht, den dieses Kind empfunden hat, insbesondere, wenn du erkennst, dass du daran nichts ändern kannst, das ist heftig«, sagte sie. »Das sitzt so unglaublich tief.« Es geht so tief, dass es offenbar dauerhaft Narben in Tupacs Gewissen geschlagen hat und ihn glauben ließ, man könne – mehr noch: man solle – ein reicher Revolutionär sein. Wenn die Revolution dir nicht genug einbringt, um die Rechnungen zu zahlen – wenn die Revolutionäre, die das A und O der Bewegung sind, sich nicht irgendwie über Wasser halten können –, dann ist die Revolution bereits gescheitert. So wie Tupac es gemäß Afenis Erzählungen sah, »konnte ich von der Revolution nicht nur die Rechnungen nicht zahlen, sondern sie richtete auch richtig großen Schaden in meinem Leben an«. Deshalb brachte Tupac Afeni bei, ihren Frieden mit dem Geld zu machen. »Ich denke, ich lerne, wie man in einer kapitalistischen Gesellschaft leben muss; früher wusste ich nicht, wie das geht«, sagte sie. »Aber das hat Tupac mir beigebracht. Ich wusste nicht, wie man das macht. Ich wusste nur, wie man wütend sein kann wegen des Kapitalismus.« Tupac lernte Afeni zufolge, wie man rebellieren und dabei trotzdem Geld machen kann, eine Lektion, die sie allmählich verinnerlichte. »Das wäre mir nie in den Sinn gekommen«, sagte sie. »Ich hatte mir selbst nie erlaubt, das zu tun. ... Er hat mich in so vieler Hinsicht befreit. ... Tupac stellte die Dinge infrage, die mir heilig waren. Er brachte mich dazu, über diese Dinge nachzudenken.«

So wie Tupac einforderte, dass seine revolutionären Ahnen über die Konsequenzen ihrer gescheiterten Praktiken nachdachten, so forderte er auch Künstler-Communitys und die Entertainment-Industrie heraus, sich ihren nicht weniger ruchlosen Widersprüchen zu stellen. Jenseits des schadhaften Umfelds, das über die revolutionäre Ideologie obsiegte, schien Tupac die Freiheit zu finden, sich deren löblicheren Aspekten zuzuwenden. Schon ganz am Anfang seiner noch jungen Karriere war klar, dass Tupac die Rolle eines Revolutionärs nicht einfach nur schauspielerte, wenn seine Exzesse ihn bisweilen auch extrem, ja sogar selbstzerstörerisch wirken ließen. »Er brachte mich zum Nachdenken«, sagt Danyel Smith, ehemalige Redakteurin des *Vibe Magazine*, die eine vierundzwanzig Jahre alte Autorin war, als sie in Oakland auf den achtzehn Jahre alten Tupac traf. »Schon bevor er berühmt war, und später umso mehr, als er wirklich die Art von Songs schrieb, die in seinem Herzen waren«, schaffte Tupac es, »dass du immer wieder infrage stelltest, ob der Zug, auf den du gerade aufgesprungen warst, der richtige für dich war.« Smith sagt, dass sie einfach nur froh gewesen sei, einen Job zu haben, egal ob im Copyshop oder im Kaufhaus. »Tupac sagte dann: ›Warum gehst du für die Weißen arbeiten?‹ Wissen Sie, seit jeher haben schwarze Menschen das gesagt: ›Wir waren Sklaven für die weißen Leute; wir müssen unsere eigenen Unternehmen gründen; warum arbeitest du für den weißen Mann?‹« Aber Tupac sagte das auf eine Weise, die es für Smith wie eine neue, drängende, ja unausweichliche Frage wirkte. »Und dann saß ich da und ging so richtig mit mir ins Gericht: ›Sollte ich wirklich für Weiße arbeiten?‹« Smith sagt, dass Tupac »eine absolute Wahrheit für sich beanspruchte, was in jedem Menschen eine anziehende Qualität ist, weil man ihr so selten begegnet.«

Tupacs absolute Wahrheiten fielen auch seinem ersten Manager, Atron Gregory, auf. Er arbeitete mit Tupac zusammen, noch bevor dieser einen Plattenvertrag hatte und stattdessen darüber nachdachte, die Musik ganz aufzugeben, um die Leitung eines Jugendprogramms zu übernehmen. Tupacs Intensität bedeutete auch, dass er »bereit war, Risiken einzugehen, was [auch bedeutet], dass er bereit war zu scheitern«. Gregory sagt, dass Tupac alles mit echter Intensität anging. »Ganz egal, was er machte«, erinnert er sich. »Ob er nun Tacos zubereitete oder Musik machte, ob er in einem Film mitwirkte, vor einem Richter sprach oder sich über dieselbe Sache mit einem Polizisten unterhielt«, Tupac ging immer in die Vollen. »Einmal war er am Flughafen in Burbank«, erinnert sich Gregory. »Er hatte eine Kette, an der eine rostige Pistole hing, und ich sagte: ›Damit kannst du nicht ins Flugzeug.‹ Also wäre er fast in den Knast deswegen.« Schließlich nahm Tupac die Kette ab und ging ins Flugzeug. »Aber er verstand nicht, warum er nicht eine Kette um den Hals tragen konnte, an der eine Pistole hing, die ganz offensichtlich nicht echt war.« Fast schon als eine Art Eingeständnis angesichts Tupacs wütenden Beharrens darauf, dass er das Recht hatte, eine harmlose Kette zu besitzen, fügt Gregory hinzu: »Um ganz ehrlich zu sein, ich habe das auch nicht verstanden.« Aber nur wenige hätten in der Angelegenheit einen Kampf gesehen, der es wert ist, ausgefochten zu werden. Tupacs ungefilterte Intensität sollte sich in seiner Kunst als fruchtbar erweisen, außerhalb von Tonstudio und Filmset jedoch hatte sie deutlich weniger produktive Auswirkungen. Seine Unfähigkeit, zwischen jenen Sachen zu unterscheiden, die einen Streit lohnten, und solchen, die man auch einfach auf sich beruhen lassen konnte, brachte ihm häufig Ärger ein, manchmal mit Kollegen, häufiger jedoch mit dem Gesetz.

Als Kind einer Pantherin und gewissermaßen als Revolutionär der zweiten Generation waren Tupac Konfrontationen mit der Polizei nur allzu vertraut. Es gibt viele, die glauben, dass Tupac – neben anderen ausgewählten Kindern – als meinungsstarke Berühmtheit und Spross einer radikalen Mutter das Ziel besonderer Brutalität war. Afeni erzählte, dass, als Tupac – der Vergewaltigung und des sexuellen Missbrauchs angeklagt – in Gewahrsam genommen werden sollte, »ein zweihundert Mann starkes SWAT-Team in dieses riesige Hotel in New York einfiel«, um ihn festzunehmen. »Die Polizei ging wirklich hart mit ihm um«, sagte Afeni. »Noch rücksichtsloser als mit anderen Personen, denke ich.« Vor dem Hintergrund von Tupacs Biografie »musste es einfach immer ein bisschen mehr sein, und für ihn musste immer alles eine Herausforderung sein, die es zu überwinden galt«. Afeni hat ihren Sohn dazu erzogen, »sich seiner Situation bewusst zu sein«, als ein junger schwarzer Mann und als Sohn einer Pantherin. Die Art, wie sie dieses stolze Vermächtnis an Tupac weiterreichte, hinterließ einen tiefen Eindruck bei Cassandra Butcher, eine Publizistin, die mit Tupac im Rahmen der

Dreharbeiten zu den Filmen *Poetic Justice* und *Above the Rim* zusammenarbeitete. Nachdem Tupac nach seiner Anklage wegen sexuellen Missbrauchs und unter Anerkennung weiterer juristischer Folgen aus der Haft entlassen wurde, begleitete Butcher ihn, als er einen Verwandten in Harlem besuchte. »Ich lief in diese Wohnung«, erinnert sie sich, »und ich glaube, das hat mein Bewusstsein dafür, ... wer ich bin, bis auf den heutigen Tag verändert«. Butcher sagt, sie habe dort alle möglichen Black-Panther-Gegenstände entdeckt und eine einander eng verbundene Familie angetroffen, die den Umgang miteinander genoss. Das vermittelte ihr ein anderes Bild von Afeni, nämlich als eine revolutionäre Matriarchin, über die ihr Sohn alles andere als wohlwollend berichtet hatte, wenn es um ihre Drogensucht ging. »Ich dachte einfach nur: ›Wow, weißt du, Tupac erzählt irgendwie immer nur, dass seine Mutter auf Drogen war und wie schwierig sein Leben gewesen ist‹«, sagt Butcher. »Aber, oh mein Gott, wenn das ein hartes Leben ist, dann würde ich lieber hier aufgewachsen sein als dort, wo ich herkomme. Und auf einmal denke ich nur noch: ›Mann, wie verdammt gut du es hast, einfach nur von so viel Beseeltheit umgeben zu sein.‹ Und dann hatte ich irgendwie verstanden, von wo er kam.«

Butchers greifbare Einsicht in Tupacs revolutionären Stammbaum wirft ein neues Licht auf dessen Bemerkungen darüber, wie die Polizei Panther und andere schwarze Revolutionäre schikanierte. Er sprach darüber, wie unterschiedliche Organisationen jede deiner Bewegungen beobachteten, wenn du das Kind eines Black Panther warst, und »wie naiv es von uns war zu denken, dass nur, weil es die Panther nicht mehr gab ..., dass sie deswegen damit aufgehört hätten, die Kinder der Black Panther zu beobachten«. Butcher erzählt, dass Tupac argumentierte, dass das FBI unter J. Edgar Hoover ein Überwachungs- und Drangsalierungsnetzwerk errichtet habe, das noch immer aktiv sei. »Und wo sind diese Sachen denn hin?«, erinnert sie sich an Tupacs Frage. »Glaubst du etwa, dass die nicht einfach immer weitergesucht hätten?« Butcher sagt, dass seine bohrenden Fragen sie dazu brachten, in sich selbst zu horchen. »Das brachte mir einfach dieses Bewusstsein ein, das mir irgendwie begreiflich machte: ›Moment mal, es gibt da ein paar Probleme‹«, denen man sich ernsthaft stellen muss. Während sie mit Tupac an *Above the Rim* arbeitete, entwickelte sie eine enge Beziehung zu Afeni, die ihr einen großartigen Buchladen in Harlem zeigte und ihr nützliche Überlebenstricks beibrachte, die sie sich während ihrer revolutionären Vergangenheit angeeignet hatte. »Als ich anfing, Zeit mit Afeni zu verbringen … da hatte ich das Gefühl, dass Filme nichts wert waren«, sagt Butcher. »Afeni brachte mir Dinge bei wie ›nicht direkt an der Tür zu sitzen‹ und ›die Gabel noch einmal abwischen, bevor du isst‹. Die Frau hatte diesen Einfluss auf mich innerhalb von nur fünf oder sechs Tagen«, sagt Butcher über Afeni und schlussfolgert daraus, dass sie der Grund gewesen sei, »weshalb Tupac der Mann war, der er gewesen ist. Diese Frau war absolut unglaublich«.

Auch Vondie Curtis-Hall, der als Regisseur von *Gridlock'd* mit Tupac zusammengearbeitet hat (einer der letzten Filme, in denen dieser mitwirkte), hat die Anziehungskraft seiner revolutionären Wurzeln gespürt. »Das war ein Bruder, der eine Million *muthafuckas* zitieren konnte, verstehst du?«, sagt Hall. »Das konnte er, weil er ganz offensichtlich ein junger Bruder war, der unter intellektuellen schwarzen Leuten aufgewachsen war, inmitten von Individuen, die in revolutionären Kategorien dachten. Er hatte diese Bedeutsamkeit, diese Bildung, dieses robuste Bewusstsein, das Brüder haben, die so aufgewachsen sind.« Es war ein Bewusstsein, das sich auch durch Tupacs Kunst zog, ganz egal, welche Form es annahm, oder wie sehr es dem Anschein nach auf dem Altar kommerzieller Ambitionen geopfert wurde. Der Pfarrer Al Sharpton, der Tupac zweimal im Gefängnis besuchte, als dieser wegen sexuellen Missbrauchs inhaftiert war, bemerkte, wie Tupac sich zwischen Panther-Vergangenheit und Karriere abkämpfte. »Tupac war hin- und hergerissen«, erzählte mir Sharpton. Er wollte seine radikale Vergangenheit nicht leugnen, aber »gleichzeitig wollte er auch kommerziell erfolgreich sein«. Sharpton sagt, dass Tupac »sich nie zu weit von seinem Engagement abbringen ließ, weil er in einem Umfeld aufwuchs, in dem die Leute darauf schauten, wie [Afeni] gekämpft hatte«, und ihn daran erinnerten.

»Es gab da also immer diese Gratwanderung zwischen dem Leben als *thug* und dem revolutionären Leben. Und ich sehe, wie sich das in seiner Kunst, in seiner Persönlichkeit widerspiegelte. Er war zerrissen ... Und ich glaube, das ist der Grund, weshalb er so viel mehr verkörperte als andere Hip-Hop-Künstler.«

Diesen Eindruck teilt auch die renommierte Dichterin Sonia Sanchez, die einräumt, dass sie wegen ihrer Zwillingssöhne gezwungen war, sich mit Hip-Hop zu befassen. »Ich bin keine Revisionistin«, merkt Sanchez an und gibt zu, dass sie Rap zunächst nicht mochte. Sie erzählt, wie ihre Söhne die Musik so laut spielten, »dass sie bis draußen auf die Straße dröhnte, und ich platzte in ihr Zimmer und schrie: ›Macht dieses Zeug aus. Es ist so laut, ich kann meine eigenen Gedanken nicht verstehen.‹« Aber ein kraftvoller Bariton änderte ihre Meinung. »Eines Tages kam ich nach Hause und sie spielten dieses Stück, und ich goss mir ein Glas Wasser ein und sagte: ›Wer ist das?‹«, erinnert sich Sanchez. »Und einer meiner Söhne sagte: ›Das ist Tupac Shakur‹, und mir fiel das Glas aus der Hand. Es fiel auf den Boden und zerbrach.« Erschrocken fragten ihre Söhne Sanchez, was los sei. »Und ich sagte: ›Shakur? Wisst ihr, dass alle Shakurs entweder im Knast, tot oder im Exil sind?‹« Und dann stellte sie eine Frage, auf die sie keine Antwort erwartete; eine Frage, die sie mehr an sich als an ihre Söhne richtete: »Weiß dieser junge Mann, dass er in Gefahr ist?« Sanchez fährt fort: »Da habe ich mich dann hingesetzt und ihm zugehört. ... Und dann begann ich ... mir seine Tapes zu besorgen und hörte sie nachts. Ich machte das Licht aus und hörte mir die Sachen an; ich musste hören, wie seine Mutter ihn erzogen hatte.« Was Tupac gegenüber Cassandra Butcher äußerte, klingt auch in den Worten von Sanchez an. Sie geht sogar noch einen Schritt weiter, wenn sie bestimmten Kindern schwarzer Revolutionäre eine mythische Macht zuschreibt. »All diese Kinder, denen ein, wie ich das nenne, heiliger Name gegeben wurde, sind von diesem Land gezeichnet«, sagt sie. »Als ich seinen Namen hörte, war das Erste, was ich sagte: ›Gibt es jemanden, der ihn beschützt?‹« Sanchez sagt, dass wir »diese Kinder schützen müssen, deren Eltern Aktivisten waren und das

Land herausgefordert haben. Denn diese Kinder sind durch die Provokationen [ihrer Eltern] in Mitleidenschaft gezogen worden.« Sanchez weist darauf hin, dass es »an uns, den Erwachsenen [sei], ihnen bei der Heilung zu helfen«, ihnen zu helfen, »wieder auf den Pfad zu finden, auf dem all die anderen Kinder sind, die all das nicht erleben mussten«, die aber »die Früchte der Arbeit jener Brüder und Schwestern einsammeln, die rausgegangen sind und sich mit der Welt und unserem Land und jedem Einzelnen angelegt haben«.

Man kann nicht behaupten, dass Tupac die Bürde seines Erbes mit Anmut trug. Er stellte seinen Stammbaum mit unbekümmertem Stolz zur Schau. Gleichzeitig beanspruchte er seinen Platz im Hip-Hop auf eine Weise, die den politischen Nutzen von Revolution zu negieren schien. Es schien, als würde Tupac die traditionelle Bedeutung von Revolution zugunsten der dornigen Ambivalenz der *thug*-Kultur aufgeben. Einerseits macht sich der *thug* dieselbe säkulare Teleologie zu eigen, die auch die revolutionäre Rhetorik durchzieht: Der Umsturz der wirtschaftlichen Ordnung führt zu sozialer Rebellion; *thugs* sind das Produkt ungleicher sozialer Verhältnisse; aber diesen Ungleichheiten, für die Revolutionäre einen Ausgleich suchen, begegnet der *thug* mit willkürlichen Korrekturversuchen. Diese Willkür des *thug* ist es, die Politaktivisten, die für soziale Gerechtigkeit kämpfen, am meisten verprellt. Zudem unterminiert die *thug*-Logik die Gesellschaft, die die Revolution zu ändern bemüht ist. Im Falle des *thug* wird der Umsturz der Klassengesellschaft durch individuelle Einbringungen ebenso sehr vorangetrieben wie durch kollektive Bemühungen. Die Bestrebungen eines *thug* werden in unverfroren räuberischer Weise umgesetzt und scheren sich nicht um die Gefühle anderer oder die Solidarität der Gruppe, wie sie von den Revolutionären eingefordert wird.

Tupac lebte im Spannungsfeld zwischen revolutionärem Streben und *thug*-Leidenschaft. Gewiss ist ein Teil des Irrsinns, auf den er im Leben reagierte und den er in seiner Kunst reflektierte, auf die Überwindung seiner revolutionären Erziehung in einer postrevolutionären Welt zurückzuführen. Wie die Publizistin Karen Lee sagte, war Tupac in seiner Loyalität gegenüber den Panthers gespalten. »Es gab Zeiten, da war es ihm eine Last, ein Pantherkind der zweiten Generation zu sein«, so Lee. »Weil er sich nicht davon freimachen konnte. Aber es gab auch Zeiten, in denen er es nutzen wollte, um sich selbst eine Bühne zu schaffen.« Der Schmerz, den er immer wieder in seinen Songs auswälzte, entsprang zum Teil dem heiklen Versuch, ein Gewissen in seine Kunst zu integrieren. Einige Kritiker sehen in Tupacs Verherrlichung des *thug life* das logische Resultat verstörender Entwicklungen, die sich auf die Black-Panther-Bewegung zurückführen lassen. Der 2020 verstorbene Kulturkritiker Stanley Crouch ging davon aus, dass es zwei Einflüsse auf die schwarze Jugend gab, die zu dem gefährlichen Moment führten, das Tupacs konfus-revolutionäres Gangstertum ausmacht: die Panthers sowie *Der Pate* in seiner literarischen und filmischen Form. Crouch zufolge war *Der Pate* die Bibel des *thug*-Rap. »Interessanterweise«, so Crouch, »brachte Huey Newton alle Leute in seinem Umfeld dazu, *Der Pate* zu lesen.« Er schildert, wie *Die Verdammten dieser Erde* – das Buch des französischen Sozialphilosophen Frantz Fanon, das 1960 ins Englische übersetzt worden war – eine romantisierte Auseinandersetzung mit revolutionärer Gewalt auflodern ließ. Crouch zufolge führte das erste lange Essay in Fanons Buch zum Aufstieg des *fella* [*fella* ist Slang für das englische Wort *fellow*, dt. »Kerl«, »Typ«, aber auch »Gefährte«, »Kamerad«], der verkündete: »Alles, was der Unterdrücker für richtig erklärt … ist falsch.« Crouch glaubte, dass das, »was in den späten Sechzigern mit der Entstehung der Panther begonnen hatte, später seine Entsprechung im Aufkommen der sogenannten *street brothers* [›Straßenbrüder‹] fand«. Nachdem Schwarze sich das intellektuelle Bezugssystem angeeignet hatten, das Fanon in *Die Verdammten dieser Erde* aufzeigte, war das Verderben für die schwarze Kultur absehbar, so Crouch. »Mit der *Mao-Bibel* in der Tasche, einer schwarzen Lederjacke auf den Schultern … und womöglich noch einer .45-Kaliber-Waffe im Gürtel« wirkten die Black Panthers anziehend auf Mädchen aus der schwarzen Mittelschicht. »Es war in Ordnung, diesen Schwachköpfen hinterherzusteigen, denn es waren Schwachköpfe mit einer politischen Philosophie.«[16]

Man muss Crouchs Ansichten über den Zusammenhang zwischen Revolution und Regression der Schwarzen nicht zustimmen – immerhin hat jene Zeit ja auch so heroische Figuren wie Fred Hampton und Angela Davis hervorgebracht –, um seine strenge Analyse einer schwarz-maskulinen Identität und deren politischen Konsequenzen zu teilen. Ein Resultat der Maskulinisierung des schwarzen Freiheitskampfes war es, dass keine Unterscheidung gemacht wurde zwischen den Interessen schwarzer Männer und den Interessen der schwarzen Community. Auch das *thug life* ist eine entschieden männliche Angelegenheit. Doch ein gleichermaßen wichtiges Merkmal schwarz-nationalistischer Politik ist deren konservativer Umschwung in den Achtzigerjahren, jene Zeit, in die Tupacs politische Reife fiel. Aus Sicht des Historikers Robin D. G. Kelley sind »sowohl die Bewegung, die [Tupac] hervorbrachte, als auch die Bewegung, der er vorstand, eine Entsprechung dieser Ära. Tupac ist ein solches Produkt der Achtziger, als der schwarze Nationalismus eine neue Wendung erfuhr. Kelley zufolge koexistierte der schwarze konservative Nationalismus – der einen »guten Kapitalismus« propagiert – schon immer »mit diesem radikaleren revolutionären Nationalismus«. Doch in den Achtzigern befasste sich schwarzer Nationalismus »gewiss mehr mit dem Aufbau von Institutionen, der Partizipation an etablierter Politik und der Fürsorge für deine Nächsten, als dass man versucht hätte, Banken auszurauben oder Gebäude in die Luft zu jagen«.[17]

Wenn der schwarze Nationalismus der Achtzigerjahre in sich gekehrt und eher darum bemüht war, die eigenen Interessen zu wahren als korrupte Machtstrukturen zu zerschlagen, so verwirrte diese neuentdeckte Ausrichtung viele Kinder schwarzer Revolutionäre der Siebzigerjahre, die ihre Effektivität noch immer anhand früherer Maßstäbe bewerteten. Tupacs gespaltenes Gewissen reflektierte diese Verwirrung. Der Rapper und Schauspieler Mos Def kann das Dilemma, dem Tupac ausgesetzt war, nachvollziehen: »Wie ist das gewesen, im Untergrund aufzuwachsen?«, fragt Mos Def mit Blick auf die Kinder der Panther. »Wie ist das gewesen: aufzuwachsen, wenn die Eltern unter Belagerung stehen? Wie ist das gewesen: aufzuwachsen, wenn die Eltern überwacht werden, oder wenn man sich nicht sicher und geborgen fühlen konnte?« Mos Def hat eine simple Antwort darauf: »Dann wird man so wie Pac. Du wächst als Kind der Straße auf. Du wächst auf als jemand, der Straßensachen macht, [in dem Wissen], dass es etwas Besseres geben muss, denn deine Herkunft ist besser als das.« Mos Def zufolge hatte die soziale Unterdrückung, der die Panther und deren Kinder ausgesetzt waren, verheerende Konsequenzen. »Diese ganze Schikane durch die Regierung hatte Auswirkungen von einem ganz anderen Kaliber, weil sie die Jugend in einen Konflikt stürzte. Sie hat die Kinder unserer Generation in einen Konflikt gestürzt.« Die tödlichsten Konsequenzen bestehen seiner Ansicht nach in einem Mangel an Führung, an Wegweisung, unter dem viele dieser Kinder zu leiden hatten. »Da wurde nicht nur die Bewegung oder die verunsicherten Kinder dieser Bewegung zerstört, sondern ... [die Kinder] hatten darunter zu leiden, dass sie ohne Anleitung waren. Sie waren da draußen auf sich allein gestellt.« Mos Def formuliert in eloquenter Weise, dass nicht die unmittelbaren Auswirkungen der durch die Regierung betriebenen, gegen die Panther gerichteten Schikanen den größten Schaden anrichteten, sondern der Effekt, den diese Handlungen auf die zweite Generation der Panther hatten. In kraftvollen und prägnanten Worten erfasst er das zwiegespaltene Vermächtnis, das Tupac verkörperte. »Das eigentliche Grauen ist nicht der nukleare Holocaust, nicht der Abwurf der Bombe«, so Mos Def. »Der Fallout, die Nachwehen, das ist der echte Bullshit. Tupac steht stellvertretend für die Fallout-Generation. Das ist meine Generation. Pac repräsentiert etwas Heroisches und Tragisches, nicht nur für die schwarze Gesellschaft, sondern für die *amerikanische* Gesellschaft.«

Kapitel 3

»NO MALCOLM X IN MY HISTORY TEXT«

Die Schule, das Lernen und Tupacs Bücher

»Was weißt du über Winnie Mandela?«, richtete sich eine Stimme im November 1988 an Leila Steinberg. Steinberg hatte sich gerade auf einem Fleckchen Rasen im Ghetto-Park von Marin City niedergelassen, um in Mandelas Buch *Ein Stück meiner Seele ging mit ihm* zu lesen. Sie erinnert sich noch daran, wie sie ihren Kopf hob und einen schlanken Jungen mit karamellfarbener Haut und »wunderschönen Augen« erblickte. Es war der Jugendliche, mit dem sie in der Nacht zuvor auf einer Clubparty getanzt hatte, für die ihr Mann der DJ gewesen war.

»Was ich über sie weiß?«, fragte sie in spöttischer Defensive. »Jemand hat mir dieses Buch gegeben, [weil] ich eine Menge lese. Ich kann dir nicht sagen, was ich weiß, bevor ich es nicht ausgelesen habe.« Ohne zu zögern zitierte er wortgetreu ein paar Zeilen aus dem Buch.

»Okay, dann hast du das Buch also gelesen?«, fragte Steinberg.

»Ich lese alles, was ich in die Finger kriege«, antwortete er.

Tupac Shakur hatte einen unstillbaren Wissensdurst. Wenn er sich als Kind in Harlem danebenbenommen hatte, ließ seine Mutter ihn die komplette *New York Times* von vorne bis hinten durchlesen. Wenn er als Rapper oder Schauspieler auf Reisen ging, verschlang er unzählige Bücher und Zeitschriften. Seine Interviews und Texte strotzten nur so vor gelehrten Anspielungen auf antike Philosophie, mystische Texte, afrikanische und europäische Kulturen, Ratgeber für gesunde Ernährung, schwarze Literatur und Popkultur. Er konnte Abschnitte aus geliebten Büchern zitieren und Dialoge aus seinen Lieblingsfilmen wiedergeben.

»Er war ganz offensichtlich klug«, sagt die Journalistin Allison Samuels. »Er konnte Shakespeare zitieren.« Aber sein Wissen reichte noch weiter.

»Du konntest mit ihm über jedes beliebige Thema eine Unterhaltung führen«, so die 2019 verstorbene Schauspielerin Peggy Lipton, in deren Tochter Kidada Tupac zum Zeitpunkt seines Todes verliebt war. Lipton erinnert sich daran, wie sie eines Abends klassische Musik und einige Songs von Kate Bush spielte, als er vorbeischaute. »Ich weiß noch, wie ich dasaß und [zu ihm] sagte: ›Das ist Kate Bush.‹«

»Ich höre Kate Bush«, antwortete Tupac.

Lipton war überrascht, zumal er den Ruf hatte, »so ein harter Kerl zu sein. Er offenbarte mir seine unglaublichen musikalischen Vorlieben. Er hatte einen wundervollen Musikgeschmack, und er hörte sich alles und jeden an. Kidada hat mir das bestätigt.«

Tupacs Anwältin Shawn Chapman konnte sich aus erster Hand einen Eindruck von der Bandbreite Tupacs musikalischer Interessen verschaffen. Das erste Mal verteidigte sie Tupac im Rahmen einer Anzeige, die im Strafgerichtsgebäude von Los Angeles verhandelt wurde. Tupac erschien in Begleitung mehrerer Bekannter, die nach der Verhandlung beschlossen, im »Roscoe's« zu essen, einem renommierten Soul-Food-Restaurant in der Stadt. Tupac lud Chapman ein, sie zu begleiten, und beschloss, mit ihr zu fahren. Die Anwältin, die fast ausschließlich Rock-'n'-Roll-Musik hörte, hatte eine Kassette in ihrem Autoradio stecken.

»Was ist das für ein Tape?«, fragte Tupac.

»Die kennst du nicht, jede Wette«, antwortete Chapman. Tupac zog die Kassette aus dem Deck.

»Oh, Sarah McLachlan«, sagte er, und stimmte eines ihrer Lieder an. »Er kannte alle Texte«, erinnert sich Chapman ungläubig. Lipton indes sagte, dass Tupacs Interessen weit über die Musik hinausragten. »Man konnte sich mit ihm über alles unterhalten. Er wusste über alles Bescheid und er war für alles offen.« Dem pflichtet auch Jada Pinkett Smith bei: »Er zögerte nie, mir zu sagen, welches Buch ich lesen sollte«, sagt sie. »Er war ein absolut belesener Bruder. Und ich liebte das an ihm, weil es immer etwas gab, das er mir beibringen konnte. Dabei hat er nicht mal die Highschool abgeschlossen.«

Tupacs Highschool-Laufbahn fand letztlich aufgrund von Obdachlosigkeit, der Drogenabhängigkeit seiner Mutter, Streitereien mit dieser und einer Jugend ohne Vater ein vorzeitiges Ende. Aber er hatte während seiner Schulzeit sowie in der Künstler-Community wertvolle Erfahrungen gesammelt, die seine Liebe für das Lernen selbst in Zeiten nährten, in denen seine Familie einen Rückschlag nach dem anderen einstecken musste. Nachdem man sie freigesprochen hatte, war Afeni eine kurze Zeit lang eine kleine Berühmtheit auf Vortragsreisen in liberalen Kreisen; sie wurde eingeladen, in berühmten Universitäten wie Yale und Harvard zu sprechen. Eine Weile lang stellte man ihr sogar eine Wohnung zur Verfügung, die an Manhattans Riverside Drive lag. Dann aber stellte sich der Zeitgeist gegen schwarzen Radikalismus und sie hatte bald schon keine liberalen Verbündeten mehr. Ein Jahr nach ihrem Prozess erhielt sie von nirgends mehr Unterstützung. Und trotz ihrer Arbeit als Anwaltsgehilfin bei Bronx Legal Services litt ihre Familie. »Damals war dort Dick Fishbein der geschäftsführende Anwalt«, so Afeni. »Er leitete einen Mietstreik im Wohnhaus meiner Schwester und hatte von mir gehört, und er schaute bei mir vorbei, weil er mir helfen wollte. Ich war ihm nie zuvor begegnet. Er gab mir einen Job bei Legal Services, unbesehen, ohne Lebenslauf, ohne Stellenausschreibung, ohne sonst irgendwas.« Die Zeiten waren nach wie vor hart. Afeni hatte drei Mäuler zu stopfen, und vom Vater ihrer Kinder bekam sie kaum Unterstützung. Schließlich mussten Afeni, Sekyiwa und Tupac von der Stütze leben. Als Tupac alt genug für die Junior

Highschool war, hatte die Familie schon fast zwanzig Umzüge hinter sich.[18]

Tupacs Talent wurde offenbar, als er im Alter von sechs Jahren anfing, Theaterstücke zu schreiben. »Als sie Kinder waren, stellte Tupac Aufführungen mit seinen Cousins auf die Beine«, so Afeni. »Er schrieb die Stücke, und sie mussten die Schauspieler sein und alles tun, was er ihnen sagte, weil er ihnen erzählte, dass er der Regisseur sei«, berichtete sie und lachte über diese Erinnerung. Tupacs früheste Einflüsse als grünschnäbliger Dramatiker waren eindeutig asiatischen Ursprungs. »Er kannte jeden einzelnen Karatefilm«, so Afeni. »Wir reisten immer wieder nach Kalifornien, also ging er nach San Francisco, wo es das Kabuki-Kino gibt, in dem sie die ganzen echten japanischen Filme zeigen.« Derart inspiriert, ahmte Tupac die Bewegungen, die er dort gesehen hatte, auf seiner behelfsmäßigen Bühne nach. »Er fertigte alle Requisiten selbst an«, erinnerte Afeni sich, »und die armen Kinder mussten in diesen Produktionen mitspielen«. Tupacs schneller Verstand und seine natürliche Begabung hielt seine frühen Lehrer manchmal davon ab, ihn herauszufordern. Als sie den vier Jahre alten Tupac aus der Vorschule abholte, lobte eine Lehrerin Afeni: »Sie können wirklich stolz auf ihn sein; er ist so perfekt«, sagte sie. »Er ist nicht hier, um ihr Unterhaltungsprogramm zu sein«, antwortete Afeni, wie sie mir erzählte. »Er kommt hierher, um eine Ausbildung zu erhalten.«

Im Alter von zwölf Jahren fand Tupac eine Fördergemeinde in der West 127th Street Ensemble Company in Harlem. Er mochte sein Leben nicht, aber er liebte es, diesem Leben durch die Rollen, die er spielte, entfliehen zu können. Er nährte sich an der Zustimmung, die die anderen Schauspieler ihm zuteilwerden ließen. Als sie herausfanden, dass er obdachlos war, organisierten Mitglieder der Company nach einer Probe eine Party anlässlich seines dreizehnten Geburtstags. Die bekannte Schauspielerin Minnie Gentry, eine Gastschauspielerin der Company, trug öffentlich Langston Hughes Gedicht *Mother to Son* vor. Ein anderes Mitglied überreichte ihm ein besonderes Geschenk. »Sie ist losgegangen und hat ihm dreizehn druckfrische Ein-Dollar-Scheine besorgt«, erinnerte Afeni sich unter Tränen. »Und [sie] rollte sie ein, wie eine Schriftrolle, band um jeden Schein eine gelbe Schleife, wie man es bei einem Abschlusszeugnis macht, legte alle nebeneinander in eine Schachtel und die überreichte sie ihm.« Tupac hatte das Glück, Leuten begegnet zu sein, die ihn liebten und seine Begabungen erkannten. »Wir sind vielleicht arm gewesen«, so Afeni, »aber die Menschen in Pacs Leben waren eine Art Reichtum«, insbesondere, weil »sie wussten, dass er begabt war«, und »was sie hatten, das gaben sie ihm. ... Überall ist das so gewesen.«

Nachdem die Familie 1986 in die Hauptstadt Marylands gezogen war, wo Afeni Aussicht auf einen Job hatte, wurde ihm diese Liebe auch an der Baltimore School for the Arts zuteil. Aber auch wenn überliefert ist, dass Tupac in Baltimore das Schauspielern lernte, so war er doch immer stolz darauf, dass seine Einführung in die Schauspielzunft bereits zuvor, im Alter von zwölf Jahren erfolgt war. »In dieser Spielzeit performte [die Company] für ein zahlendes Publikum in ... einem Off-off-off-Broadway-Theater«, so Afeni. »Aber diese Schauspieler und der Regisseur sagten Tupac – und von diesem Tag an hat er daran geglaubt –, dass er ein professioneller Schauspieler sei. Und als ein *professioneller* Schauspieler ging er dann an die Baltimore School for the Arts.« Tatsächlich gibt es viele, die der Meinung sind, dass Tupac, wenn er nicht gestorben wäre, »ein großer Filmstar« geworden wäre, wie Bill Maher es mir gegenüber formulierte. So überzeugend er als Hip-Hop-Ikone auch war, »er war als Schauspieler besser denn als Rapper«, so Quincy Jones.

Tupac wusste die breite künstlerische Ausbildung, die ihm in Baltimore zuteilwurde, zu schätzen. Sein Interesse am Schauspiel und an der Kunst war damals bereits geweckt; an die Kunst hatte ihn Afeni herangeführt, indem sie aus der Bücherei Kunstdrucke verschiedener Künstler mit nach Hause brachte, darunter auch van Goghs, dessen *Sternennacht* er ganz besonders betörend fand. (Tatsächlich liebte er auch den eindringlichen Lobgesang, den der Sänger Don McLean van Gogh gewidmet hatte – der Song heißt »Vincent«, auch bekannt als »Starry Nights« – und der in Dauerschleife lief, als Tupac Jahre später in einem

Krankenhaus in Las Vegas lag, am Rande des Todes.) Tupac befasste sich auch eingehend mit Shakespeare, dem Ballett, mit Jazz und Poesie; mit dem Schreiben eigener Gedichte hatte er in der Grundschule angefangen. Der Schritt von der Poesie zum Schreiben von Rap-Texten war für Tupac ein leichter, und er schrieb seine Texte mit großer Kunstfertigkeit und einem bemerkenswerten Tempo – Eigenschaften, die zu seiner Legende als Rapper beigetragen haben. (Der Rapper Notorious B.I.G. erzählte einmal von einem Besuch bei Tupac, in dessen Verlauf Tupac auf die Toilette ging und zwei Songs geschrieben hatte, als er zurückkam.) Aber während Tupac in der Schule aufblühte, eskalierte der Ärger zu Hause und die finsteren Straßen Baltimores wurden immer finsterer. Am Ende seines ersten Schuljahres dort fiel ein Junge aus Tupacs Nachbarschaft der Gewalt der Straßengangs zum Opfer. Der Tod dieses Jungen und die chaotischen Zustände daheim trieben Tupac in einen Bus, mit dem er quer durchs Land bis Marin City, Kalifornien, fuhr, wo er bei Linda Pratt unterkam, der Frau des Panther Elmer »Geronimo« Pratt, bei der es nicht weniger turbulent zuging.[19]

War Tupac in Baltimore gerade erst in Fahrt gekommen, so geriet er in Kalifornien ins Straucheln. Er selbst räumte ein, dort ein Außenseiter gewesen zu sein, insbesondere deshalb, weil er kein Basketball spielen konnte, sich anzog wie ein Hippie, eine Zielscheibe für Straßengangs war, Gedichte schrieb und sich insgeheim selbst nicht ausstehen konnte. Als Afeni zu ihm nach Kalifornien kam, befand sie sich angesichts ihrer Drogensucht, die sich auf dem Höhepunkt einer Crack-Epidemie abspielte, in gefährlicher Nähe zu den schwarzen Ghettos Nordkaliforniens – dem berüchtigten Hauptumschlagplatz für Drogen. Für kurze Zeit lebte Tupac bei Afeni, aber als sie nicht mehr imstande war, ihr Heim zusammenzuhalten, verließ er sie und seine Schwester, schloss sich einer Gruppe Jungs in einer verlassenen Wohnung an und suchte sich einen Job in einem Pizzalokal. Schließlich fing er an, Crack zu verticken, aber ein paar gute Freunde, darunter Charles Fuller, die erkannten, dass er das Talent hatte, Großes zu erreichen, brachten ihn wieder davon ab. Tupac schrieb sich an der Mt. Tamalpais Highschool ein, einer Schule im reichen Teil Marin Countys, von der aus man das Ghetto Marin Countys – »the jungle« genannt – überblicken konnte. Tupac machte sich dort dank seiner fesselnden Schauspielkünste schnell einen Namen, aber nachdem er mit seinen Mitbewohnern eine Rap-Combo gegründet hatte – die One Nation Emcees – verließ er die Schule schließlich wieder.

Bevor er die Schule verließ, war Tupacs verzweifelter Wunsch nach einer brauchbaren, relevanten Ausbildung enorm. Ich hatte die Gelegenheit, dieses Verlangen mit eigenen Augen über sein Gesicht tanzen zu sehen, als Leila Steinberg mir das Video von Tupacs Highschool-Interview zeigte. Sein attraktives dunkles Gesicht war von einem leuchtend-ansteckenden Lächeln erhellt. Mit siebzehn Jahren zeigte Tupac noch keine Anzeichen von Haarausfall, der ihn später dazu veranlassen würde, sich die Locken komplett abzurasieren. Sein Haar war an den Seiten kurzgeschoren und stand nach obenhin ab, wie man es in den späten Achtzigern trug, bräunlich-rot getönt und links gescheitelt. Im rechten Ohr hatte er einen kleinen Stecker. Seinen Look könnte man als *boho* bezeichnen – *bohemian homeboy* –, und er bestand außerdem aus einem schwarzen Trägerhemd, aus dem zwei spindeldürre Arme wie Spinnenbeine hervorragten.[20] Seine Ärmchen waren mit drei Bändern am rechten Handgelenk und einer Armbanduhr mit einem billigen himmelblauen Band am linken Handgelenk geschmückt. Steinberg schob die Videokassette ein und ich saß da, komplett in den Bann dieses ausgesprochen wohlartikulierten jungen Mannes gezogen, der lebhaft, aber mit sanfter Stimme über seine Ansichten zu Themen wie Schule und Bildung sprach, darüber, wie ein Lehrplan aussehen könnte, der tatsächlich lebensnah ist, und über seine schwierige, aber bereichernde Erziehung. Schon lange bevor er berühmt wurde, verfügte Tupac über einen scharfen Verstand und einen sehr präzisen Blick auf die Welt um ihn herum.

Tupac räumt bereitwillig ein, dass er in der Schule ein Faulenzer war, hauptsächlich deshalb, weil er sich nach Beliebtheit und Gesellschaft sehnte. Er liefert eine frühreife Analyse des Spannungsfeldes zwischen einer schulischen Ausbildung und Bildung. »Ich glaube, wir klammern uns so sehr an die Schule als Tradition, dass wir sie inzwischen nicht mehr als ein Lernwerkzeug nutzen, was sie aber sein sollte«, so Tupac. »Ich lerne die Grundlagen, aber es sind nicht meine Grundlagen. ... Um uns auf die heutige Welt vorzubereiten, ist der [gegenwärtige Lehrplan] nicht zu gebrauchen.« Tupac weist darauf hin, dass dumpfe Tradition verantwortlich ist für das lustlose Weiterreichen irrelevanten Wissens von einer Generation zur nächsten. Auf der Suche nach einem Ausweg aus dieser einfallslosen Informationsweitergabe verweist Tupac auf die praktische Quelle seines Wissens. »Darum habe ich mein Wissen von der Straße.« Als er über die träge Wiederholung von Wissen spricht – »Sie neigen dazu, dir das Lesen, Schreiben und Rechnen beizubringen, dann bringen sie dir wieder Lesen, Schreiben und Rechnen bei, und noch mal, und noch mal« –, äußert Tupac die Ansicht, dass solche pädagogischen Routinen nur dazu dienen, »einen beschäftigt zu halten«. Stattdessen zählt er eine Liste von Fächern auf, von denen seine Mitschüler profitieren würden. »Sie sollten uns was über Drogen beibringen. Es sollte Sexualkundeunterricht geben; richtigen Sexualkundeunterricht, nicht nur Bilder und Grafiken und unlogische Begriffe. ... Sie sollten uns was über Betrugsmethoden beibringen. Sie sollten uns etwas über Sekten beibringen. Sie sollten uns etwas über Polizeigewalt beibringen. Sie sollten uns etwas über die Apartheid beibringen. Sie sollten uns etwas über Rassismus in Amerika beibringen. Sie sollten uns beibringen, warum es Menschen gibt, die hungern müssen.«

Beim Anschauen dieses Videos staune ich über das umsichtige Engagement, das dieser junge Mann an den Tag legt, der kurz vor dem Aufbruch in ein unglaublich erfolgreiches Leben steht, das ihn weit über die Wände des Klassenzimmers hinaustragen wird. Es ist klar ersichtlich, dass Tupac der Meinung ist, Schulen sollten sich der drängenden sozialen Fragen stellen und, mehr noch, den Jugendlichen helfen, sich den Übeln zu stellen, die sie unmittelbar betreffen. Unterricht zu Themen wie Sexualität, Betrug und Sekten würde sich mit allgemeinen Problemen befassen, denen Jugendliche jedweder Hautfarbe ausgesetzt sind.

Polizeigewalt, Apartheid und Rassismus hingegen sind für mittellose schwarze und dunkelhäutige Jugendliche von offensichtlicher Relevanz. Tupacs pädagogische Themenstellung widmet sich hervorstechenden sozialen Fragen, die in den Bildungsinstitutionen Amerikas, insbesondere in den Highschools, kaum je eingehender erörtert werden. Didaktische Relevanz besteht für Tupac nicht im Verweis auf alberne oder flüchtige Belange. Seine Liste räumt jenen Themen besonderen Stellenwert ein, die er sich als Kind sozialer Proteste und radikalen Widerstands erschlossen hat. Guter Sohn der Panther, der er ist, interessiert Tupac sich für das Schaffen von Verbindungen zwischen Lernstätten und den Communitys, in denen sie sich befinden. Schulen sollten den Schülern dabei helfen, in der Welt zurechtzukommen, in der sie leben.

Deshalb erklärt er: »Die Sachen, die mir weitergeholfen haben, waren die, die ich von meiner Mutter, auf der Straße und durch Bücher gelernt habe.« Er ist dankbar, dass es Schulen gibt, weil man ihm dort »beigebracht hat, wie man liest, und ich liebe es zu lesen«. Tupac stellt die Relevanz von Algebra und Fremdsprachen infrage, um mit schlagkräftigen Worten unaufrichtige politische Rhetorik zu kritisieren – Worte, die an Jahrzehnte alte Kommentare George Orwells anlehnen. »Ich denke [Fremdsprachen] sind wichtig, aber ... sie sollten uns in Englisch unterrichten und uns dann beibringen, wie man doppelzüngiges Gerede versteht. Politik ist doppelzüngiges Gerede.« Tupacs Statement ist weder xenophob noch chauvinistisch. Vielmehr geht sein Blick über den abstrakten Nutzen von Fremdsprachenunterricht hinaus, indem er dessen verhältnismäßigen Wert im Rahmen eines Lehrplans hinterfragt, der auf die tatsächlichen Lebensrealitäten in Armut lebender Jugendlicher ausgerichtet sein sollte. »Wann werde ich denn bitte nach Deutschland reisen? Ich kann nicht mal meine Miete in Amerika bezahlen. Wie soll ich da nach Deutschland kommen?« Und auch wenn man seine Frage als Anzeichen seiner Engstirnigkeit abtun könnte, ließe sich doch ebenso gut anführen, dass sie den Mangel an Möglichkeiten widerspiegelt, dem Jugendliche, die in extremer Armut leben, selbst dann ausgesetzt sind, wenn sie so klug wie Tupac sind. Das wahre Unglück besteht nicht darin, dass Tupac provinziell wirkt; die Tragik liegt darin, dass er – anders als viele seiner wohlhabenden Mitschüler – im Alter von siebzehn Jahren noch nicht die Chance gehabt hatte, den horizonterweiternden, lebensverändernden Effekt einer Auslandsreise zu erleben oder sich auch nur die internationalen Reiserouten auszumalen, die bald schon sein Leben bestimmen würden.

Tupac bezieht sich auf Lerntraditionen, die älter sind als die Amerikas; er spricht von »antiken Zivilisationen, die überdauert haben, ohne dass die Leute auf Schulen wie diese hier gegangen sind«. Der angehende Rapper fällt auch ein schneidendes Urteil über die Nostalgie, auf die das amerikanische Bildungssystem seiner Ansicht nach aufbaut, obwohl es nicht imstande ist, jungen Menschen nützliche Werte zu vermitteln. »Uns wird beigebracht, wie wir uns in diesem Märchenland zurechtfinden, in dem wir überhaupt nicht mehr leben. Und es ist traurig, dass *ich* derjenige bin, der dir das erzählt; das sollte nicht so sein. Das sollte Allgemeinwissen sein.« Die Abscheu, die Tupac gegenüber den Bildungsbürokraten empfindet, die über das soziale Elend und die ihm zugrunde liegende willentliche Ignoranz hinwegsehen, ist offensichtlich. »Fragen die sich etwa nicht, warum die Todeszahlen nach oben gehen, warum es mehr Suizide und mehr Drogenmissbrauch gibt? Stellen die das nicht infrage? Begreifen die denn nicht, ... dass es für Kinder leichter ist, an Crack zu kommen als an einen Schulabschluss?« Tupacs aufschlussreiche Kritik an den sozialen Umständen einer verarmten Jugend legt eine Neuordnung von Bildungsprioritäten nahe, die dem Überleben einen höheren Stellenwert beimessen als dem Wiederholen von Lerninhalten. Zudem ist es interessant zu sehen, wie Tupac unablässig bemüht ist, die wirtschaftlichen und rassischen Kontexte des Lernens mit jenen pädagogischen und lehrplanmäßigen Strategien zu verknüpfen, die am ehesten taugen, schwarzen und lateinamerikanischen Schülern zu helfen, die in Armut leben. Tupacs Heilmittel für das vorliegende Problem besteht zum Teil in einem twainesken Update des *Der Prinz und der Bettelknabe*-Plots – ein Rollentausch, der soziales Unrecht beseitigen soll, indem die Reichen eingeladen sind, das Leben durch die Augen der Armen zu betrachten, und umgekehrt. Bei Tupac bedeutet das auch, dass die Alten durch die Augen der Jugend auf die Gesellschaft blicken sollen. Er argumentiert, dass reiche Leute den Platz der Armen einnehmen und Erwachsene wieder zur Schule gehen sollten. Wenn sein Vorschlag die Naivität der Jugend illustriert, so verdeutlicht er auch das inständige Verlangen eines armen und intelligenten Jungen, das soziale Unrecht zu bekämpfen, das er zu Hause und in seiner Nachbarschaft wahrnimmt.[21]

Einer von Tupacs aufschlussreichsten Kommentaren über die politisch forcierte Regulierung der Armen vergleicht die Effekte der gesellschaftlichen Kontrolle über die Jugend mit Ratten, die durch ein Labyrinth geschleust und willkürlich für experimentelle Zwecke gehalten werden. »Sie lassen dich so weit laufen, wie du möchtest, aber sobald du anfängst, zu viele Fragen zu stellen, sobald du bereit bist, die Richtung zu ändern, zack, kommt die Blockade.« Er stellt eine Verbindung zwischen kritischer Hinterfragung und sozialer Regulation her, was hinsichtlich seiner Erfahrungen als Kind einer schwarzen Revolutionärin nicht ganz unerwartet kommt. »Da ich in einer Art Slum lebe und schwarz bin, ist meine Blockade eine Frage der Statistik. Ich werde da irgendwie reingeraten und eines Tages werde ich mit meinen Freunden unterwegs sein und die werden sagen: ›Lass uns feiern gehen. Wir haben kein Auto; lasst uns ein Auto klauen.‹ ... Wir werden ein Auto klauen, und ich werde für sechzehn Jahre in den Knast wandern und dann wieder rauskommen und verbittert sein.« Die Zahlen stimmen vielleicht nicht ganz, aber Tupacs Vorhersage, dass er eine Haftstrafe absitzen wird, die sich zersetzend auf seine Lebensauffassung auswirkt, ist von niederschmetternder Genauigkeit. Am meisten entmutigt an seiner Analyse aber natürlich, dass da ein in Armut lebender Jugendlicher von siebzehn Jahren bereits die eigene Entbehrlichkeit erkennt. Dennoch jagt es einem Schauer über den Rücken, wenn man sieht, wie er in vorausschauender und verstörender Weise den Ärger antizipiert, den er sich einhandeln wird: Es ist ein Spiegel der Tatsache, dass junge schwarze Männer, die in Konflikt mit dem Strafjustizsystem geraten, überproportional häufig inhaftiert werden.

In Übereinstimmung mit seinem Verlangen nach einer relevanten Ausbildung reflektiert Tupac auch die Beziehung von Politik und Klasse. Seine Hoffnung auf ein »besseres Amerika« wurde zerschlagen, als das Volk nicht Jesse Jackson oder Michael Dukakis, sondern George Bush in das Amt des Präsidenten wählte. »Ich konnte es nicht fassen, denn immer, wenn ich Leute fragte: ›Wen hättest du gewählt?‹, sagten sie: ›Na, Dukakis.‹ Aber wie hat Bush dann gewonnen? Das frage ich mich immer noch.« Über Tupacs Frage haben sich deutlich erfahrenere Experten den Kopf zerbrochen, und sie verweist auf eine ärgerliche Eigenart innerhalb der Wahllandschaft: Bei Befragungen geben Bürger oft öffentlich kund, für den einen Kandidaten gestimmt zu haben, während sie insgeheim einen anderen gewählt haben. Die Wahl Bushs zum Präsidenten lässt Tupac »noch mehr gegen die Gesellschaft rebellieren, weil die das Volk repräsentieren sollen«. In einer vernichtenden Brandrede gegen konservative Politik zeigt Tupac sein scharfes politisches Urteilsvermögen: »Ich will Bush nicht in der Regierung. Ich habe acht meiner siebzehn Jahre auf dieser Erde unter einer republikanischen Regierung verbracht, unter Ronald Reagan, unter einem ehemaligen Schauspieler, der das Volk anlügt, der Geld stiehlt, und der rein gar nichts für mich getan hat.« Tupac stellt eine Beziehung zwischen Klassenpolitik und den destruktiven Taktiken konservativer Politik her, wobei er gewissenhaft zwischen Person und Prinzip unterscheidet. Es gelingt ihm, Angriffe auf persönlicher Ebene zu vermeiden, und er macht auch nicht den Fehler, zwischenmenschliche Annehmlichkeiten mit politischem Mitgefühl zu verwechseln. »Ich halte Bush nicht für einen schlechten Menschen oder einen schlechten Präsidenten, denn für die Oberschicht ist er ein perfekter Präsident. Und so ist die Gesellschaft aufgebaut.«

Tupac unterscheidet auf brillante Weise zwischen politischem Diskurs und der tatsächlichen Ausübung politischer Macht, eine Unterscheidung, die klassenbedingt ist. »Die Oberschicht steuert [die Gesellschaft], während ... die Mittelschicht und die Unterschicht – wir reden nur über die Gesellschaft. Und was die Arbeiterklasse anbelangt: Wir sind ganz einfach abgehängt; wir machen Dienst nach Vorschrift. Wir sind die Arbeiterbienen, und die anderen leben wie die Könige.« Diese Klassenunterschiede flammen auch an seiner Schule auf; Tupac seziert den sozialen Raum mit einem Scharfsinn, der Karl Marx, Max Weber und Talcott Parsons gleichermaßen mit Stolz erfüllt hätte. »Es gibt die Unterschicht aus Marin City. Es gibt die weiße Unterschicht. Es gibt die mittlere weiße Schicht. Es gibt die mittlere schwarze Schicht und ... es gibt die weiße Oberschicht und die schwarze Oberschicht. Und es ist eine Schande, dass das in so viele Schichten aufgeteilt ist, denn es läuft alles auf die eine Sache raus: Geld.« Viel besser hätte man das ökonomische Nullsummenspiel nicht zusammenfassen können.

Im Rahmen der weiteren Ausführung seiner Klassenanalyse macht Tupac einen interessanten Vorschlag: Da es im Weißen Haus so viel Platz gibt, könne Präsident Ronald Reagan dem »erschütternden« Problem der Obdachlosigkeit begegnen, indem er seinen Amtssitz für Bedürftige ohne Wohnsitz öffnet. »Warum kann er denn nicht ein paar dieser Leute von der Straße runterholen und sie im Weißen Haus unterbringen?«, möchte Tupac wissen. »Weil er sich nicht dreckig machen will. Das Weiße Haus wäre dann ein wenig besudelt.« Tupac bleckt seine Zähne auf bewundernswerte Weise – ein Vorgeschmack auf die bissige Kritik, mit der er während seiner Rap-Karriere ausgewählte Gegner überziehen würde. Aber er zeigt auch seine Menschlichkeit, indem er sich weigert, obdachlose Menschen nur über ihren Zustand zu definieren. In der besten Tradition aufgeklärter Sozialtheorie führt er stattdessen an, dass die bedauerlichen Umstände, unter denen diese Leute leben, nichts daran ändern, dass sie von entscheidender Bedeutung sind: »Die sind nicht seit jeher obdachlos. Sie haben etwas für die Gesellschaft getan. ... Sie hatten früher Jobs. ... Sie haben hart gearbeitet.«

Tupacs Verständnis für soziale Probleme war das Resultat seines kritischen Nachdenkens über die harschen Bedingungen, die seine Jugend prägten. Auch wenn er offensichtlich ein Problem mit der Schule hatte, zeigte er doch eine tiefe Liebe für das Lernen. Mit analytischer Begabung blickt er auf seine jüngere Vergangenheit in Baltimore und Marin City. Er sagt, es mache ihn wütend, über den schrecklichen Zustand von

Baltimore zu sprechen. »Baltimore hat die meisten Teenager-Schwangerschaften, die höchste AIDS-Rate innerhalb der schwarzen Community« – eine Erkenntnis, die Tupac den meisten Anführern schwarzer Communitys voraushatte –, »die höchste Mordrate unter Teenagern, die höchste Selbstmordrate unter Teenagern und die höchste Mordrate unter Schwarzen. ... Und dort beschließe ich zu wohnen!« Die Entscheidung hatte selbstverständlich seine Mutter getroffen, nicht er selbst, aber Tupacs Verständnis für den Klammergriff sozialer Ungerechtigkeiten, die sich gegen mittellose schwarze Ghettobewohner richteten, ist bemerkenswert. Aber er ist nicht willens, es bei der Betrachtung des Schmerzes zu belassen; er will den Schmerz lindern, was uns einen bewundernswerten Eindruck von dem sozialen Mitgefühl vermittelt, das er sich Zeit seines Lebens bewahren wird. »Sobald ich da angekommen war – so bin ich nun mal – habe ich also gesagt: ›Nein, nein. Das ändere ich.‹ Also habe ich eine Stoppt-das-Töten-Kampagne und eine Safer-Sex-Kampagne und eine AIDS-Präventionskampagne ins Leben gerufen ... und dann bin ich zurückgekommen, und ich hatte das Gefühl, viel Gutes getan zu haben.« Seine guten Taten konnten aber nicht die Welle der Gewalt aufhalten, die seine Altersgenossen fortriss, nachdem er Baltimore verlassen hatte. »In meiner zweiten Woche in Kalifornien rief mich jemand an; zwei meiner Freunde waren mit einem Kopfschuss getötet worden, zwei der Freunde, die damals mit mir gearbeitet haben, ... und da fragt man sich einfach: Wozu all die Mühen? Denn das ist es, was passiert.« In scharfem Gegensatz zu seinen späteren Jahren gelingt es Tupac jedoch, die Verzweiflung abzuschütteln: »Aber weißt du, ich versuche weiterhin, es besser zu machen.«

Tupac entgeht die Ironie seiner Situation nicht: Er ist der Gewalt New Yorks entkommen, indem er nach Baltimore ging, nur um der Gewalt dort zu entkommen, indem er nach Kalifornien ging, wo er der Gewalt des Rassismus ausgesetzt war, die ihm »in jeder erdenklichen Ausformung zuwider« war. Er wird auch Zeuge von Tod und sinnloser Gewalt. »Ich meine, diese eine Lady hat einem Mann die Kehle durchgeschnitten, weil er ihre Kinder angespuckt hat, und gestern Abend habe ich Teenager gesehen, die sich um Mädchen geprügelt haben. Aber zumeist war er der Gewalt der Armut ausgesetzt; eine Erfahrung, die ihn verbittert hat, wie er wiederholt feststellt. »Ich habe meine Kindheit geliebt, aber ich hasste es, in Armut aufzuwachsen, und das hat mich sehr verbittert. Verstehst du, das ist irgendwie so: Okay, jetzt habe ich einen Job. Ich musste jetzt kündigen. Ich *hatte* einen Job, und gerade heute bin ich bezahlt worden, und ich habe Geld in der Tasche, für das ich gearbeitet habe. Und das ist das beste Gefühl auf der Welt, verstehst du, dass ich dafür gearbeitet habe. ... Aber ich bin immer noch arm. Meine Familie ist arm. Ich wohne immer noch in einer armen Nachbarschaft. ... Ich sehe immer noch arme Menschen.«

Von einem Anblick gequält, der für die meisten Menschen unsichtbar war, konnte Tupac nicht länger so tun, als würde die Schule in sein Weltbild passen. Ebenso wenig konnte er die Armut, die er sah, und die als nutzlos empfundene Ausbildung, die er an der Mt. Tamalpais Highschool erhielt, miteinander in Einklang bringen, also ging er einfach nicht mehr zur Schule, wenngleich er sich geistig schon Monate zuvor zurückgezogen hatte. Seinem Streben nach Wissen tat das jedoch keinen Abbruch. Eine erfreuliche Wendung des Schicksals sollte ihn mit einer Person zusammenführen, die ihm helfen würde, sein Ziel zu erreichen.

Als Tupac an jenem Tag im Park Leila Steinberg begegnete, war das eine glückliche Fügung, die beider Leben veränderte. Steinberg schlug Brücken zwischen vielen Kulturen, sowohl in ihrem Namen – »Leila« kommt aus dem Arabischen, »Steinberg« ist ein jüdischer Name – als auch in ihrer Arbeit als Tänzerin und Lehrerin, die an verschiedenen Orten in der Stadt Workshops zu Poesie und Selbstentfaltung für arme Jugendliche abhielt. 1960 in Los Angeles geboren und in Watts aufgewachsen, hatte sie Schulen für Schwarze besucht. »Die schwarze Community hat mich genährt und aufgezogen, und sie hat mir ein Gefühl dafür gegeben, wo mein Platz auf diesem Planeten ist«, erinnert sich Steinberg, die weiß ist. »Ich hatte nicht mal meine nordafrikanischen Wurzeln oder meine jüdischen Wurzeln verstanden, und ich bin so weit von ihnen fortgelaufen, wie ich nur konnte.« Durch den Einfluss schwarzer Künstler der Sechzigerjahre erlangte sie ein Verständnis dafür, »wie beschissen unsere Lage ist, im Hinblick auf unsere Schulen, unseren Heilungsprozess und unsere Bildung«. Als sie in die sechste Klasse kam, hatte Steinberg ihre Mission in den Künsten gefunden. »Das war der einzige Ort, von dem ich wusste, dass dort die Wahrheit gesprochen wurde«, sagt sie. »Man könnte fünfhundert Jahre zurück in die Vergangenheit blicken, und wüsste, was mit den Leuten damals los war, weil Künstler nicht lügen.« Ihre Mutter, die in Mexiko zur Welt kam, deren Wurzeln aber im Nahen Osten lagen, war eine Aktivistin, die sich für die politischen Belange der lateinamerikanischen und schwarzen Bevölkerung stark machte. Sie stieß auch Leila und deren Geschwister in die soziale Protestbewegung, indem sie sie für die Rechte migrantischer Farmarbeiter marschieren ließ. Als Leila zwölf Jahre alt war, ging ihre Mutter von zu Hause fort, um ihre Agenda als Vollzeitaktivistin zu verfolgen. Leila wurde von ihrem Vater erzogen und von ihrem Großvater beeinflusst, einem Lehrer für lateinamerikanische Tänze, der sie mit dem Salsa sowie mit brasilianischen und anderen lateinamerikanischen Tänzen vertraut machte. Leila trat in der ganzen Stadt auf und lernte Lehrer kennen, die ihr auch westafrikanische Tänze beibrachten.

Nachdem sie die Highschool abgeschlossen hatte, zog Steinberg nach Mittelamerika, wo sie sich mit unterschiedlichen Musikstilen und Künstlern befasste und sich an der Universität in Panama einschrieb. Als sie ein paar Jahre später in die Vereinigten Staaten zurückkehrte, zog sie nach Nordkalifornien, besuchte dort die Universität und fing an, mit bekannten Künstlern aus dem Kongo und aus Lateinamerika zu touren. Sie begleitete auch den Gitarristen Carlos Santana und die Soul-Gruppe The Neville Brothers auf deren Tourneen. Während dieser Zeit lernte sie Bruce – der Teil der Rap-Szene in Los Angeles war – kennen und heiratete ihn; sie brachte eine Tochter zur Welt; und sie studierte Sporttherapie, mit dem Ziel, als Sportmedizinerin alternative Heilmethoden zu erkunden – ein zweites Standbein, für den Fall, dass sie ein geregeltes Einkommen brauchen würde. Durch die Mitwirkung ihres

Ehemannes in der Rap-Szene kam sie mit der kraftvollen Sozialkritik des Genres in Berührung. »Weil ich mich so lange mit afrikanischer Musik befasst hatte, war [Rap] die erste aufrichtige Stimme, die ich seit Langem gehört hatte; das fühlte sich für mich sehr neu an.« Steinberg jonglierte mehrere Verantwortlichkeiten gleichzeitig: ihre Tanzkarriere, ihren Job als Therapeutin, die Erziehung ihrer Tochter und die Unterstützung ihres Mannes, der eine Karriere als Promoter im Rap anstrebte. Sie zog mit ihrer Familie in die Bay Area und schließlich weiter Richtung Norden, da ihr Mann seinen Ruf als begabter DJ ausbauen konnte. Als die Familie in den Norden zog, wurde Steinberg das Gesicht für seine geschäftlichen Unternehmungen. Als schwarzer Mann war es für Bruce schwierig, Veranstaltungsorte für Rap-Konzerte und Club-Partys anzumieten. Die beiden promoteten Veranstaltungen in Kalifornien, die an einem einzigen Abend bis zu zehntausend Jugendliche anzogen.

Neben ihrer aufblühenden Karriere als Promoterin begann Steinberg, sich wegen ihres zahlenmäßig wachsenden Nachwuchses an den örtlichen Schulen einzubringen. »Ich wollte nicht, dass meine Kinder dem Mist ausgesetzt sind, den ich selbst ablehnte«, erzählt sie. Steinberg arbeitete ehrenamtlich mit den Schülern und traf schließlich die Leiterin von Young Imaginations, einer gemeinnützigen Bildungsagentur. Die Agentur fokussierte sich hauptsächlich darauf, Künstler dazu zu bewegen, in die Schulen vor Ort zu gehen, um dort die Schüler zu unterhalten. Steinberg entdeckte darin eine größere Chance. Sie half der Leiterin der Agentur, die Organisation in eine multikulturelle Kunst- und Bildungsagentur umzuwandeln, die Künstler aus unterschiedlichen Ethnien und Kulturen einlud, um den Kindern Wissen über Geschichte, Kultur und Politik zu vermitteln. Tagsüber sprach Steinberg nun auf Highschool-Veranstaltungen und abends promotete sie zusammen mit ihrem Ehemann Rap-Konzerte. Als sie die enthusiastischen Reaktionen auf ihre Rap-Programme bemerkte, wollte sie Rap unbedingt auf den Lehrplan bringen. »Ich konnte wirklich sehen, wie die Kids sich von uns angesprochen fühlten, weil wir herkömmliche Tänze an schwarze Schulen brachten. … Gott, was hätte ich dafür getan, wenn wir ein paar

Rapper und afrikanische Künstler hätten herholen können, damit die was mit den Kindern machen.« Aber Young Imaginations war für diesen Sprung nicht bereit, also initiierte Steinberg ihr eigenes gemeinnütziges Programm und tat sich mit einer Frau zusammen, die Zugang zum »Geld weißer Unternehmen« hatte.

Steinbergs Schulprogramm lief gut an, und auch ihre Promotion-Arbeit mit Bruce warf große Dividenden ab. Doch es kam zu Spannungen, als Bestrebungen, die ihr Mann initiiert hatte, fast ausschließlich mit ihrem Namen assoziiert wurden und ihr Ruf größer wurde als der der Künstler, die sie promotete. »Was wirklich scheiße ist, war der Umstand, dass jedes Mal, wenn es einen Erfolg in der schwarzen Community gab, immer eine nichtschwarze Person kam und den Erfolg für sich beanspruchte«, so Steinberg. »Deshalb hatte ich wirklich Angst davor, mich an die Spitze einer Industrie zu stellen, die ihrem Erfolg dem verdankte, was diese jungen schwarzen Männer vollbrachten.« Steinberg zog sich von der Promo-Front zurück und steckte einen großen Teil ihrer Energie in die Arbeit, die sie an den Schulen von Marin City und Oakland leistete. Sie wollte ein Programm schaffen, das »diese Kids berühren würde und ... [das] etwas verändern würde, weil uns das wirklich am Herzen liegt«. Weil sie Sprache liebte, sah sie im Rap einen natürlichen Verbündeten in ihren Bemühungen. »Ich sagte immer wieder: ›Ich muss jemanden finden, der den richtigen politischen und sozialen Bezug hat, aber auch wirklich bereit ist, über den Tellerrand dieser schwarz-weißen Welt hinauszublicken.« Obwohl sie die richtige Person zur Umsetzung dieser Ziele noch nicht gefunden hatte, hielt Steinberg weiterhin kostenlose Nachmittags-Workshops ab – an zwei Tagen in der Woche unterrichtete sie kreatives Schreiben und Performance. Schnell verbreitete sich ihr Ruf. »Wenn du ein Gedicht oder einen Rap schreiben willst, ein Stück, einen Monolog; wenn du das Wörterbuch mit mir lesen willst; wenn du willens bist, etwas zu erschaffen und von der Straße runterzukommen, dann los«, sagt Steinberg, um die Anziehungskraft zu erklären, die sie auf die über dreihundert Schüler hatte, die sich für ihre Workshops in den Bezirken Marin, Nevada und Sonoma anmeldeten.

Und dann gelang ihr der Durchbruch – zumindest im Prinzip. »Eines Tages kam eine meiner Schülerinnen zu mir – Lawanda Hunter, eine großartige junge Tänzerin, die auch Teil meines Promo-Teams war und mit meinem Mann arbeitete – und sie sagte: ›Weißt du, Leila, du berührst und inspirierst viele von uns, und es ist toll, mit wie viel Hingabe du deine Arbeit machst, aber ich habe jemanden in Marin gefunden, der ist gerade erst hergezogen, und er bringt alles mit, was du [in einem Projektpartner] suchst‹.« Steinberg ignorierte die überschwängliche Empfehlung ihrer Schülerin – »alle wollten mir ihre strahlenden Stars präsentieren« – und wimmelte Lawanda lange ab. In der Zwischenzeit erzählte Hunter Tupac von Steinberg.

Mehrere Wochen später veranstalteten Leila und Bruce eine Promo-Party in einem örtlichen Club. Bruce war der DJ, Leila der freie Geist. »Er legt auf und ich bin quasi die Stimmungskanone«, erinnert sich Steinberg. »Wir stemmen dieses Ding gemeinsam, und wir bekehren Sonoma County, einen sehr weißen Bezirk, wo die Leute eine Todesangst vor Rap haben.« Während Steinberg tanzte, »schaut mir dieser sehr schöne Mensch in die Augen, stürzt auf die Tanzfläche und fängt an, mit mir zu tanzen«. Anschließend widmete Steinberg sich eilig dem geschäftlichen Teil der Nacht, ohne die Gelegenheit zu haben, den Namen ihres Tanzpartners in Erfahrung zu bringen. Am nächsten Tag hatte sie am frühen Nachmittag einen Workshop in Marin City und ging vor dem Unterricht in den Park, um in ihrem neuen Buch zu lesen. Und dann traf sie Tupac.

»Wie heißt du eigentlich?«, fragte Tupac, nachdem er sie ein bisschen aufgezogen hatte.

»Ich bin Leila.«

»Du verarschst mich«, japste Tupac. »Du bist doch nicht Leila. Ich bin Tupac!«

Aufgeregt sprangen die beiden umeinander herum – weil sie in der Nacht zuvor miteinander getanzt hatten, weil Steinberg ein Buch las, das Tupac gerade ausgelesen hatte, weil das Schicksal sie auf diese Weise zueinander geführt hatte – und feierten den glücklichen Zufall.

»Wie alt bist du?«, fragte Steinberg.

»Oh, ich bin vor Kurzem siebzehn geworden«, antwortete Tupac.

»Wo gehst du jetzt hin?«

»Ich muss in Marin City unterrichten. Hast du denn keine Schule?«

»Da gehe ich heute nicht hin.«

»Weiß deine Mutter, dass du schwänzt?«

»Ich habe meine Mutter und meine Schwester großgezogen. Ich kümmere mich bei uns zu Hause um alles. Ich bin der Mann im Haus. Ich weiß nicht, ob du das verstehst.«

»Na ja, ich war die Frau im Haus, und mein Vater hat sein Bestes gegeben, aber ich habe meine kleinen Brüder aufgezogen. Ich weiß also, wie es sich anfühlt, wenn man ein Elternteil für die eigenen Eltern sein muss und zu Hause immer volle Hütte ist. Möchtest du mitkommen und dir meinen Workshop anschauen?«

»Gerne ja. Ich will mich mit dir unterhalten.«

Während Steinberg ihren Workshop abhielt, saß Tupac still da, beobachtete jede ihrer Bewegungen und wand sich auf seinem Stuhl. Er zog Grimassen, so erpicht war er darauf zu sprechen, aber er sagte nichts, da Steinberg ihn gebeten hatte, sie nicht zu unterbrechen. Nach dem Kurs öffnete er sich ihr. »Ich weiß zu schätzen, was du da machst«, sagte er. »Ich verstehe deinen Ansatz. Aber ich habe dir eine Menge dazu zu sagen.« Wie sie später lernen sollte, war das ein klassischer Tupac-Ansatz. »Er hat einen immer herausgefordert«, erinnert Steinberg sich. »Denn so brillant er auch war, er musste immer alles und jeden herausfordern. Das war sein Wesen.« Nach dem Workshop rief Steinberg zu Hause an, um Bruce zu sagen, dass sie einen Gast mitbringen würde, der an ihrem Abend-Workshop teilnehmen würde. Tupac ging mit ihr heim, nahm an dem Abend-Workshop teil und hatte fast augenblicklich großen Einfluss auf Steinberg. Seine aggressive Hinterfragung ihrer pädagogischen Methoden zwang sie dazu, ihren Ansatz zu überdenken. »Ich habe jetzt schon so viele Jahre unterrichtet«, so Steinberg, »und Pac hat meine Art zu unterrichten verändert. Er hat mich als Frau und als Mutter verändert, denn als Pac zu unserer Gruppe stieß, hat er so einige meiner infantilen Denkprozesse auf ein neues Level gehoben.« Mit siebzehn Jahren war Tupac eine beeindruckende intellektuelle Figur im Leben dieser formell ausgebildeten Künstlerin und Lehrerin. Und wenn er ihr Hirn aufrüttelte, dann machte er dasselbe auch mit ihrem Haushalt: Kurz nach ihrem ersten Treffen zog er bei den Steinbergs ein.

Tupac und Steinberg gingen nun gemeinsam in die Schulen. Sie unterrichtete; er rappte. Ihr Erfolg führte zu einer tiefen Verbundenheit zwischen den beiden. Tupac erzählte ihr beinahe sofort, dass er irgendwann ein berühmter Künstler sein würde, der Millionen von Platten verkauft – und sie würde seine Managerin sein. Wie sich herausstellte, sollte er in beiden Fällen recht behalten, auch wenn Steinberg die Zügel für Tupacs Karriere an den Digital-Underground-Manager Atron Gregory weiterreichte, als diese Karriere Fahrt aufnahm. Aber sie blieb eine wichtige Figur in seinem Leben. Sie stritt mit ihm über seine Ideen und die Richtung, in die seine Karriere steuerte. Sie unterstützte ihn während persönlicher und karrieretechnischer Krisen. Sie hörte sich sein kindisches Geprahle über seine berühmten Eroberungen an (einmal rief er sie an, während eine berühmte weiße Popsängerin neben ihm im Bett lag). Unermüdlich schenkte sie ihre Liebe einem Künstler, dem sie bei seiner zügigen Verwandlung vom niedlichen Teenager zu einem internationalen Superstar des Rap zusah. Mehr noch als alles andere aber glaubte sie an die mythologische Kraft seines Lebens und seiner Karriere, ein Glaube, der nach seinem Tod noch stärker geworden ist.

Die wichtigste Rolle, die Steinberg in Tupacs Leben spielte, war vielleicht die der dichterischen Seelenverwandten. In ihren Workshops förderte sie Tupacs weitläufiges literarisches Talent. Die vielen Versuche, die er dort zu Papier brachte, bewahrte sie auf, insbesondere seine Gedichte, die nach seinem Tod unter dem Titel *The Rose That Grew from Concrete* in einem Sammelband veröffentlicht wurden – ein Projekt, das Steinberg betreute. Doch den grundlegendsten Einfluss auf das Leben des jeweils anderen hatten Steinberg und Tupac als Lesepartner. Unablässig teilten, reflektierten, beantworteten und stritten sie über das geschriebene Wort. Als Steinberg Tupac kennenlernte, war er bereits sehr belesen. »Er konnte Sonette rezitieren, von denen ich nicht begriff, wie er sie mit seinen siebzehn Jahren hatte auswendig lernen können«, sagt sie. »Er hat ein Kursprojekt gemacht, das mich umgehauen hat – eine Neunzigerjahre-Version von einem Shakespeare-Stück.« Tatsächlich spielte der Barde eine wichtige Rolle in Tupacs rapide voranschreitender Selbstmythologisierung. »So wie diese Kids sich heute im Unterricht mit Shakespeare befassen, so werden sie sich auch mit meinem Werk befassen«, erklärte Tupac Steinberg. Auf viele andere Beobachter mag das gewirkt haben, als würde da ein wahnhafter schwarzer Jugendlicher aus armen Verhältnissen seinen eigenen Ruhm vorhersagen, um seinen niedrigen Status zu kompensieren. Aber Steinberg glaubte schon bald uneingeschränkt an sein Potenzial. »Deshalb fühle ich mich seinem Werk auch so verpflichtet«, sagt sie. »Weil ich damals schon wusste, dass er recht hat. ... Darum glaube ich auch, dass wir Pac an jeder Universität studieren sollten.« Steinberg zufolge können Tupacs Poesie und sein Leben ein Mittel der kritischen Selbstreflektion sein, von der Tupac glaubte, dass sie in den Klassenzimmern des ganzen Landes gelehrt werden sollte. »Das meiste von dem, was er festhielt, und seine [künstlerische] Vorgehensweise, das waren eigentlich laut und öffentlich nach außen getragene innere Prozesse; hinterfrage alles, was du tust, hinterfrage ... wie du lebst, was richtig und was falsch ist und wer darüber entscheidet. Das war wirklich, was ihn in all diesen Fragmenten ausmachte.«

Tupac und Steinberg verbrachten Stunden damit, Bücher in ihrem Lieblingsladen zu lesen, dem Bodhi Tree Bookstore in Los Angeles. Das galt umso mehr, als Tupac in den frühen Neunzigerjahren nach L.A. gezogen war. Bodhi, gelegen an der Melrose Avenue, hatte sich auf spirituelle und revolutionäre Literatur spezialisiert. »Er hat das allein gemacht«, so Steinberg. »Er hat sich alles komplett selbst beigebracht.« Tupac wollte jeden im Land dazu bewegen zu lesen. »Oprah hat ins Rollen gebracht, was eigentlich Tupac anstoßen wollte«, sagt Steinberg. »Er wollte den Rap nutzen, um die Kids wieder dazu zu bringen zu lesen. Sie wollten die großen Theoretiker und Philosophen analysieren und auseinandernehmen.« Tupacs literarische Interessen waren bemerkenswert katholisch. Er las den Romancier Kurt Vonnegut und den politischen Theoretiker Michail Bakunin. Er las Bücher über Anarchie und Platonismus. Er las Teilhard de Chardins *Der Mensch im Kosmos*. »Er hat dieses Buch geliebt«, erzählt Steinberg mir. »Wir gingen zu Bodhi, und er wollte, dass sie uns Bücher empfehlen.« Aber es war in erster Linie Steinbergs Lehrerin Peggy Shackleton, die als Bezugsbibliothekarin fungierte. Als Tupac Steinberg fragte, woher die Bücher in ihrer Bücherei kamen, erzählte sie ihm von Shackleton. »Er wollte mit Peggy sprechen«, erinnert sich Steinberg. »Er sagte so was wie: ›Wer immer diese Lady ist, die dir diese Bücher schickt, [sie ist großartig]. Ich kenne ein paar dieser Bücher; ich habe sie auf eigene Faust entdeckt.« Steinberg war beeindruckt, denn »Khalil Gibran hatte ich nicht auf eigene Faust entdeckt. ... Also hatte er diese Liebesbeziehung mit dieser viel älteren Frau, und er wollte jedes Buch, das Peggy mir je gegeben hatte; das war seine Einführung in eine ganz neue Welt des Lesens.« Shackleton gab Steinberg Bücherlisten, um Tupacs unstillbaren intellektuellen Appetit zu füttern – ein Muster, das sich bis zu seinem Tod fortsetzte. Steinberg hat Tupacs Bücher aufbewahrt. »Sie sind das Einzige, was ich mit auf die Reise nehme [wenn ich umziehe]. ... Wenn Sie mal zu mir nach Hause kommen, werden Sie es ja sehen.«[22]

Ich mache von Steinbergs Angebot Gebrauch und besuche sie in ihrem gemütlichen Bungalow in Santa Monica, der in die gepflegte Bucht einer schummerig beleuchteten Straße eingelassen wurde. Ich möchte die Bücher mit eigenen Augen sehen, möchte sie in den Händen halten und mir anhand dieser fanatisch durchgeblätterten Seiten einen Eindruck von den intellektuellen Gepflogenheiten des Rappers verschaffen. Steinberg führt mich zu einem der zahlreichen Bücherregale, die in Mauerspalten eingelassen und entlang der Wände ihres Hauses aufgestellt sind. Ich trinke aus dem Meer dieser Bücher und wate durch die Bände, die Tupac verschlungen hat. Da ist J. D. Salingers *Der Fänger im Roggen*, Robert Pirsigs *Zen und die Kunst, ein Motorrad zu warten*, Richard Wrights *Sohn dieses Landes* und Maya Angelous *Ich weiß, warum der gefangene Vogel singt.* (Im Gefängnis sagte Tupac: »Ich lese eine Menge guter Bücher; ich lese eine Menge Bücher von Maya Angelou.«) Da sind Romane von Hermann Hesse, Gabriel García Márquez und Henry Miller. Homers *Odyssee* taucht auf, genau wie Walter Kaufmanns weithin geschätzter Sammelband ausgewählter Texte von Friedrich Nietzsche. Meine Augen wandern über Bücher von Sigmund Freud – »Er hat Freud gelesen, um ihn diskreditieren zu können. ... Er hielt Freud für einen frustrierten Homosexuellen, der seine Ansichten nie [ganz] ausformuliert hat«, erzählt Steinberg mir – und Carl Jung. Der Anblick von Robin Morgans *Sisterhood Is Powerful: Anthology of Writings from the Women's Liberation Movement* verblüfft mich. »Hat er das wirklich gelesen?«, frage ich. »Er hat viele feministische Werke gelesen«, antwortet Steinberg. Ich sehe Werke von Alice Walker, darunter auch *Auf der Suche nach den Gärten unserer Mütter*, und George Orwell. (Vielleicht hatte er Orwells gefeierten Essay *Politics and The English Language* gelesen, bevor er während seines Interviews auf so eindrückliche Weise die Doppelzüngigkeit der Politik kommentierte.)

Ich erblicke E. D. Hirschs *Dictionary of Cultural Literacy: What Every American Needs To Know*, durchaus eine interessante Wahl. »Wenn wir unsere Versammlungen in den Highschools abhielten«, so Steinberg, »sagte er, dass diese Vorstellung kultureller Bildung von jemandem käme, der von der Überlegenheit der weißen Rasse ausgehe. Er wollte die zweite Auflage nutzen, um daran aufzuzeigen, wie Weiße definieren, was kulturelle Bildung ist. Pac hat für dieses Buch Geld ausgegeben, um es zu verreißen.« Als wollte er Hirsch etwas entgegensetzen, steht da auch ein Band von Jonathan Kozol: *Savage Inequalities: Children in America's Schools*. Ich sehe Wälzer von John Steinbeck, Alex Haley – »Er hat *Roots* mindestens zwei oder drei Mal gelesen«, so Steinberg – und Jamaica Kincaid, darunter auch ihr Buch *Am Grunde des Flusses*. Ich bemerke Eileen Southerns *Music of Black Americans: A History* und Herman Melvilles *Moby Dick*. Das von Ira Peck herausgegebene *Life and Words of Martin Luther King Jr.* ist ebenso da wie Anaïs Nin und Aldous Huxley. (»Er war fasziniert von Aldous Huxley und dieser ganzen psychedelischen

Periode, zu der die Drogen gehörten, die Afeni genommen hatte, bevor das Crack sie beinahe umgebracht hätte.«) Dick Gregory ist anwesend, genau wie Derrick Bell. »Ein Freund von uns hat mit Derrick Bell gearbeitet und uns beide Ausgaben gegeben«, sagt Steinberg. Ich entdecke William Styrons *Die Bekenntnisse des Nat Turner* und Sunzis *Die Kunst des Krieges* – oft auch unter Sun Tsu publiziert –, genau wie George L. Lees *Interesting People: Black American History Makers*, eine Sammlung erhellender Biografien, die zwischen 1945 und 1948 sowie 1970 und 1986 über die *National Black Press* syndiziert wurden. Und da ist das fesselnde Werk von Donald Goines, dem Detroiter Schriftsteller, der sich auf brutale Geschichten aus dem Straßenleben der Schwarzen spezialisiert hatte und einen zu frühen und gewaltvollen Tod starb.

Auf der anderen Seite des Raumes entdecke ich ein mir bekanntes Buch: *Feminine Endings: Music, Gender and Sexuality*, geschrieben von der UCLA-Professorin Susan McClary; doch Steinberg nimmt mir das Buch behutsam aus den Händen. »Das hat Pac nicht gelesen. Aber sie mag sein Werk.« Als ich Amiri Barakas *Blues People: Schwarze und Ihre Musik im Weißen Amerika* sehe, denke ich über die faszinierenden Gemeinsamkeiten nach, die den Schriftsteller und den Rapper verbinden: große Begabung, eine furchtlose Offenheit und poetisch formulierter Zorn. Und dort stehen Donald Passmans *Alles, was Sie über das Musikbusiness wissen müssen* und Fox Butterfields *All God's Children: The Bosket Family and the American Tradition of Violence*. (Als ich später mit Stanley Crouch über Tupac sprach, erwähnte dieser Butterfield. »Ich weiß nicht, ob Sie dieses Buch gelesen haben; vermutlich schon. Es heißt *All God's Children*.« »Oh, Butterfield«, antwortete ich. »Ja, genau«, sagte Crouch. »Übrigens ein Buch, das Tupac gelesen hat«, sage ich. »Na ja, ich wüsste nicht, dass er aus der Lektüre was gemacht hätte«, erwiderte Crouch. Er dachte einen Moment lang nach und ruderte dann ein wenig zurück. »Tja, vielleicht hatte er nicht mehr die Gelegenheit dazu. Es freut mich zu wissen, dass er es gelesen hat.«)

Ich entdecke die Gedichte schwarzer Frauen. »Er liebte Maya Angelou, Nikki Giovanni und Sonia Sanchez«, sagt Steinberg, als ich mich in den Sammelband *Black Sister: Poetry by Black American Woman, 1746 to 1980*, herausgegeben von Erlene Stetson, vertiefe. Außerdem entdecke ich William H. Harris' *The Harder We Run: Black Workers Since the Civil War* sowie *Bullwhip Days: The Slaves Remember* – ein von James Mellon herausgegebener Interviewband – und *Die Seelen der Schwarzen*, der Klassiker des schwarzen Intellektuellen W. E. B. Du Bois. Sanyika Shakurs furchterregende Gang-Autobiografie *Monster* steht im Regal. »Sie wollten gemeinsam etwas machen«, sagt Steinberg. »Sie hatten ziemlich regen Kontakt.« Da stehen auch Nathan McCalls *Makes Me Wanna Holler* und *The Great White Lie: Slavery, Emancipation, and Changing Racial Attitudes* von Jack Gratus. Der großformatige Bildband *Songs of my People* (Eric Easter und Dudley M. Brooks) sticht ebenso hervor wie *The New Our Bodies, Ourselves* (ein Sammelband zum Thema Frauengesundheit und -körper) und der erste Band von *The State of the World Atlas* von Michael Kidron und Ronald Segal. Es gibt eine Ausgabe von W. L. Wilmhursts *The Meaning of Masonry*. »Das Freimaurertum faszinierte ihn ... diese Geheimgesellschaften, die weißen Eliten und die Kontrolle, die sie hatten. Er war wild entschlossen, sie zu sezieren und niederzureißen, deshalb studierte er sie.«

Ich entdecke auch eine ganze Reihe Bücher über Verbrechen und berüchtigte Kriminelle. »Er war besessen davon, über schwarze Verbrechen und weiße Verbrechen zu lesen«, sagt Steinberg. »Er las Bücher über Serienmörder und sprach über die Verbrechen Weißer, bei denen sich oft eine Menge kranker Dinge abspielten«, so Steinberg. »Damit verglichen waren die Verbrechen Schwarzer eine völlig andere Welt, die sich vor dem Hintergrund ökonomischer Schwierigkeiten abspielten.« (Diese Einsicht hielt Tupac indes nicht davon ab, zumindest einen weißen Kriminellen zu verteidigen. In herausgeschnittenen Szenen eines Interviews, das er und Snoop Dogg 1996 MTV gaben, spricht Tupac über die Tatsache, dass in aufsehenerregenden Mordprozessen zwar die Staatsanwälte Bücher zum Thema schreiben dürfen, nicht aber die Täter. »Wie kommt es, dass die ein Buch rausbringen dürfen, aber Charles Manson darf keines rausbringen?«, fragt er. »Er hat die Morde begangen. Die haben einen Scheiß getan. Die haben nur erzählt, was ein anderer *nigga* getan hat. Charles hat diesen Scheiß abgezogen.«)

Es gibt eine ganze Menge spiritueller Literatur, wovon ich vieles kenne, während mir manches unbekannt ist. Da stehen Thomas à Kempis' *Imitation of Christ* und diverse Bücher über den Buddhismus, darunter Jack Kornfields *Die Lehren Buddhas*. Es gibt auch andere Klassiker, zum Beispiel *Johannes vom Kreuz* und *Wolke des Nichtwissens* sowie erwähnenswerte zeitgenössische Titel, darunter Thomas Mertons *Keiner ist eine Insel* und Evelyn Underhills *Mystik*. Ich bemerke Alan Watts' *Weisheit des ungesicherten Lebens* und Gershom Scholems Ausgabe der *Kabbala*, jenes Kompendiums mystischer jüdischer Schriften. Und die *Bhagavad Gita* lehnt locker am Buch daneben: *Eine Träne und ein Lächeln* von Khalil Gibran. *Das Tibetische Totenbuch* steht neben Charles Esserts *Secret Splendor*. Im Vorwort zu diesem Buch, geschrieben von David Raffeloc, steht: »Viele Jahre glaubte Charles Earnest Essert, dass Erleben die einzige Realität sei. Und seiner Überzeugung entsprechend wählte er ein facettenreiches Leben.« (Ich denke bei mir, dass das Erleben eines der großen Themen in Tupacs Werk war; vielleicht hat dieses Buch dazu beigetragen, dass es in seinem Denken diesen besonderen Stellenwert eingenommen hat.) Ich greife mir Joan Grants *Life as Carola*. »Pac liebte ihre Bücher. [...] Sie schrieb Geschichten über ihre früheren Leben, die gelebt zu haben sie überzeugt war, und sie verwendete manchmal Figuren aus Ägypten.«

Ich entdecke auch *Serving Humanity*, eine Zusammenstellung aus den Schriften Alice A. Baileys. Ich werfe einen Blick auf das Inhaltsverzeichnis: »Der wahre Diener«; »Die Trägheit des durchschnittlich spirituell gesinnten Mannes«; »Das Gesetz des Dienens«; »Die Notwendigkeit des Dienens«; »Was sind Dienste?«; »Kräfte der Erleuchtung«; »Vorbereitungen auf die Wiederkehr Christi«; »Mystische Wahrnehmung«; »Meditation«; »Jüngerschaft«; »Voraussetzungen für Aspiranten«.

Als Nächstes widme ich mich *Messages from Maitreya*, dem ersten Band: *100 Messages*, anschließend den bekannten Büchern von Ruth Montgomery, darunter auch *Here and Hereafter*. Da stehen buchstäblich

Hunderte anderer Bücher – über Knoblauch (»Pac war ein großartiger Koch, und überall mussten Knoblauch und Zwiebeln ran, denn wenn du keine Krankenversicherung hattest, dann hast du Kartoffel-Tacos mit Knoblauch gegessen. Das war immer so ein Witz von uns.«), Übernatürliches, Yoga, Alternativmedizin, metaphysische Studien, Malerei (»Er hat jedes erdenkliche Buch zu jedem Studienfach gelesen ... auch bildende Kunst, nicht nur Musik oder die schönen Künste.«), Philosophie, Psychologie und Meditation. Die Bandbreite ist mehr als beeindruckend für einen mittellosen, schwarzen Schulabbrecher und Autodidakten, dem nie die Vorzüge einer formalen höheren Bildung zuteilwurden.

Tupacs unersättliche Leselust setzte sich während seiner gesamten Karriere fort; eine Gewohnheit, die es ihm erlaubte, seine Raps mit scharfsinnigen Beobachtungen über die Welt um ihn herum anzureichern. »Als Künstler war ich zunächst beeindruckt von seiner Könnerschaft und seinen lyrischen Fähigkeiten«, sagt Manager Atron Gregory. »Und mit der Zeit lernte ich ihn als Menschen kennen. Er war sehr wissbegierig. Er wollte über alles so viel wie möglich wissen. Mir fiel auf, dass er eine Menge las. Tupacs umfassende Belesenheit widersprach der Annahme, dass der Hip-Hop intellektuelles Brachland sei. »Es kommt im Rap sehr selten vor, dass diese Kids Leute dazu ermutigen, Bücher zu lesen«, sagte Stanley Crouch. Tupac hat dabei geholfen, die Intellektualismus-Feindlichkeit zu bekämpfen, die die gesamte Kultur des Rap durchzieht. Seine Lektüre verlieh nicht nur seinen Texten Tiefe, sondern beeinflusste auch seine Mitstreiter im Rap. »Ich glaube, Tupac hat mir und einer Menge anderer Herumstreuner mitgegeben, dass du klug sein kannst, auch wenn du auf der Straße unterwegs bist«, sagte der Rapper Big Syke, der auf einigen von Tupacs letzten Aufnahmen zu hören ist. Darüber hinaus hat Tupac viele seiner Rap-Mitstreiter dazu inspiriert, sich ernsthaft dem Lesen zu widmen. Viele von ihnen zum ersten Mal in ihrem Leben. »Er hatte die richtigen Worte, er konnte sich gut ausdrücken«, sagte Syke. »Dadurch habe ich angefangen, Bücher zu lesen. Ich las damals überhaupt keine Bücher, aber je mehr ich damit anfing, ihn zu sezieren, desto mehr wurde mir klar, warum er so gut war in dem, was er tat.« Als Tupac sein Makaveli-Alter-Ego annahm, abgeleitet von Machiavelli, und einigen seiner Rap-Kumpanen neue Namen gab, weckte er damit deren Interesse, den intellektuellen Wurzeln der Namen nachzuspüren, die sie trugen. »Er gab sich selbst den Namen Makaveli«, erinnerte sich Syke. »Mich nannte er ›Mussolini‹. Eddie gab er den Namen ›Castro‹ und [jemand anderen nannte er] ›Napoleon‹. Gab jedem von uns 'nen neuen Namen. Tja, da musste ich mir ein Buch über Mussolini zulegen. Und anschließend habe ich Machiavelli seziert. Wie soll ich was über den herausfinden, wenn ich nicht lese?«

Der Produzent Preston Holmes, der mit Tupac am Anfang (an *Juice*) und am Ende (an *Gridlock'd*) von dessen Karriere zusammengearbeitet hat, glaubt, dass Tupac seine enorme Gelehrsamkeit und seinen Ruhm nutzen wollte, Jugendliche zu ermutigen, über die großen sozialen Fragen nachzudenken. »Er wollte einen Film über Nat Turner drehen und hat viel darüber nachgedacht.« Holmes gab Tupac zu verstehen, dass zwei Umstände gegen die Idee sprachen: Es handelte sich um ein schwarzes Projekt, und es wäre ein Historienfilm gewesen. Aber Tupac insistierte, dass es möglich war, einen Erfolg einzufahren, indem er populäre junge Schauspieler verpflichtete, die ein großes Publikum anlockten. »Er fand einfach, dass es wichtig sei, seinen Ruhm dazu zu nutzen, junge Leute zum Nachdenken und Lernen zu bewegen; er wollte sie an Dinge heranführen, mit denen sie sich ansonsten vielleicht nicht auseinandergesetzt hätten.« Holmes verweist auf Tupacs Liebe zu Literatur und Kunst als Beispiel für seine Offenheit und seine facettenreiche Persönlichkeit. »Die Kids müssen wissen, dass er jemand war, der Lyrik liebte, noch bevor er den Rap entdeckte. Und daran ist nichts auszusetzen. Vielleicht färbt ein bisschen was davon ab auf diese Kids, die rumrennen und Gangster sein wollen.«

Teil 2

PORTRÄTS EINES KÜNSTLERS

Kapitel 4

»GIVE ME A PAPER AND A PEN«

Tupacs Stellung im Hip-Hop

Als ich den Eastsidaz-Rapper Big Tray Deee besuchte, überraschte dieser mich mit einer ehrlichen Diskussion über die Kunst seines gefallenen Kollegen. »Ich bin wirklich kritisch und skeptisch, was Texte anbelangt, aber auch im Hinblick darauf, was die Leute sagen und wie sie es von einem künstlerischen Standpunkt aus formulieren«, so Deee. »Es waren vielleicht dreißig Prozent von Tupacs Songs, die ich nicht wirklich zu jeder Zeit fühlen konnte. Das war dann eher so ein ›Das ist schon in Ordnung‹.« Deee spricht über Tupacs Schaffensprozess und hebt dabei hervor, was ihn zu einer so bedeutenden Kraft im Hip-Hop werden ließ. »Aber [seine Lieder] setzten sich in meinem Kopf fest, weil sie sich mir zunehmend mehr erschlossen, und ich konnte verstehen, was sein Ansatz war. Ich brauchte dieses Gefühl oder diese Stimmung, um wirklich nachvollziehen zu können, was er in diesem bestimmten Moment, mit diesem bestimmten Song zum Ausdruck bringen wollte. Er zeigte mir, wie er Musik mit seinem Herzen und seinem Geist kreierte; er zeigte mir, dass man eine bestimmte Schwingung und Kontinuität braucht. Man wird es nicht jedem recht machen können.«

Deees Anmerkungen unterstreichen ein entscheidendes Paradox: Tupacs Kunst als Hip-Hop-MC galt unter den Connaisseurs des Genres als gewöhnungsbedürftig, selbst als die Massen ihn schon mittels hoher Verkaufszahlen feierten und er ein international berüchtigtes Symbol für Glück und Wahn des Rap war. Tupac war nicht der begabteste aller Hip-Hop-MCs, egal mit welchen Kriterien der künstlerischen Apotheose man das Genre bemisst. So verfügte er beispielsweise nicht über die unangestrengten rhythmischen Muster Snoop Doggs, das herausragende Timing und die Atemtechnik des unvergleichlichen KRS-One, die poetische Intensität von Rakim, den gewandten politischen Zorn von Chuck D, die energische Artikulation von MC Lyte oder die prosaischen Beschreibungen und klugen Kadenzen von Notorious B.I.G. – dem »Mathematiker des Flows«, wie ihn die Hip-Hop-Koryphäe Mos Def nannte. Und dennoch ist Tupac der vielleicht einflussreichste und unwiderstehlichste Rapper unter ihnen. Es ist nicht so, dass es Tupac beim Schreiben seiner Texte, beim Verfassen dramatischer Geschichten oder bei der Manipulierung seiner Stimme zugunsten eindringlicher Effekte an enormem Talent gemangelt hätte. Jedoch war er mehr als die Summe seiner künstlerischen Einzelteile. Ein bedeutender Teil von Tupacs kulturellem Einfluss war sicherlich außermusikalisch, insbesondere seine umfassend dokumentierten Zusammenstöße mit dem Gesetz und seine schamanistischen Leistungen als Schauspieler. In erster Linie war Tupac eine überweltliche Streitkraft kreativer Wut; unablässig artikulierte er die prägenden Stimmungen einer Generation – ihre Verwirrung und ihren Schmerz, ihre hehre Gesinnung und ihren Mut, was sie liebte und was sie hasste, ihre Hoffnungslosigkeit und Selbstzerstörung. Er war der Zeitgeist in hängenden Jeans.

»Ich war kein großer Pac-Fan, als er angesagt war«, verrät Mos Def. »Aber ich kann dir sagen, warum die Leute ihn liebten: weil sie ihn *kannten*.« Tupac zu kennen war nicht schwer, da er der Jedermann des Ghettos war; er verkörperte die Gräuel und Freuden, die auch Millionen anderer Menschen erlebten, die in vielerlei Hinsicht genau wie er waren – bloß dass es ihnen an seinem wandelbaren Genie mangelte und sie kein Mikrofon hatten, um ihre Tragödien und Triumphe zu verstärken. Obwohl er als »Gangsta-Rapper« galt, streckte sich Tupac ungehindert über die lyrische Landschaft des Hip-Hops und nahm sich Themen an, die in unterschiedlichen Subgenres des Rap wurzelten, darunter Conscious Rap, politischer Hip-Hop, Partymusik, hedonistischer Rap, Gangsta-Rap und ghettozentrischer Rap. Mit gleichbleibendem Geschick bediente Tupac sich unterschiedlicher Adressiermethoden innerhalb des Hip-Hops, vom Diss-Rap (»Hit 'Em Up«) bis zur Hip-Hop-Eulogie (»Life Goes On«), vom Sendschreiben an die Mutter (»Dear Mama«) bis zum »Hirtenbrief« (»Keep Ya Head Up«). Tupacs versierter Bariton hatte eine ausgesprochen eloquente und eindringliche Qualität: Seine majestätische, distinkte Stimmlage schwang geradewegs in die Herzen und verlieh ihm eine Intimität und Dringlichkeit der Kommunikation, die im Hip-Hop nahezu konkurrenzlos ist. Wenn man sich auf einer einsamen Insel für nur einen Künstler entscheiden müsste, der die Bandbreite an Ausdrucksmöglichkeiten im Rap dazustellen vermag, dann würde an Tupac kaum ein Weg vorbeiführen. Tupacs Genie kann nur verstanden werden, wenn man die Konturen des zeitgenössischen Rap nachzeichnet und ihn innerhalb der sich rasant ausdehnenden Grenzen dieses Genres verortet.

Seit ihren Anfangstagen in den späten Siebzigerjahren des letzten Jahrhunderts hat die Hip-Hop-Kultur einen langen Weg zurückgelegt. Die frühen Hip-Hopper blieben überwiegend anonym und konnten sich kaum die Lautsprecheranlagen leisten, auf denen das Genre erbaut worden ist. Im Gegensatz dazu kassieren heutige Künstler lukrative Verträge, Designer-Modelinien, Beiträge in Hochglanzmagazinen, angesagte Awards, weltweite Anerkennung und oftmals die Ablehnung ihrer Hip-Hop-Vorreiter. Wenn es unter den Puristen des Genres eine vorherrschende Meinung über die heutigen Superstars des Rap gibt, dann die, dass sie das Franchise durch ihre Obsession für das Schütteln von Hinterteilen, Platinschmuck, edle Alkoholika, erstklassiges Weed, eine Zuhälterkultur, kriminelle Rituale und einen Gangsta-Lifestyle verhökert haben. Auch wenn der Erfolg von Hip-Hop inzwischen weit über seine Geburtsstätte in der Bronx hinausgeht, hat er in den Augen seiner passioniertesten Wächter seine Seele verloren. Um mit Charles

Dickens einen genialen Erzähler zu paraphrasieren, dessen eindringliche Geschichten in erhebender Weise von den Armen erzählen: Es ist für Hip-Hop die beste Zeit; es ist für Hip-Hop die schlechteste Zeit. In seiner umkämpften Seele verkörperte Tupac beides.[23]

Zahlreiche Vertreter des zeitgenössischen Rap erinnern uns in furioser Weise daran, dass der Bund zwischen Musik und dem gesprochenen Wort die schwarze Kultur revolutioniert hat. Protagonisten wie Lauryn Hill, Common, Mos Def, Talib Kweli und Bahamadia generieren ein »schwarzes Rauschen«, um den Ausbruch eines sozialen Gewissens anzustacheln. Begabte Sprachkünstler wie Jay-Z, Nas, DMX und die dem Wu-Tang Clan zugehörigen Rapper nutzen ihre Straßenpoesie, um urbanes Leben in packender Präzision auszuloten. Aber noch immer sind der musikalische Vampirismus und die stumpfsinnigen Wiederholungsschleifen des Rap starker Kritik ausgesetzt. Diejenigen, für die die Meisterschaft an Instrumenten – demonstriert durch die Produktion eigener Kompositionen – der einzige Maßstab echten Künstlertums ist, sind als Erste mit Kritik zur Stelle. Diese Puristen verkennen die Tatsache, dass die Künste an den öffentlichen Schulen der USA seit den späten Siebzigerjahren chronisch unterfinanziert sind – eine verhängnisvolle Entwicklung, die viele Schüler in den Städten davon abhielt, ein Musikinstrument zu erlernen. Außerdem übersehen die Kritiker die Virtuosität, die sich in der Schaffung neuer Musik durch die Manipulation existierender Klänge offenbart. Auch wenn die Feststellung, dass es dem Hip-Hop in seinen Anfängen an originärer Musik mangelte, eine offene Flanke des Genres war, hatte Tupac das Glück, Produzenten zu haben, die seiner Wut Melodie verliehen. Die Klänge, in denen sein schöner Bariton badete, waren oftmals eindrucksvoll. »Ich habe die Tracks, die sie als Grundlage für seine Raps geschaffen haben, geliebt«, sagte der Jazzmusiker George Duke. »Die hatten viel von diesem Old-School-Vibe. Ich fand sein Schaffen interessant, was die Akkorde anbelangt. Das hat sich einfach angefühlt wie etwas, wozu ich hätte spielen können.« Zudem kann die Tatsache, dass so viele Rapper müde Formeln wiederholen, die anderen Künstlern Erfolg gebracht haben, wohl kaum als charakteristisch für den Rap gewertet werden. Das ist auch in heutigen Produktionen aus den Bereichen R&B oder Rock – um nur zwei Beispiele zu nennen – gängige Praxis. Ebenso wenig kann die mutlose und uninspirierte Imitation, die das Erfolgsrezept für so viele Raps ist, als Alleinstellungsmerkmal des Hip-Hops gewertet werden. Schließlich bedienen sich die zeitgenössische amerikanische Klassik und Smooth Jazz – eine Fehlbezeichnung, über die zu streiten sich laut Jazz-Puristen lohnt – derselben Methode.

Selbstverständlich gibt es auch Kritiken am Hip-Hop, die ernster zu nehmen sind. Die Elemente des Rap, die Bestürzung hervorrufen, erschließen sich einem schnell: seine Gewalt, seine sexuelle Übersättigung, seine Wiederaufbereitung boshafter Stereotype, seine farbkodierte Vorliebe für eher hellhäutige oder nicht schwarze Frauen, sein Versagen hinsichtlich politischer Stellungnahmen, sein Ausverkauf an den Konzernkapitalismus und sein absolut abscheulicher Frauenhass. Tupac ist zu einem Symbol für die faulenden Stellen auf der geschundenen Seele des Hip-Hops geworden. Sein selbstzerstörerisches Verhalten und sein früher Tod waren Anlass für zahlreiche vehemente Diskussionen über den Einfluss, den Hip-Hop auf die schwarze Jugend hat. Bedauerlicherweise trennen viele Kritiker die Spreu vom Weizen, indem sie Rap in seine positiven und negativen Ausdrucksformen unterteilen. Diese Unterscheidung ignoriert häufig die Komplexität der Hip-Hop-Kultur und sie spielt die künstlerischen Motivationen des Rap herunter, der stattdessen pauschal gelesen und dadurch zu einem soziologischen Phänomen von begrenztem kulturellem Wert umgedeutet wird. Rap wird als Barometer für die Leiden der schwarzen Jugend betrachtet. Ganz offensichtlich sind die Streitgespräche zwischen Befürwortern und Kritikern des Rap von viel Verbitterung und Wut geprägt. Ebenso offensichtlich ist es, dass schwarze Jugendliche Angriffen aus vielen Bereichen unserer Kultur ausgesetzt sind. Das ist im Hip-Hop, wie in den meisten Jugendmusiken, nichts Neues. »Alle Kunst, die von jungen Leuten geschaffen wird, wird von Erwachsenen verabscheut«, sagte Toni Morrison. »Egal ob Mozart oder Louis Armstrong, was jung ist, muss immer kämpfen.

[…] Und was sich da herauswinden kann, das wird natürlich das Beste.« Rap-Musik wurde von Anfang an abgelehnt und verunglimpft, selbst von Schwarzen. Es geht hier nicht darum, Schwarze dafür zu schelten, dass sie nicht auf den Zug aufgesprungen sind, der, wie sich herausstellen sollte, zu einer der beliebtesten, kreativsten und kommerziell einträglichsten Kunstformen der letzten Jahrzehnte führte. Ich weise lediglich darauf hin, dass schon lange vor Tupac, lange vor den kontroversen Schlagzeilen, den tragischen Toden und dem weltweiten Einfluss von Rap-Musik eine Hassliebe zwischen manchen Schwarzen und der Hip-Hop-Kultur bestand.

Frühe Knospen des Argwohns blühten auf zu einer unverhohlenen Ablehnung des Hip-Hops als wesentliche Quelle von Kunst und Vorstellungskraft schwarzer Jugend. Deshalb haben Schwarze unterschiedlichster Schichten und Herkunft angeprangert, dass die Musik fehlgeleitet, giftig und nicht authentisch sei, weil eben die Musik, die es ins Rampenlicht schafft, wenig gemein hat mit der revolutionären Wucht eines Gil-Scott Heron oder der Last Poets, um nur zwei Beispiele zu nennen. Man könnte auch sagen: Hip-Hop ist nicht wirklich *black music*. So betrachtet ist Hip-Hop lediglich die verführerische, marktkonforme Verpackung für die boshaften Stereotype, die Schwarze zu zerschlagen versucht haben, seit man unsere Vorfahren entwurzelt und in Ketten nach Amerika gebracht hat. Nur dass die Kritiker des Hip-Hops jetzt behaupten, dass die Ketten, die uns binden, eher mentaler und psychologischer denn physischer Natur sind. Und die Ur-Ur-Urenkel von Sklaven, die für ihre Freiheit kämpften und hofften, dass ihre Nachkommen aus der Versklavung fliehen würden, statt sie bereitwillig anzunehmen, erschaffen jetzt die Bilder, die unseren Stand in der Gesellschaft zunichtemachen. »Musikvideos sind der Grund dafür, dass Menschen aus aller Welt Afroamerikaner als gewaltaffine Frauenhasser sehen, die sich nur mit promiskem Sex und Prestigekonsum befassen«, sagt der Schriftsteller Khephra Burns. »Trotz jahrelanger Bemühungen, uns von den negativen Darstellungen zu distanzieren, in denen Weiße uns einst skizzierten, sind wir nunmehr an einem Punkt angelangt, an dem wir selbst der

Welt ein solches Bild von uns malen.« Stanley Crouch erkannte einen noch düsteren Effekt der unerbittlich negativen und stereotypischen Darstellung von Schwarzen: »Du kannst dich mit Leuten unterhalten, die die ganze Welt bereist haben, und sie werden dir sagen, dass die Verachtung gegenüber schwarzen Menschen in den letzten zwanzig Jahren beeindruckende Ausmaße angenommen hat«, sagte er mir. »Du und ich haben vielleicht ein völlig anderes Erleben, aber wenn wir Anfang zwanzig wären, sähe die Sache anders aus. Die Leute würden sagen ›Oh weh, da kommen sie‹ und argwöhnisch die Straßenseite wechseln. Und das passiert überall auf der Welt.«

Burns und Crouch liefern gewichtige Argumente hinsichtlich der tödlichen Konsequenzen, die entstehen, wenn Äther und TV-Bildschirme mit diesen selbstherabwürdigenden Vorstellungen schwarzen Lebens geflutet werden. Es besteht kaum ein Zweifel daran, dass das genau den Effekt hat, den sie beschreiben – wobei einzuwenden ist, dass Erscheinungsbilder und Worte von gerade erst postadoleszenten Entertainern mitnichten als geeignete Grundlage für eine weltweite Abbildung schwarzen Lebens herhalten können. Das soll nicht in Abrede stellen, dass ein einziges Video eines Rap-Künstlers internationale Grenzen erfolgreicher niederreißen kann als einhundert Bücher rechtschaffener Autoren. Ebenso wenig ist die große Verantwortung zu leugnen, die solche Künstler tragen, wenn sie die weltweit kursierenden, hasserfüllten und ignoranten Meinungen über Schwarze entweder bestätigen oder bekämpfen. Aber das ist ja gerade der springende Punkt: Diese Meinungen sind Teil der uralten Vermächtnisse von Kolonialismus, Rassismus und Regionalismus; Vermächtnisse, die sich hartnäckig halten, trotz aller Bemühungen von Intellektuellen, Künstlern und Führungsfiguren, sie zu zerstören. Ist es denn fair von DMX zu erwarten, dass er erreicht, was W. E. B. Du Bois nicht zu erreichen vermochte? Oder von Tupac, dass er Erfolge einfährt, wo Erzbischof Desmond Tutu scheiterte? Die komplexe Beziehung zwischen Kunst und sozialer Verantwortung ist offensichtlich, aber wir sollten uns davor hüten, Künstler mit unrealistischen oder gar ungerechten Erwartungen zu überfrachten.

Ihr außergewöhnlicher Einfluss steht außer Frage, aber genau jenes Argument, das häufig gegen sie angeführt wird – dass sie keine Politiker, keine Anführer, keine politischen Entscheidungsträger sind, sondern lediglich Entertainer, die poetische Versmaße aneinanderreihen –, wird oft geflissentlich übergangen, wenn es sich zum Vorteil der Hip-Hopper auswirken könnte.

Diese Erkenntnis ändert nichts an den beunruhigenden Auswüchsen dieser Jugendkultur, die es verdienen, eingehender betrachtet zu werden. Ein Beispiel dafür ist Tupacs entschiedene Bejahung des *thug life*. In dem 1995 im Gefängnis aufgezeichneten Interview erklärte Tupac, dass »es kein Image ist; es ist einfach ein Lebenswandel; es ist eine Geisteshaltung«. Ihm zufolge ist das Leben als *thug* »eine Phase, die wir alle durchmachen. Das ist für weiße Kids und reiche Kids genauso. Die gehen an die Militärakademie oder zum ROTC [Ausbildungskorps für Reserveoffiziere], oder sie nehmen all ihren Wagemut, ihre Energie, und gehen damit zum Militär. Und als junger schwarzer Mann, als Puerto-Ricaner oder hispanische Person, musst du all das auf der Straße rauslassen; da wandern unsere Energien hin«. Tupac sagt über seine *thug life*-Mentalität: »Meine Art zu leben und meine Geisteshaltung waren Teil meiner Entwicklung hin zum Mann.«

In Outtakes aus einem Interview, das er und Snoop Dogg MTV gaben, erklärt Tupac, was er meint, wenn er vom *thug life* spricht. »Es geht nicht um die Art Gangster, die Leute ausrauben, denn das tue ich nicht«, sagt Tupac. »Ich meine, ich habe keine Angst davor zu sagen, wie ich mich fühle. Ein Teil [des *thug life*] ist es, für die eigenen Verantwortlichkeiten einzustehen und zu sagen ›Das ist es, was ich tue‹, auch wenn ich weiß, dass die Leute mich hassen werden und sagen ›Das ist politisch total un-korrekt‹ und ›Wie könnt ihr schwarze Menschen nur so hinstellen? Wisst ihr denn nicht, wie albern ihr ausseht mit eurem Geld und den Mädchen und dem ganzen Kram?‹ Das ist es, was ich tun will. Ich möchte mir selbst gegenüber ehrlich sein.« Tupacs Mentor in Sachen *thug life*, der West-Coast-Rapper Big Syke, hat mir eine eloquente und schlichte Definition der Wörter *thug* und *outlaw* geliefert – noch so ein

Begriff, den Tupac sich zu eigen gemacht und umgewandelt hat [und der sich sowohl mit »Geächteter« als auch mit »Gesetzloser« übersetzen lässt]. »Ich nenne *thugs* die Niemande«, so Syke, »weil wir niemanden außer uns selbst haben, wenn wir Hilfe brauchen. Und *outlaw* ist, wer schwarz und Teil einer Minderheit ist. Punkt.«

In einer Unterhaltung mit dem Kulturkritiker Vijay Prashad habe ich noch viel mehr über die komplexen Wurzeln des Wortes *thug* gelernt. »Es ist sehr klar, dass das Wort *thuggee* ein nordindisches Wort ist«, erklärt er mir. »Vermutlich stammt es aus dem Marathi, das im westlichen Indien gesprochen wird, aber das ist nicht gesichert.« Ein Brite namens General William Henry Sleeman hatte es sich zur Mission gemacht, die Thuggee-Bruderschaft in Indien auszulöschen. Während der frühen Tage des Britischen Empire gab es einen Anstieg im Handel mit Goldbarren, und Banditen stromerten durch die Landschaft, um Händler zu überfallen und ihnen die Einnahmen zu stehlen. Sleeman behauptete, die Thuggee, auch Thugs genannt, seien Jünger der Göttin Kali. Sie pflegten sich Handelskarawanen anzuschließen, um ihre Dienste anzubieten – zum Beispiel als Koch oder Zuständiger für die Getränkeversorgung. Oft betäubten sie die Händler und erwürgten sie dann mit einem *Rumāl* genannten Tuch, das ein Würgemal am Hals der Opfer hinterließ. Prashad vermutet, dass es drei mögliche Wege gibt, wie das Wort seinen Weg in die Vereinigten Staaten gefunden haben könnte: »Die naheliegendste Antwort ist, dass Sleemans Werk in den USA bekannt war«, sagt er. Sleeman ist Autor eines weitverbreiteten Sachbuches über Indien. Die Bekanntheit des Buches beschränkte sich jedoch auf den weißen Mainstream. Prashad hält es auch für möglich, dass das Wort ein schwarzes Publikum erreicht haben könnte, indem Auszüge des Textes im *Colored American* und anderen mit der schwarzen Kirche assoziierten Zeitungen abgedruckt wurden – denn die schwarze religiöse Presse war an Indien sehr interessiert. Der dritte mögliche Weg führt über die Karibik, denn in der zweiten Hälfte des 19. Jahrhunderts zog es viele Menschen aus dem östlichen Indien in die Karibik. Da es klare Verbindungen zwischen schwarzen und ostindischen Religionen gibt – zwischen dem Rastafarianismus und dem Shivaismus, in dem die Göttin Shiva angebetet wird –, gab es auch einen kulturellen Austausch, wobei das Wort *thug* in den karibischen Wortschatz eingewandert ist.[24]

Angesichts des deutlichen karibischen Einflusses auf die Entwicklung des Rap – Kool DJ Herc, eine der strahlenden Gründungsväter des Genres, war aus der Karibik in die Bronx emigriert, wo er die Freiluft-Feste West-Indiens in die Hinterhöfe seiner amerikanischen Nachbarschaft überführte –, hat das Wort *thug* in der schwarzen Populärkultur einen spezifischen Klang. »Im musikalischen Kontext klingt es perfekt«, so Prashad. »Es funktioniert besser als ›Gangster‹, was einen zu starken Bezug zur Mafia hat. Der *thug* ist eine alternative Art von Gangster; er ist ›unsere‹ Art von Gangster. *Thug* ist ein einzigartiges Wort; man kennt es und gleichzeitig kennt man es doch nicht. Es hat einen Beigeschmack.«

Als ich Prashad erzähle, dass Tupac den Begriff *thug life* tatsächlich zu einem Akronym gemacht hat – »The Hate U Gave Little Infants Fucks Everyone« [sinngemäß: »Der Hass, den ihr kleinen Kindern gegeben habt, macht alle kaputt«] –, stimmt er der forsch-subjektiven Interpretation des Rappers zu: »Das ist eine wunderbare Interpretation, denn das Wort *thug* bedeutet dann in Tupacs Akronym »Der Hass, den du gegeben hast«, auch wenn es für die Jungs, die es zuerst verwendeten, nur ein einheimisches Wort war. Schließlich ist es der aufgrund der Einflussnahme des Empires einsetzende Devisenhandel, der die Banditen auf den Plan ruft. Da gibt es also einen wahren Kern.« Prashad beendet unsere Unterhaltung, indem er mir von seinen Erfahrungen mit einigen afrokaribischen und afroamerikanischen Jugendlichen erzählt. Sie saßen auf seiner Veranda, als einer von ihnen sagte, wie *thug* er sei. Das weckte Prashads Aufmerksamkeit. »Ich erinnere mich noch, wie ich mich mit ihnen unterhielt und sagte: ›Ihr kennt das Wort? Ich bin damit gut vertraut.‹« Die Jugendlichen machten sich über Prashads ostindischen Akzent lustig, und das führte dazu, dass Prashad und die Schüler anfingen, »mit Worten und Sprache herumzuspielen«. Prashad gab ihnen einen kurzen Abriss der Geschichte des Wortes, das sie da benutzten – ein Wort, das mindestens drei Kulturen miteinander verband. »Sie fanden die Story, die ich ihnen erzählte, spannend, und wir hatten diesen Austausch und ich sagte: ›Durch dieses Wort sind wir Teil voneinander.‹«[25]

Auch Toni Morrison hatte »Respekt dafür, wie das Rap-Genre mit der Sprache umgeht«. Morrison war sich des »schlechten Einflusses« von »Leuten, die Rap machen, um Aufmerksamkeit zu erheischen« bewusst, aber sie verstand auch die dringliche Rolle, die der Rap für Jugendliche spielt – als Kunstform, die wichtige Informationen vermittelt. »Das ist wie eine Unterhaltung unter und zwischen schwarzen Jugendlichen von einem Teil des Landes zum anderen hin. ›Wie unterscheiden sich die Dinge in Detroit von denen in L.A. oder New York?‹« Morrisons Blick auf den Hip-Hop war ein bewundernswert internationaler, wodurch sie ein Verständnis für die inspirierende und subversive globale Tragweite des Genres hatte. »Allein zu sehen, was in Europa mit dem Hip-Hop passiert ist, ist erstaunlich«, sagte Morrison mir. »Als ich in Frankfurt war – damals das Zentrum der Rap-Musik in Deutschland – bekam ich ein paar unglaubliche Rap-CDs von einem türkischen Mädchen, das deutschsprachige Musik machte.« Was Hip-Hop überall auf der Welt ausmacht, ist laut Morrison die Tatsache, dass er von »den ›Anderen‹ innerhalb des Imperiums« stammt – in Deutschland zum Beispiel oft von türkischstämmigen Musikern, in Frankreich von Menschen mit algerischen und nordafrikanischen Wurzeln –, die einen tiefschürfenden Wandel im Diskurs des Landes einläuten. »Zunächst einmal verändern sie die Sprache, auch wenn das niemand zugibt«, so Morrison. »Aber genau daher kommt die Energie. […] Es geht um die Notwendigkeit für junge Leute, miteinander in einer Sprache zu reden, die nicht die falsche Sprache der Presse ist. Diese Art von Konversation beschneidet die Gedanken im Allgemeinen. In der Sprache der Jugend kommt ein Dialog zustande.« Doch Morrison wusste auch um die essenziellen *musikalischen* Elemente, die den Rahmen des Sprachgebrauchs darstellen. »Die Tatsache, dass das auch eine Musik ist, zu der man nicht stillsitzen kann – sie *bringt* dich regelrecht *auf* –, macht sie so mitreißend.« Natürlich war sich Morrison der kontroversen Themen bewusst, die im Hip-Hop angeschnitten werden: »Die naheliegendsten Themen sind immer Sexualität und Gewalt.« Morrison vertrat die Meinung, dass das Establishment solch ein Reden nur zulässt, »wenn es isoliert auftritt, so wie bei Shakespeare, Chaucer oder Boccaccio. Was man im *Dekameron* findet, waren absolut empörende, provokative Geschichten in einer entsprechenden Sprache. Es heißt immer, man wolle eine sichere Sprache, aber so ist das mit dem Establishment eben: Die Themen des Rap würden nicht verächtlich gemacht oder kontrolliert werden, wenn sie nicht diese Qualität hätten.« Als Abschiedsgedanken stellte Morrison mir eine faszinierende Frage – sie meinte es ganz sicher humorvoll, sie brachte die Frage nur unter Kichern hervor, aber wie man hier sieht, zückte ich innerlich sofort den Schreibstift. Sie fragte:»Gibt es irgendeine andere Gruppe von Gangstern oder Räubern oder wie immer man sie nennen möchte, die Musik gemacht hat? Allein die Vorstellung, eine Kunstform zu schaffen, während man bei der Sache ist ...« Noch bevor Sie diesen brillanten Gedanken zu Ende führen konnte, brachen wir beide in Gelächter darüber aus; eine so irrsinnige wie berechtige Frage, die sie auch noch mit einer Referenz an folkloristische Musik garniert: »So etwas können doch wirklich nur Schwarze bringen, oder? Ich weiß ja nicht, wie weit man das treiben kann. Es gibt Legenden über Gangster des Mittelalters und Robin Hood, aber es ist doch faszinierend, wenn man tatsächlich seine eigene Kunstform [aus diesem Lebenswandel heraus] entwickelt, während man mittendrin steckt.«[26]

Tupac, Syke, Prashad und Morrison werfen ein bezeichnendes Licht auf die komplexe Weise, in der der *thug*, der *outlaw*, der *pimp* [dt. Zuhälter] und ihresgleichen im Hip-Hop evoziert werden – bedeutungsschwer und spielerisch. Es stimmt schon, dass Tupac versuchte, die Welt glauben zu lassen, dass er wirklich sei, wer er auf seinen Alben kundtat zu sein. Aber in mancherlei Hinsicht – die Betonung liegt hier auf *mancherlei* – war selbst das ein Schauspiel im besten Sinne des Wortes, ein geniales künstlerisches Kalkül zur Erschaffung einer Persona, einer Selbstinszenierung. Denn immerhin fällt das Erschaffen einer Persona in den Zuständigkeitsbereich der Kunst – sowie in jenen der Politik, des Predigens und jedes anderen Bereiches, in dem die Performance von entscheidender Bedeutung für die Selbstdefinition und die Vermittlung von Ideen ist. Jedoch negieren wir zu häufig das künstlerische Milieu, in dem Rapper sich bewegen, und verfallen stattdessen in dröhnende Wortklauberei. Der Historiker Robin Kelley verweist darauf, wenn er über Miles Davis und die Notwendigkeit einer differenzierteren Betrachtung von Kunst und Persona spricht, selbst wenn es dabei um kontroverse Figuren wie den *pimp* geht. »Woran liegt es, dass wir Miles noch immer lieben, obwohl er eine so böse Figur ist?«, fragt Kelley. »Das liegt daran, dass das Zeug, das so romantisch – und böse – ist, in der Figur des *pimp* ein stimmiges Bild ergibt. Was ich damit sagen will: ›Dreht den Spiegel um und schaut euch selbst an, wenn ihr die Musik hört.‹ Und das ist hochgradig romantisch, denn die *pimps*, die wirklich großen, sind es auch.« Kelley geht es nicht darum, die Zuhälterei zu entschuldigen. Es geht ihm viel mehr darum, dass kulturelle Schöpfungen eine Vielzahl von Bedeutungen haben, von denen sich keine einzige überstrapazieren oder außer Kraft setzen lässt, indem man an das verantwortungsbewusste Verhalten des Künstlers appelliert. (Tatsächlich existiert Bedeutung in der Kunst oftmals losgelöst von Wunsch und Wollen ihres Schöpfers.)

»Ich glaube, ich bin diese Frage leid, was heilsbringend und was problematisch ist«, so Kelley. »Wir müssen dafür gar nicht auf den Hip-Hop schauen. Wir können uns auch einfach irgendwas ausdenken.« Kelley behauptet, dass eine künstlerische Darbietung »beides gleichzeitig ist«, und dass die wichtigere Frage lautet: »Warum sind wir davon noch immer fasziniert? Wenn wir moralisieren und sagen: ›Es ist nichts Erlösendes an einer Sache zu finden, und deshalb sollten wir daran rumnörgeln‹, dann verrät uns das nicht wirklich etwas darüber, wie die Menschen denken.«[27]

Sich die Zeit nehmen zu lernen, was unsere Jugend denkt und weshalb sie die Kunst kreiert, die sie kreiert, erfordert ein Vermögen zur Urteilsaufschiebung, das den meisten Erwachsenen abgeht. Ihnen geht es darum, sich der Legitimität ihrer Moralkritik zu versichern, indem sie schnelle und wohlfeile Urteile über die Kunstform fällen. Viele Kritiker des Hip-Hops haben nicht die sittliche Geduld, sich in das beachtliche Spektrum von Entscheidungen, Konflikten und Dilemmata einzufühlen, dem sich viele verarmte schwarze Jugendliche stellen müssen. Tupac wirkt auf Millionen junger Menschen so ungemein anziehend, weil er die widersprüchlichen Posen einer reifenden schwarzen Identität mit elektrisierendem Überschwang und brutaler Ehrlichkeit artikuliert. »In meiner Musik geht es meistens darum, die Wahrheit zu sagen«, sagt Tupac in jenem Interview, das im Gefängnis aufgenommen wurde. »Ich versuche, von den Dingen zu erzählen, die mich betreffen und die unsere Community betreffen. [...] Manchmal bin ich der Beobachter, manchmal bin ich der Teilnehmer, und manchmal sind es einfach Allegorien oder Fabeln, denen ein Thema zugrunde liegt.« Tupacs Allegorien und Fabeln haben auf die Generationen seiner Eltern und Großeltern größtenteils befremdlich gewirkt und auf diese Weise die immer bedrohlichere Kluft zwischen den Generationen betont.

Es ist beinahe egal, welchen Maßstab man anlegt – die Gräben zwischen älteren und jüngeren Schwarzen sind ungeheuer, ja furchteinflößend. Selbstverständlich hat es immer schon Auseinandersetzungen zwischen den Generationen gegeben. Viele ältere Schwarze stießen sich immer wieder an Kleidung, Sprache und Haarmode der jüngeren Schwarzen. Andererseits verurteilten viele jüngere Schwarze die konservativen Werte und die angepassten sozialen Existenzen, für die die Mehrheit der Älteren sich entschieden hatte. Diese Meinungsverschiedenheiten sind mitnichten verschwunden. Es scheint vielmehr, als sei jede Epoche verpflichtet, sich beim Malen eines aktualisierten Porträts ihrer Generationsmisere der lokalen Gegebenheiten und Farben zu bedienen. War es in den Siebzigerjahren die Afrofrisur, die Anlass zu Verärgerung gab, so riefen in der Haarmode der Neunzigerjahre die Twists und Braids in konservativen wie auch in unternehmerischen Kreisen der Schwarzen Abscheu hervor. Und als wäre die Mode der Siebziger mit ihren Schlaghosen und Plateausohlen nicht schon Zumutung genug gewesen, war es später die sackartig getragene Mode der Jugend – übergroße Shirts, ungeschnürte Schuhe und gürtellos getragene Hosen, die so weit herunterhängen, dass der Gluteus maximus auslüften kann –, die die Alten besonders deswegen aufbrachte, weil dieser Style angeblich von Gefängniskluften inspiriert war.

Auch wenn unser Verständnis dieser Konflikte geprägt ist durch die spezifischen Umstände schwarzen Lebens im neuen Jahrtausend – ein beispielloses Wachstum der schwarzen Mittelklasse, sich in erschütterndem Maße ausbreitende Armut in den Ghettos, eine Neustrukturierung der Branchen, die Schwarze in großer Zahl beschäftigen, anhaltende Drogenkriminalität und Kriminalität im Allgemeinen, Kapitalflucht, die zunehmende Technologisierung von Arbeitskraft –, so treten sie doch, in der einen oder anderen Form, in jeder Generation zutage.[28]

Was [im ersten Jahrzehnt des neuen Jahrtausends] neu und besonders besorgniserregend *ist*, ist die schiere Feindseligkeit, die das Verhältnis zwischen älteren und jüngeren Schwarzen beschädigt. Zum vielleicht ersten Mal in unserer Geschichte empfinden Schwarze jenseits der dreißig Furcht und Verachtung der schwarzen Jugend gegenüber. Diese Erkenntnis wiegt umso schwerer, wenn wir uns vergegenwärtigen, dass *die Hälfte* des schwarzen Amerikas, etwa 17 Millionen Bürgerinnen und Bürger, unter dreißig ist. Das bedeutet auch, dass die Hälfte des schwarzen Amerikas in einem Zeitalter verwirrender schwarzer »posts« herangewachsen ist: post-bürgerrechtsbewegt, postmodern, postindustriell und post-babyboom. Die Alterskluft in den schwarzen Communitys lässt sich größtenteils durch das Chaos erklären, das älteren Schwarzen begegnete, als sie um Gerechtigkeit und Gleichstellung sowie um ihren gesellschaftlichen Aufstieg kämpften. Schwarze, die ihre Zähne an den sehnigen Fasern gewaltsam-rassistischer Unterdrückung abgewetzt haben, zeigen wenig Verständnis für die Klagelieder über Ungerechtigkeiten, die aus den eher privilegierten Vierteln tönen: schwarze Yuppies, die nicht wissen, wie man ein Taxi anhält, oder verhätschelte Studenten, die sich über rassistische Kränkungen echauffieren, denen sie an ihrer Elite-Universität ausgesetzt sind. Ebenso wenig haben ältere Schwarze – egal ob vehemente Integrationsbefürworter oder radikale Nationalisten – Verständnis für »Der Teufel hat mich verführt«-Theorien, die angeführt werden, um das kriminelle Gebaren und den sozialen Verfall innerhalb schwarzer Communitys zu rechtfertigen. Schließlich war es Zweck der Bürgerrechtsbewegung und der Black-Liberation-Bewegung, gesunde schwarze Communitys zu fördern, unbefleckt von der Hegemonie der Weißen. Diese Kämpfe dienten nicht der Rechtfertigung von *thugs*, die anderen Schwarzen Schaden zufügten. Auch verkannten sie nicht die moralischen Defizite jener, denen Rassismusvorwürfe nur ein Mittel dazu waren, von ihren eigenen Verfehlungen abzulenken.[29]

Für viele ältere Schwarze verkörpert Tupac die Ablehnung althergebrachter schwarzer Werte wie Hoffnung und ein positives Bewusstsein – Werte, die schwarze Menschen miteinander verbanden, ungeachtet von Geografie und Generation. Tupacs ostentative Hoffnungslosigkeit – er bekräftigte seine depressive Haltung, indem er wiederholt erklärte: »Ich bin hoffnungslos« – sowie sein auf das Negative fixierte Sozialverständnis verschlimmerten nur den Krieg der Generationen, der das schwarze Amerika heimsuchte. Als »Bruder aus einer anderen Genreration, komme ich nicht umhin, Tupac zuzustimmen, vielleicht nicht vollkommen objektiv, aber doch mit Blick auf das größere Ganze – wenn ich den Wald sozusagen aus der Vogelperspektive betrachte statt zwischen lauter Bäumen stehend«, so Khephra Burns. »Und was ich in der Regel höre, sind Worte, die durch unsere Communitys, unsere Familien und unsere Leben schießen wie Maschinengewehrsalven.« Burns zufolge ist Tupac voll von »Zwietracht, Tod und Rache« gewesen.

Bischoff T. D. Jakes sieht Tupac als Sinnbild einer schwarzen Sozialdesintegration, die das ausgehende 20. Jahrhundert prägte – eine Gesamtsituation, die so ganz anders war als alles, was vorige Generationen ihren Nachkommen hinterlassen hatten. Jakes berichtet, dass dieses Jahrhundert »mit dem Klang von Revolverschüssen endete, die in den Straßen der schwarzen Kultur Amerikas widerhallten«. Er beklagt, dass »der Leichenwagen die Überreste eines jungen Mannes davongetragen hat, den unsere Kinder betrachtet, bewundert und in gewisser Hinsicht vielleicht sogar nachgeahmt haben«. Jakes zufolge »hätten die Schüsse ein Weckruf für uns sein sollen, der verdeutlicht, dass unser kulturelles Schritttempo und unsere Agenda nun von jungen Männern bestimmt wurden, die sich bestenfalls schlingernd durch die Welt bewegten«. Dieses Szenario vergleicht Jakes mit einer früheren Epoche schwarzer Kämpfe und Errungenschaften. Ihm zufolge ist unser gegenwärtiges Dilemma »etwas völlig anderes als die vorangegangen Jahrzehnte, als die Vorbilder, die unsere Ehrfurcht weckten, die Welt aufrüttelten – so wie Martin Luther King, Rosa Parks, Medgar Evers und viele andere«. Unglücklicherweise seien diese »Giganten des schwarzen Glaubens ersetzt worden durch junge Männer, deren Talent sie nach oben gebracht hat, sodass Amerika ihnen zu früh Gehör schenkte. Sie hatten mehr Talent, als dass sie eine Aussage hatten.«

Und auch wenn die Musik der Jugend schon immer die Eltern empörte, die sich weigerten hinzuhören – weil die Lieder, vom Rock bis hin zum Jazz, die Moral verletzten oder sexuell anzüglich waren –, so ergeben sich doch üble Konsequenzen aus dem hier geäußerten Verweis auf eine schwarze Jugend, der mit Hass und Angst begegnet wird. Traurigerweise impliziert er, dass es ein Übereinkommen gibt zwischen den regressiven Kräften, die schwarze Menschen im Allgemeinen ins Visier nehmen – konservative Kritiker, die unsere moralische Laxheit, unsere sexuelle Lockerheit anprangern und die uns unterstellen, wir seien vom Thema Rassismus besessen – und Schwarzen, die glauben, dass der Hip-Hop unsere Pathologien auf den Präsentierteller packt. Viele ältere Schwarze scheinen nicht zu verstehen, dass dieselben Leute, die die Rassentrennung und die wirtschaftliche Schlechterstellung der Schwarzen für angebracht hielten, heute ins Feld ziehen, um ihre Kinder hinter Gittern zu bringen. Und häufig verweisen diese Leute dabei auf die maßlosen Ausschweifungen des Hip-Hops, um ihr Handeln zu rechtfertigen – mit einer schwarzen Autoritätsfigur im Hintergrund, die ihnen buchstäblich oder im übertragenen Sinne beisteht. Tupac war ein unwiderstehliches Beispiel dafür, wie selbstzerstörerisch und absolut unverbesserlich unsere Jugend geworden ist. Zu oft sind die Erklärungen, die wir für das verstörende Verhalten junger Menschen wie Tupac suchen, von unzureichender Differenziertheit. Beweis dafür ist eine verständliche, aber beklagenswerte Frage, an der wir uns festbeißen: Hat der Hip-Hop zu verabscheuenswürdiger Gewalt geführt oder reflektiert er diese lediglich?

Allein die Frage schon adaptiert die Entweder-oder-Weltsicht, die eine vernünftige Antwort auf unser Dilemma erschwert. Selbstverständlich ist Hip-Hop inzwischen von Gefahr vergiftet, was Tupacs Leben und seine Karriere umfassend belegen. Die brachialen Metaphern des Hip-Hops, seine profanen Texte und die reale Verkörperung von Gangsterfantasien sind in mancherlei Hinsicht gruselig. Es bringt nichts, die schwarze Jugend für ihre Gewaltneigung zu tadeln. Unsere Nation gibt sich dieser Neigung im großen Stil hin, wie bereits ein kurzer Blick auf die Geschichte der Popkultur zeigt. Das gilt aber nicht nur für die Popkultur. Gewalt ist das Fundament, auf dem die amerikanische Gesellschaft errichtet wurde – von der weitreichenden Zerstörung der Kultur der Native Americans bis hin zur Versklavung von Afrikanern. »Amerika ist ein Land der Gewalt«, sagte Tupac in seinem Gefängnis-Interview. »Wozu sind die USA denn gerade in Bosnien eingeflogen? Wir haben da nichts verloren.« Indem er das Handeln Amerikas mit den zerstörerischen Folgen von Bandengewalt vergleicht, führt er aus: »Amerika ist die größte Gang der Welt. Schaut euch an, was sie mit Kuba gemacht haben, als die anderer Meinung waren. [[...] Sie haben sie] von der Welt abgeschnitten.«

Das ist mitnichten eine Rechtfertigung für die künstlerische Überhöhung von Mord oder Gruppensex, wie man sie in Tupacs Texten finden kann. »Als Rapper verkörperte Tupac viele der verabscheuungswürdigsten Elemente der amerikanischen Jugend, auch wegen der afroamerikanischen Erweiterung dessen, was ich anarchistische Individualität nenne«, sagte Stanley Crouch, »und das bedeutet: Ich zuerst.« Für Crouch zeigte sich Tupacs anarchistische Individualität in destruktivster Form, wenn er in Texten, die Mord und Todschlag propagieren, das Gangsterleben glorifiziert und dadurch für leicht beeindruckbare Jugendliche die Hemmschwelle senkt. »Das kann man nicht alles Tupac in die Schuhe schieben«, so Crouch. »Aber ich will damit sagen, dass sein Leben, sein Tod und sein Verhalten sowie das Verhalten der Leute in seinem Umfeld etwas zutiefst Verstörendes repräsentieren.« Crouchs Einwand unterstreicht die dringende Notwendigkeit, sich dem Problem nicht nur rhetorischer, sondern auch tatsächlicher Gewalt anzunehmen, deren Ursachen sich nicht ausschließlich oder hauptsächlich in der Hip-Hop-Kultur finden lassen. Auch wenn Crouch hart mit Tupac ins Gericht ging, vermied er es doch, ihn direkt für die Geißel der Gewalt in der Kultur oder auch nur in den schwarzen Communitys verantwortlich zu machen. »Das alles bedeutet nicht, dass die schrecklichen Lebensumstände, in denen bestimmte Leute aufgrund ihrer Armut ausharren müssen, nicht irgendwie zur Sprache gebracht werden sollten«, so Crouch. »Das ist nichts, was man ignorieren sollte. Das ist völlig unverantwortbar.« Der schwarzen Jugend die Schuld an der sozialen Gewalt zu geben, zeugt von schlimmster Sündenbock-Mentalität. Da die Hip-Hop-Kultur gerade mal eine Generation alt ist, das Phänomen schwarzer Gewalt aber viel älter, ist der Vorwurf, Hip-Hop habe das Feuer der Gewalt gelegt, unbegründet. Doch auch wenn der Hip-Hop die Gewalt nicht erfunden hat, kann man ihn dafür zur Rechenschaft ziehen, sie propagiert zu haben. Gewalt ist nicht zu entschuldigen, auch nicht als Reaktion auf tödlichere, wenngleich weniger sichtbare Formen von Gewalt (wie zum Beispiel Rassismus oder wirtschaftliche Ungleichheit); ganz bestimmt aber ist sie Anlass, die Probleme zu lösen, auf die die schwarze Jugend reagiert.

Wir sollten auch die Ungleichbehandlung nicht übersehen, die vorherrscht, wenn es darum geht, gesellschaftliche Gewalt und ihr popkulturelles Pendant zu thematisieren. Es ist längst eine Binse, dass Bruce Willis, Arnold Schwarzenegger, Tom Cruise und eine Reihe anderer großer weißer Stars nicht annähernd dieselben rhetorischen Prügel einstecken müssen, mit denen Hip-Hop-Stars regelmäßig überzogen werden. »Tarantino zum Beispiel, wenn der seine Filme rausbringt, sind das immer Gangsterfilme und sie sind immer gut und werden von der Kritik gelobt ... und sie sind sehr kreativ«, sagte Tupac 1996 in einem

Outtake seines Interviews für MTV. »Aber wenn wir genau das Gleiche ohne Bilder machen, komplett auf Vinyl, aber genauso überzeugend ... uns behandeln sie wie den Überbringer schlechter Nachrichten und ihn behandeln sie wie König Salomo.« Tupac sprach auch über das Video für seinen mit Snoop Dogg aufgenommenen Rap-Song »2 of America's Most Wanted«, bei dem er selbst Regie geführt hat. Das Konzept des Videos war Tupac zufolge inspiriert von der Kritik, die er und Snoop Dogg einstecken mussten, weil sie Gangster darstellten und mit ihrem Gangsta-Rap angeblich den Äther verschmutzten. »Wir wollten einen Spiegel hochhalten, um euch zu zeigen, wo wir dieses ganze Gangster-Gehabe herhaben«, so Tupac. »Also haben wir all diese Szenen aus Filmklassikern genommen, in denen Gangster vorkamen ... keine Gangster, die Doo Dirty und Snoop Dogg und Tupac heißen ... sondern Gangster namens Lucky Luciano und Don Corleone und John Caddy, Al Capone und ›Smitty‹ D'Angelo.«

Die naheliegende Antwort darauf ist natürlich, dass diese weißen Stars nicht versuchen, die Rollen, die sie da spielen, im echten Leben nachzuahmen. »James Cagney, Edward G. Robinson, Clint Eastwood, John Wayne, Sylvester Stallone, Arnold Schwarzenegger, Bruce Willis – nicht einer von denen hat je in der Öffentlichkeit eine Kugel abbekommen«, so Crouch. Als ich ihm gegenüber *Die Sopranos* erwähnte – die enorm erfolgreiche und vielgeliebte TV-Show –, sprang Crouch sofort darauf an. »Tony Soprano bleibt von der ersten bis zur letzten Episode ein Monster«, sagte er. »Das Geniale an der Serie ist doch, dass sie dir zeigen: Ja, dieser Mann ist ein menschliches Wesen, aber er ist ein Soziopath. Er ist ein Raubtier. Er ist sadistisch. Er ist ein Mörder. [Serienschöpfer] David Chase macht aus all diesen Eigenschaften keinen Hehl, und er lässt es auch nicht so aussehen, als würde von dir erwartet, das gut zu finden. Aber es zeigt eben wie komplex die Dinge sind.« Crouch zufolge ist Tony Soprano, die Hauptfigur der Serie, voller Angst wegen des Lebens, das er führt. »Er trägt immer noch all diese Schuld mit sich, weil das, was er macht, absolut abgefuckt ist. Aber all das rechtfertigt seine Taten nicht.« Crouch drängte nach meiner Meinung: »Du bist doch ein Experte auf dem Gebiet. Mir fallen keine Rapper ein, die wirklich öffentlich infrage stellen, was zur Hölle sie da tun.«

Wenn man ihn in seiner gesamten lyrischen Bandbreite betrachtet, ist Tupac eine solche Figur, behaupte ich. Dass er uns einen solch kraftvollen, komplexen, panoramaartigen Blick auf das Erleben junger Schwarzer geboten hat, ist einer der Gründe, warum er aus der Masse der Rapper hervorsticht. »Wenn du den Weg eines Aktivisten einschlagen willst, dann findest du in seinen Texten etwas für dich«, sagte Everett Dyson-Bey, der maurischer Tempelprediger und Häftling gewesen ist. »Wenn du den Weg eines *thugs* einschlägst, dann findest du dort auch etwas. Dass er die Brücke von einem Ende zum anderen geschlagen hat, dass er diese Gegensätzlichkeit bediente, vom Positiven in das Negative, das sprach so viele Leute mit so vielen unterschiedlichen Backgrounds an.« Aber Tupac hinterfragte immer wieder seine Richtung, indem er seine Texte mit Charakteren anfüllte, die gleichermaßen Opfer und Verbrecher waren; Charaktere, die *thugs* waren und Gott anflehten, er möge sie durch die Minenfelder der Selbstzerstörung hindurchführen; Charaktere, die das Ghetto verließen, während andere zurückblieben; Charaktere, die nach dem Grund ihres Leids fragten, obwohl sie selbst anderen Leid zufügten. In diesen Nebel morbider Gegensätze hinein ließ Tupac das Licht seiner dunklen, grüblerischen, in sich gekehrten Seele scheinen; er weigerte sich, die Augen vor dem Elend, das er sah, zu verschließen; er riskierte alles, um Zeugnis von dem Schmerz ablegen zu können, den er verstehen wollte und verstetigte. In einem Wort bieten *Die Sopranos*, so formuliert es Ernest Becker, eine »Anthropodizee«, in der wir einander für das Leiden und das Böse verantwortlich machen, das wir uns aufbürden, wohingegen Tupac gegen eine Theodizee ringt – das Bemühen, den Glauben an Gott mit dem herrschenden Übel in Einklang zu bringen, was im Grunde genommen den Versuch darstellt, das Leiden derer zu erklären, die er liebte.

Crouch mochte im Recht sein, was die illustre Truppe an Gangster-Darstelllern anbelangt, von denen jenseits der Kamera kein einziger je in den Lauf einer Pistole blicken musste; jedoch geraten vermutlich ebenso viele weiße Schauspieler und Sänger in Konflikt mit dem Gesetz, wie es bei schwarzen Rap-Künstlern der Fall ist. Unter zahllosen anderen Namen finden sich Robert Downey Jr., James Caan, George Michael, Hugh Grant und Axl Rose auf dieser Liste. Und wer glaubt, Tupac und Biggie seien die Ausnahme von der Regel, der sei an James Dean, Sal Mineo, Kurt Cobain und Bob Kane erinnert. Ebenso hatten heute verehrte schwarze Stars aus früherer Zeit, darunter Little Willie John, Frankie Lymon und Sam Cooke, Scherereien mit dem Gesetz. Flavor Flav, Ol' Dirty Bastard, Bobby Brown und Konsorten können Legenden wie Marvin Gaye, Wilson Pickett oder auch James Brown nicht das Wasser reichen, was die eigenen Schwächen und destruktiven Verhaltensweisen anbelangt. All das soll die unbestreitbare Traurigkeit der brutalen Geiselhaft von Teilbereichen der Hip-Hop-Kultur nicht in Abrede stellen. Es soll lediglich unsere Vorbehalte gegenüber Hip-Hop-Künstlern in einen breiteren Kontext setzen. Die Gewalt im Hip-Hop, über die zusehends mehr gesprochen wird, ist gleichzeitig selbstverschuldet und immerfort rassistisch bedingt, das ist wahr. Andererseits ist diese Gewalt aber so comic-haft und überzogen, dass es zunehmend weniger sensible Gemüter gibt, die das Ganze ernsthaft bedenklich finden oder es gar für bare Münze nehmen würden. Mit der abgedroschenen, klischeebeladenen Aufarbeitung eines Themas, das Feinsinn, künstlerischen Mut und die Einsicht erfordert, dass man statt mit dem Vorschlaghammer besser mit dem Skalpell arbeiten sollte, stellt sich der Hardcore-Hip-Hop selbst ein Bein. Dabei darf man aber das große Ganze nicht übersehen: Die tatsächliche Gewalt, der zu viele Hip-Hopper und schwarze Jugendliche ausgesetzt sind, ist bei Weitem besorgniserregender als die Gewalt, die sie auf ihren Platten und dem Bildschirm romantisieren, ja sogar erotisieren.[30]

Dass die rhetorische Gewalt gegen schwarze Frauen absolut besorgniserregend ist, ist offensichtlich. Selbstverständlich sind viele der eher vulgären lyrischen Traditionen des Hip-Hops von reichlich Parodie, Versinnbildlichung und derbem Humor geprägt. Wer glaubt, der Hip-Hop habe diese Praktiken erfunden, der muss sich nur mal die

Bluesmusik aus dem frühen 20. anhören. Die Unzüchtigkeit des Blues alter Schule war kein Stück weniger vulgär und sexuell explizit, als das, was die zeitgenössischen Verfechter einer schwarzen Tugendhaftigkeit irritiert. Heute beklagen Kritiker, dass die schwarze Jugend vom rechten Weg abgekommen sei, weil sie früheren Vorstellungen von moralischer Umsichtigkeit entsagt habe und kein tieferes Verständnis für das Wesen der eigenen Ethnie zeige. Dass die Jugend des frühen 20. Jahrhunderts als moralisch genauso missraten wahrgenommen wurde wie die heutige, zeigt indes ein Blick auf die damals von vielen schwarzen Führungsfiguren geäußerten Bedenken. Und viele dieser Führungsfiguren prangerten den teuflischen Einfluss der Populärkultur auf die schwarze Jugend an. Es gilt zu erinnern, dass die Jugend, von der man damals annahm, sie würde den Bach runtergehen, zu den Großeltern und Urgroßeltern wurde, deren Verhalten wir heute als mustergültig rühmen. Eine Einsicht, die ausgesprochen demütig stimmt.

Nichtsdestotrotz sind die ungehobelte Misogynie und der ungezügelte Sexismus des Hip-Hops zutiefst verstörend. Allein das ständige Wiederholen des Wortes *bitch* als gängige Anrede für Frauen ist nicht nur peinlich, sondern auch zersetzend. Dadurch wird jungen Mädchen und Frauen vermittelt, dass ihnen der Zugang zur Hip-Hop-Kultur nur dann gewährt wird, wenn sie dafür bereitwillig ihre Selbsterniedrigung in Kauf nehmen. Anders als der Gebrauch des Wortes *nigga* im Hip-Hop hat *bitch* keine widerständige Lesart. Wie wir im folgenden Kapitel sehen werden, lässt sich anführen, dass die Verbreitung der unterschiedlichen Varianten des Wortes *nigger* dazu dient, den Begriff seiner negativen Bedeutungen zu berauben. *You my nigga* wird auf diese Weise zu einer Verbundenheitsfloskel, die sich auf einen Begriff stützt, der historisch von Weißen genutzt wurde, um Schwarze herabzuwürdigen. Indem Schwarze diesen Begriff auf spielerische oder zumindest signifikative Weise in ihre Kultur adaptieren, wird rassistischen Weißen das Vorrecht genommen, Schwarze mit kränkenden Begriffen zu belegen. Selbstverständlich widersprechen viele Schwarze dem und beharren darauf, dass solch ein Wort in keiner Weise reingewaschen werden kann. Die Logik jener, die den Nutzen des Wortes bestreiten, ist zwar klar, aber inakzeptabel. Für den Gebrauch des Wortes *bitch* gibt es indes deutlich weniger triftige Gründe. Die Mehrheit derer, die es verwenden, sind Männer, die in der Hip-Hop-Kultur nach wie vor dominieren. Dadurch wird seine negative Bedeutung weitgehend aufrechterhalten. Selbst wenn Männer den Begriff *bitch* positiv gebrauchen wollen, so wie das Notorious B.I.G. in »Me and My Bitch« tat, ist er doch immer noch mit verletzenden Konnotationen überfrachtet. Es ist unklar, ob die Frauen im Hip-Hop, die den Begriff nutzten, dies in einer Weise versucht haben, die männliche Machtpositionen und den Blick auf Frauen hinterfragen würde. Ihr Gebrauch des Wortes *bitch* sekundiert zumeist nur das Frauen-Bashing ihrer männlichen Konterparts.

Zugleich spiegelt sich in der sexuellen Übersättigung des Hip-Hops die entsprechende Obsession wider, die die Kultur [in den Neunzigerjahren und zu Beginn des 21. Jahrhunderts] heimsucht. Beinahe jedes Rap-Video bedient sich gewisser Abziehbilder: eine Frau, die ihren Busen hüpfen oder ihr Gesäß kreisen lässt oder anderweitig bemüht ist, die sexuellen Fantasien von Millionen heranwachsender und erwachsener Männer zu bedienen. Solche Schreckgespenster degradieren Frauen zweifellos, indem sie sie auf den kleinsten gemeinsamen erotischen Nenner reduzieren. Außerdem wird jungen Frauen auf diese Weise suggeriert, dass sie besser ihren Hintern als ihr Hirn einsetzen sollten, wenn sie sich verdient machen wollen. Deshalb erzählen Lil' Kim und Foxy Brown lüstern-laszive Geschichten, die es in Sachen vulgärer Hemmungslosigkeit mit den Erzählungen ihrer männlichen Kollegen aufnehmen können. In Verbindung mit der Zuhälterei und dem Drogendealen jener ständig mit dem Tod konfrontierten und sexgeilen Don Juans, die die Ideenwelt des Hip-Hops zunehmend dominieren, ergibt das ein ziemlich düsteres Gesamtbild. Viele Kritiker sehen darin einfach nur eine Umetikettierung von Stereotypen, denen sich Schwarze jahrhundertelang widersetzt haben: die hurenhafte schwarze Frau, der stattliche schwarze Mann. Es macht die Sache indes nur schlimmer, dass diese Stereotype heute von einem vielstimmigen Chor geschichtsvergessener

Außenseiter vorgetragenen werden, die ihren Mangel an politischer Bildung als vermeintlich aufsässige Kunst verkaufen wollen. Es steckt natürlich ein wenig Wahrheit in diesen recht harschen, abschätzigen und ungerechtfertigten Tiraden. Zu viele schwarze Jugendliche haben keine Vorstellung von der Geschichte der Schwarzen und bestenfalls eine vage Ahnung, was wir alles durchmachen mussten, um dorthin zu gelangen, wo wir heute stehen. Das ist aber nicht in erster Linie ihre eigene Schuld. Als ältere Schwarze hätten wir unsere Kultur lebendig halten müssen, indem wir ihre Bedeutung für die heute ausgefochtenen Kämpfe betonen – eine Verantwortung, der wir nicht nachgekommen sind. Dafür hätten wir die Begrifflichkeiten vergangener Kämpfe in heutigen Handlungsbedarf übersetzen müssen. Stattdessen geben ältere Schwarze sich häufig der Nostalgie hin, indem sie zu den romantisierten Erinnerungen an frühere Zeiten zurückkehren – außerstande anzuerkennen, wie sehr unsere Fehlschläge und Erfolgsaussichten jenen der Generation Hip-Hop ähneln.

Dessen ungeachtet sollten wir uns eingestehen, wie viel eher wir uns statt zu den klügsten und herausforderndsten Merkmalen unserer künstlerischen Aufmachung zu deren grundlegendsten, simpelsten Elementen hingezogen fühlen. Das gilt für die Kultur im Allgemeinen. Deshalb ziehen Action-Movies mehr Leute ins Kino als Arthaus-Filme, und deshalb verkauft Britney Spears mehr Platten als Bonnie Raitt. Die Tatsache, dass Common, Mos Def, Talib Kweli, Bahamadia, Jurassic Five und selbst The Roots in den Charts nie so erfolgreich waren wie Jay-Z, Kanye West, die Black Eyed Peas oder die posthum veröffentlichten Werke von Tupac, stellt gewiss ein Problem dar. Aber ist es unser Problem oder das des Hip-Hops? Man kann die Frage auch so formulieren: Bringt dieser Trend nicht gar einen allgemeinen Widerstand gegen Kunst zum Ausdruck, die explizit politisch ist, die den Status quo selbst innerhalb des schwarzen Lebens scharf kritisiert und die in einer Weise selbstreflektierend ist, wie es nur reife Kunst zu sein wagt? Niemand kann abstreiten, dass zum Beispiel die moralischen Bestrebungen von Mos Def sich unmittelbar gegen einen Wirtschaftskapitalismus richten, der größere Budgets zur Verfügung stellt, wenn es darum geht, die neueste Popo-wackel-Scheibe zu vermarkten und unters Volk zu bringen. Oder ein weiteres lahmes, abgedroschenes und uninteressantes Bling-Bling-Video (*bling-bling* beschreibt den Anblick von Licht, das sich an einer Diamant- oder Platinkette spiegelt), in dem die Werte einer materialistischen oder kommerziellen Kultur gepriesen werden. In diesem Sinne findet im Hip-Hop ein echter Krieg statt. Auf der einen Seite stehen die Puristen, für die die Zukunft der Kunstform von lyrischer Kunstfertigkeit, narrativer Komplexität, cleveren Reimen und frischen Beats abhängig ist. Auf der anderen Seite stehen die Befürworter des kommerzialisierten Hip-Hops, die sich durch die massenhafte Produktion von Platten auszeichnen, die sich gut verkaufen, weil sie auf rüde Weise zugänglich sind. Weder fordern sie ihr Publikum heraus, noch bringen sie es dazu, über sozial, rassistisch oder kulturell bedingte Übel nachzudenken. Aber es ging bei der Sache nie einfach nur um Politik versus Kunst oder positiv versus negativ.

Mos Def, der als eine der führenden Figuren des Conscious Rap gefeiert wird [*conscious* bedeutet »bewusst«; »Bewusstsein«], lehnt diese Art von Schubladendenken ab. »Die haben ihre kleinen Kategorien, wie *conscious* oder *gangsta*«, so Mos Def. »Im Hip-Hop hat früher mal alles nebeneinander stattgefunden. Fresh Prince [Will Smiths früherer Künstlername] ist mit NWA [Niggas wit' Attitude, zu denen auch Dr. Dre und Ice Cube gehörten] auf Tour gegangen. Da gab es kein ›Du musst mich mögen, sonst mag ich dich auch nicht‹. Das kommt von ein paar Weißen, die glauben wollen, dass alle *niggas* gleich sind, und das wurde dann ausgeweitet: ›Früher gab es nur eine Art von *nigga*; jetzt gibt es eben zwei.‹ Dabei sind wir so viel mehr. Ein Monolith ist ein Monolith, auch wenn da zwei Monolithen zur Auswahl stehen.« Mos Def erkennt jedoch die Gefahr, die darin liegt, wenn nur eine Dimension schwarzen Erlebens in den Medien stattfindet, wo gegenwärtig zumeist die Spielarten *bling-bling* oder *thug* präsentiert werden. »Ich nehm's Snoop Dogg nicht übel. Ich nehme es Master P. nicht übel. Ich nehm's den Hot Boyz nicht übel. Ich find's nur übel, wenn das alles ist, was man zu sehen kriegt. Ich wäre sauer, wenn man im Fernsehen nur mich oder Common oder die Roots zu sehen bekäme, weil ich weiß, dass das längst nicht alles ist, was es gibt. Richtig Spaß macht es erst, wenn man alle mit an Bord holen kann. Darum geht es im Hip-Hop eigentlich.« Common, ein ebenfalls für seine rhetorische Brillanz und revolutionäre Leidenschaft gepriesener Rapper, sieht die Vorzüge dieser Bandbreite im Hip-Hop auch. »Ich kann da keine klare Linie ziehen«, sagt er über den Unterschied zwischen seiner eigenen Musik und Hardcore-Rap. »Weil wir über unser Erleben sprechen und unsere Stimme in den Hip-Hop einbringen. Bei Tupac ging es darum, Weed zu rauchen, es ging um Knarren und so, und das können wir nicht ignorieren. Bei mir geht es um andere Themen [als bei den Hardcore-Rappern], aber [Conscious-Rapper] haben auch ihre Fehler, und wir haben keine Angst davor, diese Fehler zu zeigen.« Mos Def vermeidet es tunlichst, das Lob – und die Rollenzuweisung – einer Industrie zu akzeptieren, die die Komplexität schwarzer Identität und Kultur nicht zur Kenntnis nimmt. »Die versuchen immer wieder, mir das Conscious-Rapper-Ding anzudrehen«, erzählt er. »Ich komme aus den Roosevelt Projects, Mann. Aus dem Ghetto. Ich habe das gleiche Zuckerwasser getrunken, den gleichen Zuckerkram gegessen. Und die gehen mir auf den Zeiger, weil man von mir erwartet, dass ich mich besser ausdrücken kann, dass ich nicht wie die anderen Neger bin; sie wollen, dass ich schlecht über meine Brüder rede. Das können sie vergessen, Mann.« In Anbetracht seiner *thug*-Persona mag es schwerfallen, Tupac als einen »brillanten Poeten, der den Dichtern des Mittelalters in nichts nachsteht« zu betrachten, wie er von Arvand Elihu beschrieben wird, der als talentierter junger Doktorand an der University of California-Berkeley ein Seminar über den niedergeschossenen Rapper hielt.

Es gibt auch noch eine weitere Ebene in der Debatte: Nicht selten ist der wohlmeinendste Hip-Hop – politisch gesprochen – schlicht langweilig oder frei von lyrischer Vorstellungskraft und Inspiration. Oder die Musik ist ohne jedes Leben; in hitzigen Debatten wird oft vergessen, dass das ein echter Nachteil für eine Kunstform ist, die zuallererst eine musikalische ist. Und nicht selten ist der apolitischste Rap von lyrischer Raffinesse und musikalisch mitreißend. (Warum sollte es denn im Hip-Hop auch anders sein als beispielsweise im R&B, wo die himmlischen Liebesnoten eines Luther Vandross' höher hinausreichen als eine musikalische Anklage gegen den Rassismus, ohne dass wirklich jemand diesen Teilbereich schwarzer Musik für seine bourgeoisen, dezidiert apolitischen und unkritischen Empfindsamkeiten kritisiert, die in ihrer Darstellung der romantischen Liebe regelrecht irreführend sind?) Gut möglich, dass wir einen erweiterten Politikbegriff brauchen, da der Hip-Hop als Kunstform seit seinen Anfängen tief verwoben ist mit den politischen Aspekten der Kultur und den kulturellen Aspekten der Politik. In Anbetracht von Senatsanhörungen in den USA zur Frage, ob Rap zu mehr Gewalt führt, kommt dieser kaum umhin, politisch zu sein – selbst wenn es die eigene Existenzberechtigung ist, die politisch verhandelt wird.

Die Debatte um die Komplexität des Hip-Hops sowie um Tupacs Stellung im Rap verdeutlicht das Bedürfnis nach Gerechtigkeit innerhalb des Genres. Wir sollten zur Kenntnis nehmen, dass es alle möglichen Sorten von Rap-Musik gibt, dass nicht jeder Rap-Song leisten kann, was einige leisten können, und dass der beste Rap der ist, der sich an das hält, was er am besten beherrscht. Die Kraft von Tupacs Rap-Kompositionen liegt darin, dass sie eine Vielzahl von Hip-Hop-Genres umfassen. Wir verwehren uns selbst den Blick auf die vielen verschiedenen Gesichter der Rap-Musik, wenn wir sie pauschalieren. Das bedeutet auch, dass wir nicht sehen können, dass die Debatten, die wir der Hip-Hop-Kultur von außen aufzwingen wollen, innerhalb derselben regelmäßig geführt werden. Nehmen wir nur mal das im Hip-Hop vorherrschende Draufgängertum und Getue sowie die Profanität, die oft fälschlicherweise als Authentizität, als ein Sich-nicht-verbiegen-Lassen gedeutet wird. Lauryn Hill hat als Mitglied der Fugees einen bissigen Kommentar dazu verfasst, als sie – in so markiger und brillanter Weise, wie man sich das bei ihr vorstellt – reimte: »And even after all my logic and my theory / I add a ›muthafucka‹ so you ignorant niggers hear me.«

[Zu Deutsch: »Und trotz all meiner Logik und meiner Theorie / häng' ich ein ›Hurensohn‹ dran, damit ihr ignoranten *nigger* mir zuhört.«] Im Hip-Hop gibt es viele Stimmungen und Stile. Da ist der Griot Rap, zu dem Figuren wie Common, Mos Def, Talib Kweli, Bahamadia und die Roots zählen. Dann gibt es den radikalen Rap, für den The Coup und Dead Prez stehen. Es gibt materialistischen/hedonistischen Rap, verkörpert durch Juvenile, die Cash Money Millionaires und Hunderte ihrer Sprösslinge. Es gibt ghettozentrischen Hip-Hop, der so unterschiedliche Figuren wie Jay-Z und den Wu-Tang Clan hervorgebracht hat. Es gibt den Gangsta-Rap, für den unter anderen Snoop Dogg und Dr. Dre stehen. Es gibt den Pop-Rap, dessen wirkmächtigste Symbolfigur Will Smith war. Es gibt Bohemian Hardcore, wie wir ihn bei Outkast und Goodie Mobb finden. Und manche dieser Figuren und Kombos wirken natürlich in mehrere Genres hinein. Und viele dieser Genres lassen sich nicht nur durch Themen und Styles voneinander unterscheiden, sondern sind auch an bestimmte Regionen gekoppelt. So kann der Dirty South von Outkast aus Atlanta und Master P aus New Orleans als Gegenentwurf des West Coast Rap von Ice Cube aus dem Süden von Los Angeles, DJ Quick aus Compton oder den Upsouth-Reimen von Nelly aus St. Louis gelten.

Unsere Erwartungen an diese Genres des Hip-Hops sollten in einer Wertschätzung ihrer Absichten wurzeln. Wir sollten von Pop-Rap nicht erwarten, dass er uns einen Einblick in die Funktionsweisen von Kapitalismus oder die Vorherrschaft der Weißen gibt. Will Smith wird niemals Dead Prez sein. Er kann uns aber auch heute noch mit seinen reizenden Pop-Pralinen in Miami (und auf dem Dancefloor) willkommen heißen. Und das bedeutet nicht, dass wir uns nicht von Dead Prez' brillant-kritischem Blick auf das schwarze Leben in Amerika aufrütteln lassen können, wenn er den kulturellen Genozid und die Amnesie des Rassismus anprangert. Es ist keine Frage von Entweder-oder. Wir brauchen uns auch nicht davor zu fürchten, uns an den vielen faszinierenden Grenzüberschreitungen von Lil' Kim und Foxy Brown zu erfreuen, selbst wenn wir beklagen, dass ihre lyrischen Existenzen fast ausschließlich in sexualisierten Gefilden stattfinden. Es gibt innerhalb des Hip-Hops nicht nur viele unterschiedliche Genres; ein Künstler kann uns auch viele verschiedene Looks, Stimmungen, Empfindungen, Stile und Themen präsentieren. Tupac konnte sich seinen Starruhm sexuell zunutze machen (was kaum ein Alleinstellungsmerkmal darstellt) und gleichzeitig junge Frauen, die in Armut lebten, dazu anhalten, »den Kopf nicht hängen zu lassen«. In diesem außergewöhnlichen Künstler lebten das Erbauende und das Furchteinflößende im selben Straßenzug.

Die Hip-Hop-Kultur lebt im ständigen Widerstreit, Gegensätze sind ihr idealer Nährboden – und dasselbe gilt für Tupac, ihre vielleicht umstrittenste Ikone. Hip-Hop ist sowohl eine hochkommerzialisierte, industriell geförderte Wirtschaftsunternehmung als auch eine originäre Kunstform, die die brutalen Lebenswirklichkeiten einer schwarzen Jugend abbildet und reflektiert. Der Umstand, dass weiße Business-Typen sich da eingeklinkt haben, negiert weder die Ghetto-Befindlichkeiten noch die Themen, die den Hip-Hop antreiben und bisweilen nach unten zerren. Wie Toni Morrison es formulierte: »Dass Rap eine solche Anziehungskraft auf weiße Kids in den Vorstädten hat, ist ein Risiko, dem jeder von schwarzen Menschen erfundene Diskurs ausgesetzt ist.« Hip-Hop ist ein Barometer für Geschmack, Style und die Begierden der schwarzen Jugend – da diese Faktoren in den Communitys vor Ort und durch die Macht der Unternehmensdistribution erschaffen und unters Volk gebracht werden. Er ist außerdem ein zuverlässiger Test für unsere Fähigkeit, das Beste unserer Jugend bereitwillig anzunehmen, während wir wichtige Debatten über ihre Zukunft führen. Aufgrund seiner weltweiten Popularität und seines besorgniserregenden Einflusses ist der Hip-Hop eine zentrale Kultursprache, die zu erlernen wir alle gut beraten wären. Wenn wir sein Genie verkennen, seine Defizite romantisieren oder mit unbedarften Gemeinplätzen auf ihn einprügeln, dann verspielen wir womöglich die Gelegenheit, unsere Kinder an die vielleicht wichtigste kulturelle Wirkungskraft ihres Lebens heranzuführen.

Tupac war womöglich der einflussreichste Rapper, der je gelebt hat. Seine Stimme tönt durch unsere Kulturlandschaft und rüttelt mit ihrer enormen Intensität an unseren Seelen. Eine fünf Jahre nach seinem Tod veröffentlichte Doppel-CD – *Until the End of Time* – stellte die direkte Konkurrenz in den Schatten: In der ersten Verkaufswoche gingen vierhunderttausend Einheiten über den Ladentisch. Gut möglich, dass Tupacs mutige Stimme heute wichtiger ist als zu seinen Lebzeiten. Begeistert nahm er die Geschichte des Rap an und arbeitete innerhalb von dessen Grenzen, während er sich immer wieder gegen sie auflehnte; auf diese Weise definierte er die Regeln neu und verwischte auch die Grenzen zwischen seiner Kunst und seinem Leben. Sein beeindruckender Bariton war erfüllt von überraschender Leidenschaft und Dringlichkeit. Er erzählte von seinem Leben, als sei es eine Straßenkarte des Leidens; auf diese Weise rang er dem Ghetto, das er so liebte, und seinem Ruhm und Reichtum, die ihm Fluch und Segen waren, einen brutalen Sieg ab. Als eine *der* Symbolfiguren seiner Generation verkörperte er deren rücksichtslose, kühne Freiheiten und ihre verhängnisvolle Hoffnungslosigkeit. Vor allem aber machte er seine Persönlichkeitsentwicklung und seine sich ausdehnende künstlerische Vision so offen, wie man es von einem Menschen nur erwarten kann. »Meine Musik ist spirituell, wenn man nur hinhört«, sagte Tupac in seinem Gefängnis-Interview. »Es dreht sich alles um Emotion; es dreht sich alles um das Leben. Ich will niemanden dissen, aber wo andere Rapper vielleicht ein Idealbild von sich zeichnen, da habe ich meine tiefsten, dunkelsten Geheimnisse offenbart. Auf jeder meiner Platten habe ich mich offenbart. Von ›Dear Mama‹ bis zu ›Shed So Many Tears‹ erzähle ich von meinen eigenen persönlichen Problemen, und die Leute können verstehen, woran ich glaube.«

Kapitel 5

»FOR ALL THE REAL NIGGAS OUT THERE«

Das Ringen um Authentizität

Gegen Anfang der Spike-Lee-Verfilmung von Richard Prices Roman *Clockers* führt eine Gruppe junger schwarzer Straßendealer – die titelgebenden »Clockers« – eine hitzige Debatte über Hip-Hop-Kultur. Es geht um die Frage: Wer ist der »härteste« Rapper im Game? Der Name des Public-Enemy-Rappers Chuck D fällt, aber er und andere »positive« Rapper wandern schnell ans untere Ende der Liste, weil sie »nie jemanden erschossen haben«, weil sie »keine Bitches schlagen« und noch nicht »für Mord im Knast saßen«. Einer der Drogendealer beharrt darauf, dass »die einzigen *niggas*, die ich wirklich Hardcore-Rap verkörpern höre, Tupac, G-Rap und Wu-Tang« sind.

Lange bevor er auf tragische Weise seinen Schusswunden erlag, war Tupac durch seine Glorifizierung von Knarren, Gangs und Ghetto ein Teil der Folklore schwarzer Populärkultur geworden. Die Szene aus *Clockers* fängt die bitteren Widersprüche ein, die Tupacs kurzes, aber hartes Leben ausmachten. Sein Hardcore-Image war populär genug, um Eingang in Lees Film zu finden. Tupacs Seiltanz über dem Abgrund stillte den beinahe erotischen Hunger vieler entfremdeter Jugendlicher nach Gewalt. Auch vermittelte er Wahrheiten, die die schwarze Jugend lernen muss, wenn sie in den Fluten des urbanen Chaos bestehen will. Die schwarze Jugend hat die sie heimsuchende Gewalt nicht in die Welt gesetzt, aber zweifellos haben viele junge Menschen zu ihrem weitreichenden Einfluss beigetragen. Anders als die Drogendealer in *Clockers*, die die Verdienste des Gangsta-Rap predigen, ziehen sich echte schwarze Gangster nicht jedes Mal ein halbes Dutzend Gangsta-Rap-Platten rein, um sich in den richtigen Gemütszustand zu versetzen, bevor sie jemanden verstümmeln oder umbringen. Da sie bereits ein entsprechendes Leben führen, suchen sie oft Ablenkung in ausgesprochen aufmunternden Melodien. Sanyika »Monster« Shakur, berüchtigtes ehemaliges Mitglied einer Los-Angeles-Gang, schrieb, dass er am liebsten Al Green hörte. Und die Mafiosi vergangener Zeiten liebten es, wenn Frank Sinatra mit ihnen zum Mond flog und sie anschließend in »New York, New York« absetzte. Das ist eine nützliche Entgegnung all jenen gegenüber, die behaupten, dass es einen direkten Zusammenhang zwischen Kunst und sozialer Anarchie gäbe.[31]

Es stellt aber auch eine nützliche Lektion für die schwarze Jugend dar, was die Grenzen des Realen und seinen Bezug zum Repräsentierten anbelangt. So wie die Drogendealer in *Clockers* Tupac dafür lobpreisen, dass er in seinen Raps den echten Hardcore repräsentiert, ist auch die schwarze Jugend – tatsächlich sogar ein großer Teil der schwarzen Kultur – besessen von ethnischer und kultureller Authentizität. »Keeping it real« lautet dann auch das Mantra des Hip-Hops. Wenn jemals jemand inmitten der einander heftig widersprechenden Bedeutungsebenen schwarzen Lebens frohlockte, dann war das Tupac. Dem Authentizitätsstreben schwarzer Kultur rammte er auf dramatische Weise das Messer ins Herz. Auf seiner eigenen Suche nach echter *blackness* schaffte Tupac es, große Teile schwarzen Lebens gegen sich aufzubringen – insbesondere die älteren Generationen. Seine dreiste Autoritätsverachtung brachte ihm die Bewunderung vieler seiner Altersgenossen ein. Dass er den Gangsta-Lifestyle aus voller Überzeugung lebte, wirkte auf viele

Schwarze anziehend, während andere es absolut abstoßend fanden. Die Nichtanerkennung von moralischer Unschuld und ethnischer Korrektheit des bürgerlichen schwarzen Lebens, die in vielen von Tupacs Songs eine Rolle spielt, hat ihm in unterschiedlichen Teilen des schwarzen Amerikas Bewunderung, aber auch Befremdung eingebracht. Die Besessenheit von einem authentischen Schwarzsein wird zu großen Teilen von der Notwendigkeit angetrieben, stereotypen und rassistischen Darstellungen schwarzen Lebens etwas entgegenzusetzen. Die Gesten, Nuancen, Widersprüche, Komplexitäten und Idiosynkrasien, die das schwarze Leben definieren, durchziehen die künstlerischen Visionen von schwarzen Schriftstellern, Künstlern – und Intellektuellen. Tatsächlich schrieb 1996 ein Reporter des *U.S. News and World Report* über meine eigene Arbeit, ich würde mich »mühelos von der Kritischen Theorie Frankreichs zur Gangsta-Kultur und weiter zur Politik« bewegen und »abwechselnd Foucault, Farrakhan und Ice Cube, Derrida, Tupac und Malcolm X zitieren; gelegentlich verfällt er in einen ausgedehnten und tadellosen Rap-Groove und trommelt dabei die Hintergrundrhythmen auf dem Rednerpult. Nahtlos und voller Selbstvertrauen. Aber ist er ein *real nigga?*« Der Autor räumt ein, es sei eine »vulgäre Formulierung aus der Welt des Gangsta-Rap und man könnte es leicht als ein weiteres anstößiges Beispiel für das Ghetto-Gerede dieses musikalischen Genres abtun«, um dann jedoch zu sagen, ich wolle »weder die Frage an sich noch die Kultur, die darauf beharrt, in Abrede stellen.« Das ist für mich und meine Schriftsteller-Kollegen heute so wahr wie damals, als es geschrieben wurde. Dennoch limitiert die Suche nach Authentizität häufig die Bandbreite dessen, was unter Schwarzen als akzeptabel gilt. Die ungeschriebene Regel, der sich viele Repräsentationsformen schwarzer Kultur unterwerfen, findet ihren Ausdruck in dem schlichten Slogan: »Zeig dich immer von deiner besten Seite.«[32]

Die Komplexität schwarzer Kultur wird von einem solchen Glauben erstickt, insbesondere dann, wenn das Reale mit dem Positiven gleichgesetzt wird. Im Gegensatz dazu wird das Negative als eine Kraft definiert, die sich nachteilig auf ein Verständnis authentischen Schwarzseins auswirkt und es limitiert. Das Negative wird als Pathologie verstanden, die unvermeidbar mit der Annahme weißer Stereotype schwarzen Verhaltens einhergeht. Ein solches Verständnis von Schwarzsein ist lähmend und führt zu einer Entfremdung jener, deren Leben ohnehin kaum je einen Schatten auf die Außengrenzen schwarzer Ehrbarkeit werfen. Diejenigen Schwarzen, die sich von dem Positiv-Ideal abwenden, werden stigmatisiert. Manche tragen dieses Stigma wie eine Auszeichnung und erfreuen sich an Darstellungen schwarzen Lebens, die das orthodoxe Schwarzsein infrage stellen. Das gilt insbesondere für schwarze Kultur, die als elitär und daher als *fake* erachtet wird. Hier schließt sich der Kreis bei der Suche nach einem authentischen Schwarzsein: Die Definitionsmacht wurde den puritanischen Seelen des schwarzen Bürgertums abgerungen, nur um nun in den Händen – und im Falle der Hardcore-Rapper: in den Kehlen – von Ghettobewohnern zu landen, die der Kanon einer neuen schwarzen Authentizität nun als die *real niggas* definiert.[33]

Selbstverständlich ist der Gebrauch des Wortes *nigger* oder irgendeiner seiner Abwandlungen (wie das im Hip-Hop favorisierte *nigga* oder das von Eddie Murphy genutzte *nigs*) im schwarzen Amerika noch immer hochumstritten. Tupac hat schon in einem frühen Stadium seiner Karriere versucht, das Wort durch eine Neudefinition zu retten, so wie er es auch mit *thug* getan hat. Für Tupac stand *n-i-g-g-a* für »never ignorant, getting goals accomplished« [»niemals dumm, erreicht seine Ziele«]. Viele Schwarze interpretieren eine solche Geste bestenfalls als revisionistische Selbsterniedrigung. Selbst ein Wort, das nur klingt wie *nigger*, verletzt die schwarze Psyche. Deshalb trat auch David Howard, der Ombudsmann des damaligen Washingtoner Bürgermeisters Anthony Williams, 1998 von seinem Amt zurück, nachdem schwarze Mitarbeiter ihrer Empörung über seinen Gebrauch des Wortes *niggardly* während einer Debatte über die Stadtfinanzen Ausdruck verliehen hatten – obwohl der Begriff eigentlich nur »knauserig« oder »geizig« bedeutet. (Howard durfte in sein Amt zurückkehren, nachdem die Presse die Reaktion als »albern« bezeichnet hatte.) Als einige Jahre später die damalige Redaktion des *Webster's Dictionary* entschied, *nigger* zunächst als eine schwarze Person zu definieren, war das ein sicheres Zeichen dafür, dass manche Weiße noch immer unterschätzen, wie sensibel Schwarze auf das Wort reagieren. *Webster's* definitorische Schikane kaschierte nicht nur die Macht einer Jahrhunderte alten rassistischen Borniertheit, sondern zeigte auch, wie viele Menschen in unserem Land versuchen, Geschichte und Politik umzuschreiben. Als wäre all das nicht genug, hat die Aussicht auf weiße Jugendliche, die das Wort *nigger* im »gemischten Freundeskreis« beiläufig äußern – weil sie mit dem freizügigen Gebrauch des Wortes durch Rapper großgeworden sind –, den Einsatz in der Debatte noch einmal beträchtlich erhöht.

Selbst wenn Weiße die verachtungswürdige Historie des Wortes kennen und verstehen, in welch komplexer Weise Hip-Hop-Künstler oder ihre schwarzen Freunde es verwenden, so beschwört der Gebrauch des Wortes selbst durch »moderne« Weiße doch immer noch rassistischen Schrecken herauf. Tatsächlich haben historisch gebildete und in Rassismusfragen sensibilisierte Weiße kaum je versucht, den Begriff zu nutzen – auch nicht ihren schwarzen Freunden gegenüber. Wenn sie diese Grenze doch einmal übertraten, wurden sie von schwarzen Freunden und Kollegen bereitwillig in ihre Schranken verwiesen. Infolge der Zunahme einer freundschaftlichen Interaktion von Schwarzen und Weißen hat sich ein pragmatischer und beständiger Doppelstandard etabliert: Schwarze konnten einander *nigger* nennen, Weißen war dieses Privileg jedoch grundsätzlich untersagt. Auch wenn Weiße mitunter die »Fairness« dieser Praxis infrage stellten – »Warum kann ich das Wort dir gegenüber nicht gebrauchen, wenn wir doch Freunde sind?« – und Schwarze die Frage aufwarfen, ob sie wirklich klug sei – »Warum sollten wir uns freiwillig der Sprache weißer Rassisten öffnen?« –, ließ sich auf diese Weise eine beständige Faustregel für die Interaktion zwischen beiden Gruppen schaffen.

Heute aber hat der weltweite Einfluss der Hip-Hop-Kultur den leichtfertigen Gebrauch des Wortes *nigger* auch jenseits schwarzer Kreise legitimiert. Dass hat dazu geführt, dass für viele junge Schwarze und Weiße die schäbige Geschichte des Begriffs unklarer geworden ist.

Nigger war zunächst ein von Sklavenherren genutztes Wort, um Schwarze zu verhöhnen, die sie aus Afrika verschleppt und in Amerika in die Sklaverei gezwungen hatten. In diesem einen Wort sammelte sich die ganze Verachtung, die viele Weiße Schwarzen gegenüber empfanden. Es diente nach der Abschaffung der Sklaverei auch als Kürzel für Vorurteile, die unter dem Banner weißer Vorherrschaft weiterhin existierten. Selbst in Armut lebende Weiße konnten aus der Erniedrigung schwarzer Menschen psychologischen Nutzen ziehen: Egal, wie schlimm das Leben dieser Weißen war – sie konnten zumindest Trost darin finden, keine *nigger* zu sein. Die Schwarzen aber waren keine passiven Opfer und fanden patente Wege, die weiße Vorherrschaft in expliziter und subtiler Weise zu untergraben. So ließen sie beispielsweise den Begriff *nigger* in ihren eigenen Reihen zirkulieren. Sie nahmen dem Wort seine abwertende Bedeutung, indem sie »falschen Gebrauch« davon machten und Liebe fanden, wo nur Hass hatte sein sollen. Doch im schwarzen Amerika herrschte immer schon große Uneinigkeit darüber, wie erfolgreich dieses Bemühen gewesen ist. Es gibt unter Schwarzen grob gesagt zwei Lager, was die linguistische Verwendung von *nigga* anbelangt: Die einen haben Vorbehalte gegen seinen Gebrauch, die anderen wollen die Bedeutung des Begriffes revidieren, indem Schwarze aggressiven Gebrauch davon machen. Schwarze Traditionalisten sagen, dass das Wort niemals seiner tödlichen Bedeutungsebenen bereinigt werden kann, wenn es von Schwarzen – egal wie wohlmeinend – geäußert wird. Schwarze Revisionisten halten dagegen, dass sich mittels einer rhetorischen Vereinnahmung des bösartigen Begriffs durch Schwarze neue, weniger schädliche Bedeutungsebenen schaffen lassen. Ich selbst bin in dieser Frage sicherlich ein Revisionist, wenn ich auch die Befürchtung der Traditionalisten verstehen kann, die behaupten, eine Rehabilitation des Begriffs sei längst nicht mehr möglich.[34]

Wie der Historiker Robin Kelley anmerkt, haben schwarze Menschen immer mehrere und komplexe Verwendungsarten des Begriffes gehabt, die in den rhetorisch aufgeheizten Debatten über linguistische Korrektheit übersehen werden. »In manchen Fällen wird selbst in der

Literatur, die Menschen für so bedeutend halten – in Büchern wie *All God's Dangers* – das Wort *nigger* verwendet«, auf interessante und provokative Weise, so Kelley. »Selbst die Sklaven nutzten *nigger* in ihren Erzählungen nicht als ein Zeichen von Selbsthass, sondern manchmal auch als Mittel, Ethnie und Klassenzugehörigkeit gemeinsam zu benennen.« Begriffe wie »Dixie-Neger« reichen sogar noch bis ins 19. Jahrhundert zurück, sagt Kelley; sie stellten einen negativen Gegensatz zum »Feldneger« dar und wurden genutzt, um »über die soziale Stellung zu sprechen«. Kelley zufolge wurde *nigger* auch »als Kosewort« genutzt und reflektiert daher ein »Code-Switching und den Sprachgebrauch unter Schwarzen, was nicht unbedingt bedeutet, dass es sich dabei um eine Art Internalisierung [der Überzeugungen einer weißen Vorherrschaft] handelt«. Damit bezieht er sich natürlich auf eine der Hauptbeschwerden hinsichtlich der Verwendung des Begriffs durch Schwarze. Kelley sagt, dass »ältere Leute, die die jungen Menschen kritisieren«, die *nigger* auf komplexe Weise verwenden, häufig »diese ganze Historie ausblenden und annehmen, dass jetzt all diese weißen Leute über ›*nigger* dies‹ und ›*nigger* das‹ reden werden, weil das Wort heute auf sehr öffentliche Weise die Runde macht – da es jetzt aufgenommen und für siebzehn Dollar auf CDs verkauft wird, da es zu Papier gebracht und dann in einer Kultur benutzt wird, die eine zunehmend multiethnische schwarze Kultur ist.«[35]

Ganz ohne Frage ist es den meisten schwarzen Amerikanern unangenehm, wenn Weiße den Begriff benutzen, selbst wenn diese Weißen die Hip-Hop-Kultur unterstützen. Schwarze, die den Begriff verbannen wollen, werfen der Hip-Hop-Kultur vor, rassistische Stereotype zu verstetigen und Weißen zu gestatten, die weiße Vorherrschaft auszuweiten, während sie vorgeblich die zeitgeistigsten und Grenzen verwischenden Bedeutungen des Schwarzseins umarmen. Aber eine solche Lesart ist kurzsichtig. Weiße, die mit schwarzer Kultur ausführlich vertraut sind, sind ja gerade diejenigen, die um die qualvolle Geschichte des Begriffs wissen und ihn daher zumindest in der Öffentlichkeit nicht nutzen. Einer der Gründe dafür, dass Schwarze *nigger* teilweise sogar in degoutanter und renitenter Weise nutzten, war die versuchte Zerschlagung weißer

Vorherrschaft, insbesondere dann, wenn es den Anschein hatte, als würden Schwarze nur den Wortgebrauch der Weißen imitieren. Das alles soll eine von vielen Schwarzen mit Sorge betrachtete Entwicklung nicht in Abrede stellen: nämlich dass der wachsende internationale Einfluss des Hip-Hops dazu führt, dass der englischen Sprache kaum mächtige Weiße die häufig unziemlichen rassistischen und politischen Implikationen hinter dem Begriff nicht erfassen werden, wenn sie ihre beispielsweise russischen Landsmänner als »meine *niggas*« titulieren. Das ist zum Teil eine unvermeidbare Konsequenz des künstlerischen Schaffens in einem Zeitalter internationalen Kapitalismus, multinationaler Konzerne und globaler Technologie. Die einfachste Lösung mag scheinbar darin bestehen, ganz einfach auf den Gebrauch eines Begriffes zu verzichten, über den wir in Amerika schon kaum Kontrolle haben – geschweige denn im Rest der Welt. Eine solche Entscheidung ignoriert allerdings eine wesentliche Dimension rassistisch bedingter Kämpfe – um Selbstbestimmung, um Selbstidentifikation, um Selbstentfaltung –, die alle schwarzen Communitys im Laufe ihrer Geschichte geführt haben und die sich in der Musik, die wir produzieren, wiederfinden. Auch diese Kämpfe machen den Hip-Hop und andere große schwarze Kunstformen so attraktiv – für Leute aus Paducah, Kentucky, wie aus dem fernen Polen.

Trotz (oder vielleicht auch wegen) der raschen und weltweiten Ausbreitung von Rap-Kulturen, bleibt das Wort *nigger* weiterhin das ultimative rassistische Tabu. Lange vor dem Aufstieg des Hip-Hops haben Schwarze den Begriff angenommen und adaptiert – mit dem Anliegen, ihn Weißen zu entziehen, indem sie deren schamlose Abwertung schwarzer Kultur verspotteten. Durch den waghalsigen und bisweilen rücksichtslosen Gebrauch des Begriffs, insbesondere im »gemischten Freundeskreis«, wollen Schwarze sich selbst und die Weißen an die schmerzvolle Geschichte des Rassismus erinnern, daran, wie gewieft Schwarze darin gewesen sind, die brutalen Auswirkungen einer weißen Vorherrschaft zu überstehen. Es ist auch eine Möglichkeit, sichtbar zu machen, dass Schwarze sich der Tatsache bewusst sind, dass Weiße den Begriff oft nutzen, wenn sie unter sich sind. Der öffentliche und liebevoll gemeinte Gebrauch des Wortes *nigga* ist eine Absicherung gegen seine übergriffige und willkürliche weiße Nutzung, auch wenn Schwarze Widerstand leisten, wenn Wörterbücher oder Demagogen – oder eben weiße Hip-Hop-Fans – sie *nigger* nennen.

Talib Kweli, der zu den am meisten verehrten Vertretern des Conscious-Rap gehört, ist für die historische Resonanz des Wortes *nigger* sensibilisiert, wenngleich er dessen Verwendung durch Tupac verteidigt. »Tupac war eine Symbolfigur seiner Generation«, so Kweli. »Als er ›Strictly for My Niggaz‹ aufnahm, [half er zu erklären,] warum er das Wort *nigga* benutzte.« Kweli zufolge mangelt es der durch Tupac beeinflussten Jugend an einem breitgefassten Geschichtsverständnis, sodass sie den Kontext und die Schicklichkeit der von ihnen genutzten Begriffe nicht wirklich beurteilen können. »Ich denke, dass die Leute verstehen müssen, dass sich der Kontext des Wortes – ob wir das nun mögen oder nicht, ob das nun falsch oder richtig ist, ob es gut ist oder schlecht – verändert hat.« Die schwarze Jugend wuchs laut Kweli in dem Glauben auf, dass die Welt akzeptabel, ja sogar positiv sei; ein Glaube, den sie von den Generationen vor ihnen übernommen hat: »Wenn ihre Mütter, Großmütter, Tanten und Cousinen das Wort in positiver Weise gebrauchen, dann muss das immer schon so gewesen sein.« Kweli glaubt, dass der Mangel an geschichtlicher Perspektive sicherlich zu der enormen Verbreitung des Begriffs beigetragen hat. »Kids wissen nicht, was letzte Woche passiert ist, und sie wissen erst recht nicht, was damals in den Jahren der Bürgerrechtsbewegung geschah.« Statt die bittere Geschichte des Rassismus heraufzubeschwören, suggeriert *nigger* für schwarze Jugendliche Solidarität. »Die wissen nur, dass sie, wenn sie das Wort *nigga* hören, an ihre Kumpels aus der Nachbarschaft denken, die immer für sie da sind, egal was kommt.« Jada Pinkett Smith fasst Tupacs Ansichten über das Wort *nigga* so zusammen: »Er war immer der Ansicht, dass er die ›niggas in der Gosse‹, wie er sie nannte, nicht im Stich lassen konnte, weil sie für ihn da waren. Sie liebten ihn und sie waren es, für die er hier war. Ich werde nie vergessen, was er mir gesagt hat: ›Wenn ich tot und begraben bin, werden die *niggas* verstehen.‹«

Wenn Tupac darauf angewiesen war, dass die »*niggas* in der Gosse« sein Vermächtnis begreifen, so arbeitete er während seines kurzen Lebens fleißig daran, ihre Misere zu verstehen und selbst zu durchleben. Das bedeutete häufig, dass er den *real nigga* als eine tragische Figur darstellte, die in Gewalt verwickelt war – eine Gewalt, die sowohl gewissenhaft beklagt als auch entschlossen angenommen wurde. Im Reich des Hardcore-Hip-Hops sind die *real niggas* Gefangene ihrer selbstgewählten und widersprüchlichen Verknüpfung von Authentizität und Gewalt. Tupacs Tod war damals der wohl schmerzvollste Beweis dieser Wahrheit. Ich will damit nicht andeuten, dass sein noch immer ungeklärter Tod eine Folge seiner brutalen Rap-Texte gewesen ist. Vielmehr hat Tupacs begierige Annahme eines gefährlichen Lebenswandels, den er als das unabwendbare Schicksal der *real niggas* erachtete, dazu geführt, dass er selbstzerstörerische Entscheidungen traf. Für Tupac und Heerscharen schwarzer Jugendlicher sind das *thug life* und der Tod zu beinahe ausschließlichen Definitionsmerkmalen des schwarzen Ghettos geworden. Das stellt einen gefährlichen Rückzug von einer viel komplexeren, verlockenderen Vorstellung schwarzen Lebens dar, die Tupac in seinen besten Momenten skizzieren half. Auf grobe – und erfrischende – Weise weigerte Tupac sich, einen Erlösungsoptimismus als Narrativ allen schwarzen Lebens zu akzeptieren. Auch widerstand er in strategischer Weise dem Impuls des Wiederaufbaus einer positiven Moral im schwarzen Leben. Stattdessen warf er die scharfen Schneiden seiner Texte in die aufgeblasene Rhetorik orthodoxen Schwarzseins und stellte so die beschränkten Vorstellungswelten schwarzer Identität infrage. Gangsta-Rap und Hardcore-Hip-Hop kündigten eine Ghetto-Renaissance an: das Erblühen einer vulgären Selbstdarstellung, die unter höflich ausgetragenen Diskursen wurzelte. Es ist nicht so, dass sich die im Hardcore-Rap erzählten Geschichten als nützliche Abhandlungen über das Leid der schwarzen Stadtbewohner begreifen ließen. Vielmehr sind solche Raps ästhetische Schöpfungen, die auch dazu dienen, einer degradierten Jugend mehr Sichtbarkeit zu verleihen.

»I Always Wanted to Make a Book Out of My Life«

»Dear Mama«

»No Malcolm X in My History Text«

»Give Me a Paper and a Pen«

»For All the Real Niggas Out There«

»But Do the Lord Care?«

»Do We Hate Our Women?«

»I Got Your Name Tatted on My Arm«

»How Long Will They Mourn Me?«

Indem er Wortkunst und Wut verknüpfte – Wut auf materielles Elend und rassistische Feindseligkeiten, auf die Lawine alltäglichen Leidens, die schwarze Leben unter sich begräbt –, bewies Tupac, dass er über eine erlösende Vulgarität verfügte. In seinen besten Momenten legte Tupac offen, was wirklich vulgär war: Wie schwarze Menschen wegen gebrochener Versprechen starben – weil ihre Viertel nicht restauriert und rassistische Praktiken nicht abgeschafft wurden. Oder wie junge schwarze Menschen von den älteren Generationen im Stich gelassen wurden. Karen Lee, eine enge Freundin der Familie, die zu Beginn von Tupacs Karriere als seine Presseagentin arbeitete, erinnert sich daran, wie Tupac in den frühen Neunzigerjahren während eines Vortrags in New York reagierte, zu dem das Malcolm X Grassroots Movement geladen hatte: »Da saß eine Lady neben ihm, und ich sah, wie sie sich zu ihm herüberlehnte und sagte: ›Würden Sie bitte eine andere Ausdrucksweise wählen? Das ist ja widerwärtig.‹« Lee weiß noch, dass sie befürchtete, Tupac würde aus dem Austausch ein Spektakel machen. Stattdessen, so fährt sie fort, »hat er mich wirklich stolz gemacht. Er schaute sie an und sagte nur: ›Es tut mir leid, wenn Sie meine Wortwahl widerwärtig finden, aber sie kann gar nicht widerwärtiger sein als die Welt, die Ihre Generation mir hinterlassen hat.‹« Tupac zeigte die vulgäre Unsichtbarkeit und Stille auf, die das Leben mittelloser Schwarzer verhüllen. Jedes Mal, wenn er sich ein Mikro schnappte, um dem Schmerz Poesie zu verleihen, brach er mit dieser Stille und Unsichtbarkeit. Auf brillante Weise erkundete Tupac die erbaulichen Aspekte des Hardcore-Hip-Hops – mit einer Balance, die ihresgleichen suchte und Zelebration und Verhör zugleich war. Er rappte über die Nöte von Müttern, die auf Sozialhilfe angewiesen sind. Wortgewandt erzählte er vom *thug life* als einem abschreckendem Beispiel für Selbstzerstörung, wenn er auch oft vergaß, seine eigenen Warnungen zu befolgen.

Tupacs beißende Verknüpfung von Kunst, Gewissen und Theater brachte ihm die kritische und persönliche Aufmerksamkeit, nach der er sich so verzweifelt sehnte. »Wenn Pac einen Raum betrat, strahlte er diese Art von Energie aus, mit der er alle Aufmerksamkeit auf sich zog«, so Karen Lee. »Und meistens nahm er diese Aufmerksamkeit und nutzte sie auf negative Weise, weil das eben sein Musikgenre war, wie er sagte.« Er wurde auch in das grelle Scheinwerferlicht einer politischen Attacke gezerrt. John Singleton, der 2019 verstorbene Regisseur des Films *Poetic Justice*, in dem Tupac an der Seite von Janet Jackson spielte, sagte, er habe Tupac gewarnt »auf der Hut zu sein, weil Dan Quayle über dich redet ... deine Musik war Einfluss für ein Kid in Texas [jemanden umzubringen]. Er erzählt was von Gewalt und Rap-Musik«. Singleton ermahnte Tupac, »der für mich wie ein kleiner Bruder« war, nicht »komplett auszuticken, denn die haben es auf dich abgesehen«. Aber Tupac lehnte es ab, Luft aus seiner aggressiv aufgeblasenen *thug*-Persona zu lassen. Er definierte neu, was es bedeutet, ein *thug* und ein *outlaw* zu sein. Absichtlich wählte er dafür eine individuelle Kodierung, deren private Konnotationen ihm jedoch öffentliche Kritik nicht ersparen konnten.

Tupacs manisches Bemühen, die Anatomie des *real nigga* nachzuzeichnen, zieht die Frage nach sich, ob seine Vorstellung von Authentizität eher befähigend oder destruktiv wirkte. Diese interessante Frage wird viel zu oft für harsche Urteile geopfert, die von Angst vor Rassismus getrieben sind. Die Frage, die stattdessen gestellt wird, lautet: Ist Tupacs Rap positiv oder negativ? Wer sich aber auf den negativen oder positiven Einfluss fokussiert, der stellt das Erleben über die Kunst und öffnet einem kruden Vergleich von wahrem und falschem Erleben Tür und Tor. Wir sollten stattdessen lieber einer deutlich komplexeren Frage nachgehen: Ist nicht das Selbst – und zwar nicht nur jemandes öffentliche Persona, sondern auch eine *thug*-Persona – eine künstlerische Schöpfung? Kann es nicht aus dem Reich der kollektiven Erfahrung schöpfen, das sich in kulturellen Mythen, ethnischen Allegorien und Ghetto-Legenden widerspiegelt? Eine solche Fragestellung konzentriert sich nicht auf Authentizität oder Nichtvorhandensein, sondern darauf, das Selbst und eine eigene Identität zu erschaffen, zu stylen und zu performen.

Lässt sich das Selbst nicht am besten in Relation zur Kunst begreifen – und nicht etwa umgekehrt, wie es viele von Tupacs Kritikern gerne hätten? In den Worten des Philosophen Michel Foucault: »Aber könnte nicht das Leben eines jeden ein Kunstwerk werden? Warum sollte die Lampe oder das Haus ein Kunstwerk sein, nicht aber unser Leben?«[36] Foucault weist außerdem auf den beschränkten Appeal von Authentizitätsdebatten hin – ein Hinweis, den sich Hip-Hopper zunutze machen könnten. In einer Erörterung von Jean-Paul Sartres literaturkritischen Arbeiten sagt Foucault, dass »Sartre das schöpferische Werk einer bestimmten Relation zum Selbst zuschreibt – des Autors zu sich selbst –, die die Form von Eigentlichkeit oder Uneigentlichkeit hat. Ich möchte das genaue Gegenteil sagen: Wir sollten jemandes kreative Aktivität nicht der Verbindung zuschreiben müssen, die er zu sich selbst hat, sondern sollten umgekehrt jemandes Verbindung zu sich selbst einer kreativen Aktivität zuordnen«.

Die interessanten Fragen zu Tupacs Kunst – ob sie die künstlerischen Ideale vorantrieb, die zu repräsentieren er für sich in Anspruch nahm; ob sie sich in musikalischer oder lyrischer Hinsicht mit den Besten des Genres messen konnte, oder ob sie im Gestank rhetorischer Posen erstickte – werden kaum je gestellt. Das liegt daran, dass sich die Moralität künstlerischer Bestrebungen beständig auf deren kritisches Urteilsvermögen auswirkt. Das heißt nicht etwa, dass wir der Kunst das Urteil ihrer moralischen Implikationen ersparen sollten. Wir sollten lediglich in Erinnerung behalten, dass diese Implikationen von Kritikern beurteilt werden, die ihre eigenen Befangenheiten, Prioritäten und Interessen verteidigen müssen. Oft versuchen Künstler, in ihrer Kunst die moralischen Prismen zu unterminieren, durch die hindurch wir Kunst betrachten.[37]

Im Falle von Tupacs Kunst wurde die Frage nach Authentizität besonders laut gestellt. »Ich halte Tupac für interessant, weil er jemand war, den die meisten mit dem Wahrhaftigen im Hip-Hop in Verbindung brachten«, so der Intellektuelle Todd Boyd. »Und für mich ist sein Leben absolut nicht wahrhaftig. [...] Er konnte zwischen Realität und Fiktion nicht unterscheiden.«

Quincy Jones, der Entertainment-Impresario, den Tupac zunächst wegen dessen Ehen mit nichtschwarzen Frauen angegriffen hatte, der dem Rapper jedoch ans Herz wuchs, als Tupac mit seiner Tochter Kidada ausging, bestätigt, dass es vielen jungen Entertainern schwerfällt, »zwischen Realität und Fantasie zu unterscheiden. […] Man verliert da schnell die Balance«. Und trotzdem gelang es Tupac, in seinen Altersgenossen etwas zum Klingen zu bringen; selbst bei denjenigen, die – wie Mos Def – absolut nicht mit den Themen und dem Lebenswandel assoziiert werden, für den Gangsta-Rapper stehen. Mos Def sieht ein hohes Maß an Ehrlichkeit in Tupacs Werk: »Pac lebte all das, wovon er sprach. Er lebte die Schönheit und er lebte den Horror. Und das ist bei Weitem mehr, als man von vielen anderen da draußen sagen kann.«

Bediente Tupac sich eigener Erlebnisse oder plünderte er den Erfahrungsschatz anderer, um seine ergreifenden Geschichten über urbanes Leid und soziale Vernachlässigung zu weben? Und wenn er es getan hätte, würde ihn das von all den anderen Künstlern unterscheiden, deren Hauptverpflichtung darin besteht, aus Vorstellung, Fiktion und Fantasie Kunst zu erschaffen? Geschichten müssen nicht real sein, um wahr zu sein. Wäre es nicht Ausdruck von Tupacs künstlerischer Authentizität gewesen, anderer Leute Erlebnisse und Geschichten anzuzapfen, um an Treibstoff für seine wirkmächtigen Rap-Narrative zu gelangen? Die motivierende Kraft hinter Tupacs Kunst, so drückt Produzent Preston Holmes es aus, war es, »diese Verbindung zu den Leuten aufrechtzuerhalten, deren Not ihm die größte schien«, die Leute »auf den Straßen von Harlem, Baltimore und Marin City«. Letztendlich ging es Tupac laut Holmes darum, diese Leute mitzunehmen – »irgendwo anders hin, sodass es ihnen möglich ist, ihre Lage von einem Standpunkt zu betrachten, der ihnen einen echten politischen Eindruck davon verschafft, warum die Dinge so sind, wie sie sind«. Es mag genau dieses Spannungsfeld gewesen sein – der Versuch, sich mit dem schwarzen Leben auf der Straße zu identifizieren und gleichzeitig die Dringlichkeit eines politischen Bewusstseins zu betonen –, das Tupacs Rolle zu einer herausfordernden, wenn nicht gar schizophrenen Angelegenheit machte. »Er wollte wirklich für zu viele Menschen zu viele verschiedene Dinge verkörpern«, sagt die Journalistin Allison Samuels, die den Rapper mehrfach interviewt hat. »Und auf diese Weise kann man sich wirklich selbst verlieren.«

Im Idealfall ist der Rap ein geeignetes Forum, um diese Ideen zu diskutieren, da er von seinen Anhängern als eine einzigartige und authentische Kulturform wahrgenommen wird. Wie Holmes es ausdrückt: »Die Leute reden von ›keeping it real‹, und das traf auch auf Tupac zu.« In ihren selbstgefälligsten Momenten sehen Hip-Hopper sich als Errichter eines kulturellen Bollwerks, das durch narrative Selbstoffenbarung ein hohes Maß an Ehrlichkeit ermöglicht. Wo »ich« in manchen Bereichen des Journalismus und an den Hochschulen als Schimpfwort gilt, ist es im Hip-Hop ein moralischer Imperativ. Die Genialität des Hip-Hops besteht darin, dass seine Anhänger einander davon überzeugen, dass seine Mittel dem unmittelbaren Zweck dienen, die Wahrheiten des Lebens durch eine Art Reportage zu offenbaren. Und beachtet man die Angriffe, denen das Genre ausgesetzt ist, so lassen sich auch Außenstehende davon überzeugen. In Wahrheit konstruieren Hip-Hopper erzählerische Konventionen und entwickeln durch fortgesetzte Übung und Zitate künstlerische Normen. Das künstlerische Metier, das Tupac auf so brillante Art erkundete, basiert auf einer leicht entflammbaren Prämisse: »Was ich sage, ist, wer ich bin.« Das Zerreißen der künstlerischen und moralischen Linien, die die Geschichten und die in ihnen enthaltene Wahrheit von der Realität trennen, ist genau das, was den Kritikern von Hip-Hop und einer schwarzen Jugendkultur Sorge bereitet.[38]

Die aggressive Bejahung von Authentizität ist charakteristisch insbesondere für die Bemühungen, schwarze Maskulinität zu definieren. Tatsächlich ist die Debatte über schwarze Authentizität eng verbunden mit dem Aufeinanderprallen von unterschiedlichen Vorstellungen maskuliner Identität. Die moralische Gleichsetzung von Authentizität und Maskulinität ist ein nicht zu leugnendes, wenngleich beunruhigendes Anzeichen dafür, wie sehr Männlichkeitswahn und Patriarchat noch immer die kulturellen und politischen Prioritäten schwarzen Lebens bestimmen. In den sozialen Belangen schwarzer Menschen ist ein schadhaftes Ungleichgewicht der Geschlechter zu beklagen; darüber hinaus ist aber festzuhalten, dass schwarze Männer jeden Alters Krisen ausgesetzt sind: Ältere schwarze Männer sind erschütternden Inhaftierungsraten, einem chronisch krisengebeutelten Gesundheitssystem und anhaltender rassistischer Unterdrückung ausgesetzt. Und wo ältere schwarze Männer leiden, da sind jüngere schwarze Männer noch anfälliger – für AIDS, Tötungsdelikte, Suizid, eine schlechte Ausbildung und Racial Profiling. Sie sind auf höchst besorgniserregende Weise einer Gewaltkultur ausgesetzt, die zu viele Leben fordert und junge Schwarze verführt, destruktive Entscheidungen zu treffen. Tupacs tragisch verkürztes Leben stellte eine Verkörperung der Sorgen junger schwarzer Männer dar. Wie der Rapper Mos Def anmerkt, versinnbildlicht Tupacs kurze Existenz die definierenden Erfahrungswerte im Leben aller jungen schwarzen Männer, der Gesegneten und der Glücklosen: »Pac saß hinter Gittern. Pac hatte einen Nummer-Eins-Hit. Pac hat in Filmen mitgespielt. Er hat erreicht, was man als Schwarzer in Amerika erreichen konnte. Er lebte beide Seiten dieser Erfahrungswelt. Er hat die Feindseligkeiten der Weißen erlebt und ist ins Gefängnis gesteckt worden, er war sich also sogar im Angesicht seines Erfolges immer der Tatsache gewahr, dass er für Amerika nur ein *nigger* unter vielen war. Wie fühlt sich das an?«, fragt Mos Def. »Du bist in einem Moment absolut privilegiert und im nächsten buchten sie dich einfach ein, und dann siehst du im Knast dein eigenes Musikvideo. Dieser scharfe und irritierende Kontrast zwischen seinen persönlichen Hochs und Tiefs verlieh Tupac ein wirkmächtiges Verständnis der Aufs und Abs schwarzer männlicher Existenz.[39]

Tupac ist wohl der Archetyp des schwarzen jungen Mannes in Nöten, oder, wie die Schauspielerin Jada Pinkett Smith es formuliert, »die Blaupause für den durchschnittlichen afroamerikanischen Mann«. Ihr zufolge hat Tupac das schwarze männliche Erleben »ans Licht gebracht«. Man könnte meinen, Tupac habe sein Leben als Anschauungsunterricht für den Kampf des schwarzen Mannes genutzt. Smith erklärte mir Tupacs Ansatz so: »Ich werde mein Leben offenlegen; ich werde meine Seele bloßlegen, damit jemand kommen kann, um genau das zu tun, was du jetzt tust« – womit meine Absicht gemeint war, ein Buch zu schreiben, das das Wesen von Tupacs Bedeutung auskundschaftet. »Und das bedeutet, alles aufzudröseln, damit wir das, was mit unseren schwarzen Jungen und Männern vorgeht, als Ganzes verstehen können.« Smith gesteht: »Ich habe so viele Pacs kennengelernt. Wir haben eine ganze Industrie voll von Pacs, und sie sind vielleicht nicht genauso furios, sie strahlen vielleicht nicht genauso hell, aber ich will verdammt sein, wenn sie nicht auf diese oder jene Weise Tupac sind.«

Wenn man Tupac als repräsentativ für junge schwarze Männer begreift, gilt es auch zu beachten, dass seine Vorstellung von schwarzer Maskulinität in einer Zeit geprägt wurde, als religiöse und soziale Führungsfiguren schwarzen Lebens gerade versuchten, die Krise des schwarzen Mannes anzugehen. Bekanntestes Beispiel hierfür ist natürlich Louis Farrakhan. Durch seine geniale Orchestrierung des »Millionen-Mann-Marsches« im Jahr 1995 hatte Farrakhan im jungen schwarzen Amerika enorm an Ansehen gewonnen. Die Versammlung war dramatisches Zeugnis dafür, wie sehr schwarze Männer nach Befreiung und moralischen Normen hungerten. Farrakhan zapfte die generationalen Ängste einer jugendlich-schwarzen Maskulinität an; er erforschte den spirituellen Hunger und das kommunale Streben, auch vor dem Hintergrund von ruchloser Bandenkriminalität und Drogensucht. Farrakhans gehobene Stellung nach dem Ereignis und seine anhaltende Anziehungskraft auf jüngere Schwarze sind Beweis dafür, dass der Marsch weder Zufallstreffer noch übertriebener Tanz eines schwarzen Männlichkeitskultes war. Vielmehr hat Farrakhan dazu beigetragen, schwarze männliche Identität vor den Augen der Öffentlichkeit zu choreografieren. Er hat dazu beigetragen, dass der Millionen-Mann-Marsch zu einem Ballett schwarzer männlicher Selbstoffenbarung und Selbstbehauptung wurde. Intuitiv hatte er verstanden, dass ein solcher Tanz der Selbstbehauptung in Millionen von winzigen, aber bedeutungsvollen Gesten geprobt worden war, sowohl in individuellen Psychen als auch auf der historischen Bühne eines kollektiven schwarzen Strebens. Farrakhan stellte sowohl seine brillante Auffassungsgabe als auch seinen Opportunismus unter Beweis: Er nutzte die Gunst der Stunde, indem er das gewaltige Begehren schwarzer Männer – das für weiße

Augen weitgehend unsichtbar ist – definierte und ihm eine zugängliche Form verlieh, um auf diese Weise schwarze Identitäten in all ihrer prachtvollen, unterschätzten Komplexität zu präsentieren.[40]

Viele schwarze Progressive übten entschieden Kritik an dem Marsch, den sie als eine kathartische Geste ohne politischen Nutzen bezeichneten. Farrakhan aber hatte verstanden, dass eine neue Generation junger Schwarzer sich nach einem tieferen moralischen Engagement sehnte, das den politischen Maßnahmen und Handlungsempfehlungen der Civil-Rights-Generation abzugehen schien. Der Millionen-Mann-Marsch gewährte schwarzen Männern die Gelegenheit einer symbolischen Solidarität, die einen praktischen und profunden Nutzen hatte: Indem sie ihre Ressourcen zusammenlegten, festigten sie ein Bild von schwarzer Maskulinität, das die Medien und andere kulturelle Mythenschmieden weitgehend ignoriert hatten. So simpel das auch klingen mag: Der Marsch war ein großer Angriff auf all den Unfug, der in Gestalt vermeintlich intelligenter Ansichten über schwarze Männer daherkommt. Und so entmutigend es auch scheinen mag – insbesondere in Anbetracht der herkulischen Anstrengungen schwarzer Krieger im Kampf gegen rassistische Anfeindungen und Ignoranz –, hat der Marsch doch hartnäckige Stereotype über schwarze Männer widerlegt. Und zwar, indem er sichtbar machte, dass schwarze Männer wegen der Kriminalität innerhalb schwarzer Communitys besorgt sind; dass sie von dem Wunsch verzehrt werden, das moralische Chaos in schwarzen Vierteln zu beenden; dass sie eine diversere Gruppe sind, als kulturelle Überzeugungen glauben machen wollen; dass sie sensibel sind und bereit, sich zu öffnen; dass sie Brüder sind, die einander über die Kluft sozialer Klassen und ökonomischer Verhältnisse hinweg die Hand reichen.[41]

Während Farrakhan sich darauf konzentrierte, das Image schwarzer Männlichkeit zu rehabilitieren, schienen Angehörige der jüngeren schwarzen Generation den moralischen Kompass abzulehnen, den ihnen das traditionelle religiöse Gemeindeleben bot. Tupacs Leben und Tod waren zweifellos ein Abbild der Wut junger schwarzer Männer. Aber der traurige Fall des Boxers Mike Tyson stand sinnbildlich für eine andere Dimension des breiten moralischen Grabens, der die älteren von den jüngeren Schwarzen trennt. Bevor Tupac und der ebenfalls ermordete Rapper Notorious B.I.G. den Thron erklommen, war Mike Tyson – dessen Kampf gegen Bruce Sheldon Tupac an dem Abend beiwohnte, als er tödlich verwundet wurde – der »König einer geplagten schwarzen Jugend«. Tysons gewaltiges Image warf seinen Schatten auf die Identitätskrisen jugendlich-schwarzer Maskulinität, vor allem auch deshalb, weil er den aufrechten Bruder von der Straße verkörperte, dessen sportlicher Ruhm niemals in Konflikt zum Ghetto stand, aus dem er stammte und mit dem er sich identifizierte.

Als Jugendlicher verbrachte Tyson Zeit in einer Jugendstrafanstalt, auch als professioneller Boxkämpfer lieferte er sich Straßenschlägereien, und als Champion beschuldigte man ihn sexueller Übergriffigkeiten gegenüber Frauen. 1997 ließ er sich erneut von den Dämonen der Selbstzerstörung leiten, als er seinem Gegner Evander Holyfield während eines Weltmeisterschaftskampfs im Schwergewicht ein Stück vom rechten Ohr abbiss. Damit belegte er wieder den ersten Platz unter den schwarzen Bad Boys. Tysons Tat war angesichts der scheinbar unentrinnbaren Tragödie, die sein Leben umspannte, besonders hässlich. Auch wenn Tyson sich gekonnt aus dem Ghetto herausgeboxt hatte, machte er oft den Eindruck eines Straßenschlägers, der im Körper eines Athleten von Weltklasse gefangen war. Im Ring war er der Meister eines rücksichtslos-mechanischen Boxstils, aber zahllose Frauengeschichten und Straßengefechte zeugten von einem Willen zur Selbstzersetzung, und die feindseligen Reaktionen darauf machten ihm zu schaffen. Seit er im Alter von zwanzig Jahren der jüngste Schwergewichtsweltmeister aller Zeiten geworden war, schien Tyson den Zwillingsimperativen schwarzen sportlichen Erfolgs – in edler Weise die schwarze Kultur zu repräsentieren, während man bemüht ist, ihr ungerechtfertigt verrohtes Image in den Augen der Öffentlich zu wandeln – mit spektakulärem Unbehagen gegenüberzustehen.[42]

Gleichzeitig kristallisierte sich in Tysons Person die Widersprüchlichkeit eines Sports, der auf Blut und Brutalität aufbaut. Sein Erfolg im Ring hing von seiner Fähigkeit ab, eine übergroße Wut in Zaum zu halten, die außerhalb des Rings großes Unheil anrichten konnte. Tysons gelegentliches Verwischen der Grenzen zwischen seinen beiden Welten – das sich auch in den Vorwürfen offenbart, er habe seine erste Ehefrau, die Schauspielerin Robin Givens, geschlagen – zog auch eine der wesentlichen Prämissen der »Wissenschaft des Boxens« in Mitleidenschaft: dass es sich dabei um zivilisierte Gewalt handelt. Schärfer formuliert: Tyson zapfte die weiße Furcht *vor* und die Faszination *für* sexualisierte, schwarze, maskuline Identitäten an, so wie es auch andere verachtete junge Schwarze getan haben – darunter Tupac, Notorious B.I.G., Lil' Kim und Snoop Doggy Dogg. In den Augen vieler Weißer wurde Tyson zu einem bedauernswerten Rohling. Er war eine Bestie in Boxershorts, dessen Primitivität für das Bezahlfernsehen als Spektakel aufgezogen wurde. Als Tyson sich mit dem Box-Promoter Don King zusammenschloss, schienen beide die Defizite des jeweils anderen auszugleichen. Sie waren eine nahtlose Verbindung von Köpfchen und Furore, zwei genialische, geplagte Männer, deren protziger Erfolg einige Weiße wütend machte. In King schien Tyson eine Vaterfigur gefunden zu haben, die aus der weißen Dämonisierung seiner Person mehr als nur Geld schlagen konnte und ihm gleichzeitig einen psychischen Schild bot, der ihn vor den Angriffen Weißer schützte. Für King stellte Tysons ungezähmte Jugend die dauerhafteste und größte Einnahmequelle dar. Nicht weniger bedeutend: Tyson wurde Kings Feldmarschall in der Ghetto-Rebellion gegen den bedächtigeren und kultivierteren Stil, dem sich das schwarze Bürgertum verschrieben hatte. Tyson verlieh Kings Überzeugung, dass scharfer Intellekt und vehemente Einschüchterung die wahren Pfeiler des Kapitalismus sind, Fleisch und Blut. In Kings Geschäftsgebaren erkannte Tyson die Logik, die auch seine eigenen handgreiflichen Auseinandersetzungen motiviert hatte: Wenn du sie schlagen kannst, werden sie sich dir anschließen.

Aber seine Partnerschaft mit King konnte Tysons nicht den moralischen Mentor ersetzen, den er so dringend benötigte. Wenn Tyson unter weißer Dämonisierung litt, dann setzte King ihn zu einem gewissen

Maße schwarzer Ausbeutung aus. Als Folge dessen fehlte Tyson eine Kraft, die ihn vor sich selbst und seinen schlechtesten Charakterzügen schützte, insbesondere vor seinem scheinbar unkontrollierbaren Drang, Frauen gegen deren Willen zu begrapschen oder zu betatschen, was ihm schließlich eine Verurteilung wegen Vergewaltigung einbrachte. Selbst hier fügte ihm die Unterstützung, die er erhielt, eher Schaden zu. Desiree Washington, die Frau, für deren Vergewaltigung Tyson schuldig gesprochen worden war, wurde in vielen schwarzen Communitys an den Pranger gestellt, während man in Gebetsversammlungen für Tyson betete. Als er ins Gefängnis musste, um seine Strafe abzusitzen, wurde Washington als »Nutte« abgestempelt; Tyson wurde zu einem Heiligen. Selbst Tysons Übertritt zum Islam hatte eine verderbte Schattenseite: Viele sahen es als eine Rechtfertigung der Hürden, die er hatte überwinden müssen, um zum vollkommenen Glauben zu finden. Washington wurde zu einem Boxenstopp in seiner spirituellen Entwicklung. Als Tyson das Gefängnis wieder verlassen konnte und zum Islam konvertiert war, machte genau diese Logik viele Frauen wütend, deren unmittelbares Resultat eine Parade (von Männern) in Harlem zu Ehren Tysons war. Diese schwarzen Frauen anerkannten, dass Tyson seine Strafe abgesessen hatte, aber sie stellten infrage, dass er – oder auch der Großteil der Männer – seine Lektion gelernt hatte. Im Wesentlichen hatte man Tyson vergeben, ohne dass er seine Sünde gebeichtet hatte.

Es liegt eine allzu vorhersagbare Ironie in der Tatsache, dass der Schmerz, den Tyson schwarzen Frauen zugefügt hatte, erst zur Kenntnis genommen wurde oder Sinn ergab, nachdem Tyson seinen Zahnabdruck auf dem Körper eines schwarzen Mannes hinterlassen hatte. Es gibt im schwarzen Amerika noch immer eine beklagenswerte Schmerzhierarchie. Wird Männern etwas zuleide getan, solidarisiert man sich in der Krise. Wenn Frauen oder Kindern Leid zugefügt wird – manchmal durch die Hände schwarzer Männer –, hüllt man ihren Kummer in Schweigen oder Unsichtbarkeit. An dieser Stelle verliert Tysons Symbolcharakter für den Niedergang einer Generation seinen Daseinszweck: Die Bedeutung der Leben schwarzer Frauen wurde im gesamten Verlauf der Geschichte des schwarzen Amerikas in Abrede gestellt. Ganz ohne Frage war Tysons Streben nach faustkämpferischer Überlegenheit und persönlicher Erhabenheit von dem enormen Rassismus geprägt, der ihm begegnete. Tysons zweiter Kampf gegen Holyfield hatte einen hässlichen religiösen Unterton. Holyfield war der rechtschaffene Krieger, der für all das kämpfte, was das evangelikale Christentum in Abkehr von seinen Wurzeln inzwischen symbolisierte: häusliche Strenge, ahistorische Frömmigkeit und eine klaustrophobische Glaubensauffassung im öffentlichen Raum. Tyson, der zum Islam konvertierte *thug*, fand sein Ende im Licht von Holyfields Heiligenschein. Tyson gab wieder den Rohling, nur diesmal etwas subtiler. Er war nun ein Monster Mekkas. Aber nichts davon – selbst Holyfields geschmeidig ausgeführter, unsportlicher Kopfstoß und seine Tiefschläge während beider Kämpfe – rechtfertigen Tysons fürchterliche Tat. Eine Faust in Holyfields Gesicht wäre die beste Entgegnung gewesen, aber nicht Tysons Schneidezähne in seinem Ohr. Die absolute Ironie dabei ist wohl die Tatsache, dass der einzige weiße Mann im Ring, der Schiedsrichter Mills Lane, die Galionsfigur einer verachteten, jungen, schwarzen Maskulinität davon abhalten musste, einem anderen schwarzen Mann das Fleisch vom Leib zu reißen. Viele fanden, dass Tysons Entschuldigung für sein Verhalten im Ring unaufrichtig klang – eine nutzlose Geste in einer grotesken Choreografie des Selbstmitleids. An der größten Herausforderung war Tyson – genau wie Tupac – gescheitert: seine inneren Dämonen zu bändigen.[43]

Tyson ist nicht der Einzige, der sich als junger schwarzer Mann seinen Dämonen öffentlich stellen musste. Der Hip-Hop-Mogul Sean »Puffy« Combs – den Tupac als seinen Erzfeind betrachtete – und sein Protegé Biggie Smalls (The Notorious B.I.G.) setzten ebenfalls ihr *thug*-Image ein, um ein millionenschweres Imperium zu errichten und sich im Sinne einer hypermaskulinen schwarzen Authentizität zu inszenieren. Combs war in diverse Vorfälle verwickelt gewesen, über die die Presse ausführlich berichtet hatte. In den Augen der Öffentlichkeit wurde er daher als jemand wahrgenommen, der sich geschmeidig jenseits des Gesetzes bewegte und sich sowohl auf der Straße als auch in seinen wirtschaftlichen Unternehmungen Respekt verschaffen konnte. All das setzte er aufs Spiel, als er einen breit publizierten Konflikt mit dem Gesetz hatte. Anfang 2001 wurde Combs nach siebenwöchiger Verhandlung in Manhattan von Vorwürfen des illegalen Waffenbesitzes in vier Fällen und der Bestechung in einem Fall von einer Jury freigesprochen. Die Anklage ging auf eine Schießerei in einem Nachtclub Manhattans zurück, bei der drei Menschen verletzt wurden; hätte man Combs für schuldig befunden, hätten ihm bis zu fünfzehn Jahre Gefängnis gedroht. Combs' öffentlicher Leidensweg zwang ihn, sein Image zu überdenken, und er half vielleicht auch anderen schwarzen jungen Menschen, die unauflösbare Verbindung von Maskulinität, Authentizität und Gewalt infrage zu stellen. Combs hatte sich seinen Ruf als Hip-Hop-Impresario durch seine umstrittene Inszenierung als Outlaw schwarzer Kultur erkämpft. Dass er sein Unternehmen Bad Boy Records nannte, passte perfekt zu seiner symbolischen Vorliebe für Mädchen, Glanz, Knarren und Gangstertum. Das war zumeist nicht so ernst gemeint, wie es aussah, was insbesondere dann galt, wenn *Combs der Rapper* zum Mikro griff. Sein Gebaren auf Platten und in Musikvideos wurde von seinen Fans wie auch von Kritikern als Versuch gewertet, sein Image als *real nigga* zu hypen; eine Notwendigkeit, die er angesichts des Einflusses von Hardcore- und Gangsta-Rap womöglich freudig ausschlachtete.

Natürlich gab es Momente in Combs' Karriere, in denen die Grenzen zwischen Kunst und Leben auf verhängnisvolle Weise verwischt wurden. Der tragischste von ihnen trug sich 1997 in einer Märznacht zu, als Combs' größter Star und Reimkönig des Rap, The Notorious B.I.G., in Los Angeles erschossen wurde. Und es geschah gerade dann, als behauptet wurde, Combs habe Gefährten angewiesen, den Musikmanager Steve Stoute zusammenzuschlagen. Combs war verärgert, weil Stoute es abgelehnt hatte, Combs' Gastauftritt in einem Video des Rappers Nas zurückzuhalten. Es ging um eine Kreuzigungsszene und Combs behauptete nun, diese Bilder seien sakrilegisch. Von seinen Fehltritten einmal abgesehen, hat Combs ein Imperium errichtet, das seinerzeit

300 Millionen Dollar wert war und zu dem (neben dem Plattenlabel) eine Modelinie, zwei Restaurants, eine Film-Produktionsfirma und ein Technologieunternehmen gehörten. Sein außergewöhnlicher Erfolg ist zu einem nicht unwesentlichen Teil seiner Fähigkeit geschuldet, eine Brücke zwischen zwei vermeintlich unvereinbaren Welten zu schlagen: weißem Vorstadtwohlstand und schwarzem Ghetto-Grus. Er war in Martha Stewarts schicker Bleibe ebenso gern gesehener Gast wie im berühmten Soul-Food-Restaurant »Sylvia's«. Puffy musste eine öffentliche Rekonstruktion seiner Persona vornehmen, die nicht immer einfach war. Das ein so großer Teil des Landes ihm seine *thug*-Inszenierung abgekauft hat, hat ihm Millionen von Dollar und weltweiten Ruhm eingebracht – und 2001 hätte es ihn fast ins Gefängnis gebracht. Es ist nicht ohne Ironie, dass Combs womöglich dazu beigetragen hat, ein sehr einseitiges Bild schwarzer Jugend zu zeichnen, auch wenn seine wahren Errungenschaften als Unternehmer Grenzen eingerissen und Stereotype zerschlagen haben. Seine Wiedergeburt als P Diddy – eine symbolische Abkehr von seiner früheren *thug*-Persona – signalisiert vielleicht nicht nur einen Wandel in seiner persönlichen Auffassung authentischschwarzer Maskulinität, sondern könnte auch ein Moment in der öffentlichen Neudefinition des *real nigga* zeitigen.

Die Frage, ob Tupac »wahrhaftig« war, und noch mehr, ob er ein *real nigga* war, wenn er rappte, ergibt nur dann Sinn, wenn Künstler sowie ihr Publikum und ihre Kritiker der Annahme sind, dass sie eine wahre schwarze Identität erkennen, wenn sie sie sehen. Tupac hat zweifellos vorgeführt, was es braucht, um ein *real nigga* zu sein: Jemand, der willens ist, für seine Homies zu sterben, der schwarze Frauen liebt *und* den Bitches zeigt, wo ihr Platz ist; jemand, der die Wahrheit über das Leid der Schwarzen spricht und sich zum Ghetto bekennt, auch wenn einige der vehementesten Verfechter einer Ghettokultur inzwischen zum schwarzen Geldadel aufgestiegen sind. Tupacs Kritiker waren in ihrer gegnerischen Formenlehre eines korrekten Schwarzseins nicht weniger unerbittlich: Wahre Schwarze, positive Schwarze nennen Frauen nicht *bitches*, nennen einander nicht *nigger*, stellen keine rücksichtslos-raubtierhaften

Verhaltensweisen zur Schau und aalen sich nicht in Hoffnungslosigkeit und Zynismus, schon gar nicht, um Platten zu verkaufen. Tatsächlich müssen wir uns mit dem Gedanken befassen, dass Rapper wie Tupac »letztendlich Repräsentanten unseres Autogenozids sein könnten«, so der Schriftsteller Khephra Burns. »Rapper reden davon, ein reales Bild abzugeben. Aber das ist nicht echt; das ist Theater.« Burns zufolge zeichnen die Texte des Gangsta-Rap »kein reales Bild des Lebens der meisten Schwarzen, ja nicht einmal ein reales Bild des Lebens der meisten Rapper«. Burns sagt, Gangsta-Rap sei »eine Pose – eine Haltung und ein Style, der adaptiert wurde, als die Platten von Outlaw-Rappern sich als erfolgreich erwiesen hatten«. Die Musikindustrie habe das bereitwillig aufgegriffen, und »jeder Möchtegern-Rapper gierte nach Aufmerksamkeit, nach Verehrung durch Millionen von Fans und all den Toys, die ihnen ein auffälliges Konsumverhalten einbringen konnte«.

So sehr Tupac auch gegen den »respektablen *negro*« schimpfte: Er war Wegbereiter eines gefährlichen Trends im Hardcore-Hip-Hop, der sich – ironischerweise – der moralischen Energie jener orthodox-schwarzen Kultur bedient, vor der er in seiner *thug*-Persona Zuflucht gesucht hatte. Er sehnte sich danach, das Leben zu leben, über das er in seinen Songs rappte. Das hehre Ideal war das den Bestrebungen der Gospelmusik zugrunde liegende Prinzip, die Lücke zu schließen zwischen Predigt und Praxis, zwischen dem, was einer sagte, und dem, was er tat. Auf den Gangsta-Rap und Tupacs Karriere übertragen, führte das zu desaströsen Ergebnissen.

»Am Anfang ging es noch nicht um dieses ganze Gangstertum und den Straßenkram«, sagte Regisseur Singleton. »Er wollte ein Dichter sein; er wollte ein Schauspieler sein.« Singleton verriet mir, dass Tupac sich »früher Kristalle umgehängt hat« und versucht habe, »diese Künstlertype« zu sein. Aber »wegen dieses ganzen Rap-Game, so stelle ich mir das vor, hat er für sich dieses Image [des *gangsta*] entworfen. Er fing an, dieses Image auszuleben, und das hat ihm dann eine Menge Ärger eingebracht«. Produzent und Rapper Dr. Dre, der mit Tupac an dessen bahnbrechenden Doppelalbum *All Eyez on Me* gearbeitet hat, findet deutlich schärfere Worte: »Tupac zündelte gerne und guckte dann zu, wie den Leuten alles um die Ohren flog. Es ist schwer, so zu leben, aber es stirbt sich schneller.« Ich will damit nicht sagen, dass Tupac bei vielen der Themen, die er im Studio auskundschaftete, keine Erfahrungen aus erster Hand hatte – ob nun Arbeit oder Bewährung, Obdachlosigkeit oder Drogen. Aber sein Nachahmen echter Gangster und *thugs* bedeutete, dass er sich der verbissenen Buchstabentreue unterwarf, mit der viele seiner lautstarken Kritiker seine Texte interpretierten. Viele Kritiker sind außerstande, den Einfallsreichtum anzuerkennen, den es braucht, um den Reiz und die Grenzen schwarzer Moralbegriffe und sozialer Subkulturen auszuloten. Das sind die Anhänger einer »positiven« Perspektive, die genauso unecht ist wie die ausschließliche Verehrung von Zuhältern, Schlitzohren, Bitches und Gangstern. Beide Ansätze sind ungeeignet, die Bandbreite schwarzer Kultur abzubilden.

In Anbetracht seiner säkularen Gangsta-Ambitionen erwies sich Tupacs Adaption eines vom Gospel geprägten Verhaltenskodex als schmerzlich. 1993 war er angeklagt, auf zwei Polizisten in Zivil geschossen zu haben. Er war in Michigan und New York mehrfach wegen sexueller Übergriffe und Körperverletzung verurteilt worden. Tupac verbrachte elf Monate hinter Gittern, nachdem man ihn des sexuellen Übergriffs auf eine Frau in einem New Yorker Hotelzimmer schuldig gesprochen hatte. Noch während der Zeitdauer des Prozesses wurde er mit fünf Kugeln niedergestreckt; bei dem Angriff handelte es sich anscheinend um einen versuchten bewaffneten Raubüberfall im New Yorker Tonstudio Quad. Im April 1996 handelte er sich Ärger ein, weil er Bewährungsauflagen verletzt hatte. Im Mai desselben Jahres bekannte er sich in Los Angeles des illegalen Waffenbesitzes schuldig. Und im Monat darauf einigte er sich außergerichtlich mit einem Limousinen-Chauffeur, der behauptete, Tupac und Mitglieder seiner Entourage hätten ihn auf dem Parkplatz des Senders Fox TV brutal zusammengeschlagen, nachdem Tupac für einen Beitrag der Sketch-Show *In Living Color* vor der Kamera gestanden hatte. Es wäre zu simpel, aus all dem zu schließen, dass Tupacs Tod einzig und allein das Resultat seines destruktiven Verlangens war, das Repräsentative zugunsten des Realen aufzugeben. Immerhin hat er zum Teil nur die Karten gespielt, die man ihm auf die Hand gegeben hatte; er hat nur das Drehbuch genommen, das ihm zu Beginn seines Lebens ausgehändigt worden war, hat es erweitert und damit experimentiert. Einige seiner genialsten Raps erzählen von diesen Karten und diesem Drehbuch – von Hunger, vom Leben im Ghetto, von den stark beschränkten Entscheidungsmöglichkeiten schwarzer Männer und der Kriminalität, in der manch einer Zuflucht vor einer rassistischen Gesellschaft sucht. Weil er der Versuchung zum Opfer fiel, ein Gangster zu *sein*, kam Tupac die frustrierende, aber wirkmächtige moralische Ambiguität abhanden, durch die Rhetorik und Darstellungsformen der Gangsta-Rapper so effektvoll sind. Weil er aus der Kunst in das Faktische, aus dem Anschein in die Realität, aus dem Studio in die Straßen floh, kam Tupac ums Leben. Ihm kam auch die verheerendste Waffe abhanden, die ihm im Kampf gegen die Probleme, die er sah, zur Verfügung stand: seine genialen Darstellungen der Realität, der er ausgesetzt war, so wie auch die kraftvolle Realität, die seine Darstellungen – die Darstellungen aller großen Künstler – evozierten. Seine Kunst veränderte das Leben der Menschen. Seine mitreißenden Rap-Songs ließen viele Menschen ein Leid erkennen, das sie nie zuvor zur Kenntnis genommen hatten. Sie halfen vielen verzweifelt unglücklichen jungen Menschen, ein Gefühl für Hoffnung und Menschlichkeit zurückzugewinnen. Das ist auch der Grund, weshalb mich nach einer Vorlesung an einer Universität im Mittleren Westen ein junger Mann ansprach, um mir zu sagen: »Tupac hat mein Leben gerettet. Wenn ich mir die sogenannten positiven Rapper angehört hätte, dann wäre ich jetzt tot. Als Tupac sagte ›Ich habe keine Hoffnung‹, konnte ich mich damit identifizieren, und ich habe mich nicht umgebracht, wie ich es eigentlich vorhatte. Weil ich glaubte, dass er versteht, wie ich mich fühle.«

Dass Tupac nicht lang genug lebte, um zu lernen, seinem eigenen Genie zu vertrauen, um zu verstehen, dass es ihn selbst hätte retten können, ist vielleicht der traurigste Aspekt dieses viel zu kurzen, problembeladenen Lebens. Anders als seine Gangsta-Rap-Kollegen Ice T, Dr. Dre und

Ice Cube, so erzählt der Regisseur Eric Meza, habe Tupac »nicht lang genug gelebt, um sich wirklich einen Namen zu machen, um genug Geld zu machen, [sodass] er raus konnte« aus dem Gangsta-Rap-Game mit all seinen Fallstricken. Laut Mos Def bestand Tupacs Bedeutung darin, dass er »etwas Negatives nahm, und er assoziierte es mit uns [jungen Schwarzen] und versuchte, es herumzudrehen. […] Ich glaube, das war einfach ein nobles Streben, das aus Pacs Seele sprach und dass er nie wirklich hatte weiterverfolgen können. […] Er ist so jung gestorben«. Egal, wie man sich zu Fragen eines authentischen Schwarzseins positioniert: Diese Tragödie ist real.

Teil 3

KÖRPER UND CREDOS

Kapitel 6

»DO WE HATE OUR WOMEN?«

Huren und Heilige

Rückblickend ist die raue Sympathie, die Tupac für Frauen hegte, bereits in dem Video erkennbar, das aufgezeichnet wurde, als er siebzehn Jahre alt war. Darin beschwört der Teenager ein Bild aus seiner jüngeren Vergangenheit herauf und prangert das Fehlverhalten zweier junger Männer ihren Freundinnen gegenüber an. »Ich habe gesehen, wie Frauen von Typen angesprochen wurden, die ihnen nicht ein Mindestmaß an Respekt entgegenbrachten, und das missbillige ich.«

Tupac bekundet, er habe einen »Ultra-Respekt« für Frauen, den er gelegentlich auch mit der Faust unter Beweis stelle. Das ritterliche Benehmen, das er von klein auf gelernt hat, bringt ihm die Bewunderung seiner Altersgenossen ein. Es bringt aber auch einen Nachteil mit sich, mit dem der jugendliche Tupac nicht gerechnet hatte: verletzter Stolz, wenn das andere Geschlecht ihn und seine zarten Annäherungsversuche abblitzen lässt.

»Ich mochte dieses Mädchen [in der Tamalpais Highschool], und ich bin extranett zu ihr«, erzählt er. »Extra Gentleman. Ich leg mich extra ins Zeug, so nach dem Motto ›Oh, du bist wunderschön, und du hast das Allerbeste verdient‹. Und sie sagt mir, ich sei zu nett. Ich konnte es nicht fassen. Es hat nicht funktioniert, weil ich zu nett war. Das hat mir echt ein Messer in den Rücken gerammt.« Das Messer im Rücken lässt auch seine Gesichtszüge entgleiten, aber Tupac fängt sich wieder.

»Das hat mir eine Woche lang zu schaffen gemacht, in der ich dachte: ›Vergiss es. Ich werde einfach wie die [bösen Jungs] sein, denn die scheinen die Mädchen abzubekommen, und sie reden Frauen mit dem *b*-Wort an, und sie ohrfeigen und schlagen [sie], und die kriegen die Mädchen ab. Und dann komm ich mit ›Peace‹ und ›Ich finde dich wunderschön‹ an, und von denen kommt: ›Tja, ich mag ihn, weil er maskulin ist.‹« Aber Tupacs funkelnder Intellekt und seine übereifrige Treuherzigkeit lassen keinen dauerhaften Zynismus zu. Mittels eines genderstrategischen Kunstgriffs stellt er sich selbst als Opferlamm dar, das es auf sich nimmt, anderen Männern respektvolles Verhalten vorzuführen.

»Mein Plan ist es, den Mädchen immer wieder zu sagen, dass sie nicht zulassen sollen, dass man so mit ihnen spricht, und wenn ich das immer wieder sage, dann verfängt es irgendwann«, beharrt Tupac. »Denn die Mädchen werden jemandem, der so mit ihnen spricht, nicht erlauben, ihr Freund zu sein. Und dann werden sie mich wollen. Also werden die Jungs sich ändern müssen, wenn sie nicht wollen, dass die Mädchen mit mir gehen. So werden sie sich verändern. Dann werde ich eben den Sündenbock geben. Kein Problem, solang sich was ändert.« Tupacs widersprüchliche Gedankenfragmente zu Genderfragen werden in seiner aufschlussreichen Geschichte zusammengefügt. Ritterliches Handeln, Identifikation mit dem Leid der Frauen, Männern schädliches Verhalten zum Vorwurf machen, sich über irrationale weibliche Präferenzen echauffieren, Neid auf das Liebesglück der »bösen Jungs« und Frauen mit jenen Schimpfworten zu belegen, die er zuvor verachtete. Wenn Tupac in seiner Liebe zu den Frauen auch standfest blieb, so tönte doch auf der Bühne ein besorgniserregender Sexismus durch sein Mikrofon, der auch in den gehässigen Texten pulsierte. Und wenn auch nur wenige Beobachter glauben, dass sich Tupac des sexuellen Missbrauchs, dessen er schuldig gesprochen und für den er ins Gefängnis gewandert war, wirklich schuldig gemacht hatte, so sind seine widersprüchlichen Vorstellungswelten von Frauen doch ein Spiegel des krampfhaften Umgangs mit Genderfragen im Hip-Hop.

Hip-Hop zeichnet sich durch seine Angriffe auf Frauen aus, die nicht nur wegen ihrer Virulenz bemerkenswert sind, sondern auch wegen ihres erschütternden Mangels an Kreativität. Ein kleines, aber tödliches Gerinnsel von Beinamen zirkuliert im Rhetorikstrom des Rap – und keiner dieser Beinamen ist herabwürdigender als *bitch*. Die derbste aller weiblich konnotierten Beleidigungen richtet besonders viel Schaden an, da sie in ungerechten sozialen Bedingungen wurzelt. Das Patriarchat hat die Gleichberechtigung von Männern und Frauen in unserer Gesellschaft unterminiert, trotz aller Verdienste der feministischen Bewegung. Die vielleicht sichtbarsten Anzeichen dieser Ungleichheit sind die sexuellen Übergriffe und die häusliche Gewalt, denen Frauen ausgesetzt sind. Der Zusammenprall von männlicher Vorherrschaft und feministischem Widerstand haben die Beziehung zwischen den Geschlechtern zwangsläufig strapaziert, da Männer darum ringen, ihre unangefochtene soziale Autorität zu behalten. Während die Rechtsprechung einen langsamen, aber positiven Wandel hin zu mehr Geschlechtergerechtigkeit reflektiert, haben sich in den Bereichen Politik und Kultur sogar noch heftiger umkämpfte Schlachtfelder aufgetan, auf denen Identitäts- und Machtkonflikte ausgetragen werden. Unter den lodernden Gefechten im Krieg der Geschlechter sind nur wenige Anliegen von größerer Bedeutung als das Selbstbestimmungsrecht von Frauen in Reproduktionsfragen sowie ihre Befähigung, Sozialleistungen für notleidende Familien zu erhalten. Zudem hat die Frage nach der Behandlung von Frauen durch Männer in Machtpositionen – am Arbeitsplatz, in einer Bar, oder selbst in einem Schlafsaal – unsere Kultur dazu gezwungen, die Debatte über angemessene Betragensweisen, Räume und Grenzen voranzutreiben. Und die kulturellen Symbole des Sexismus – darunter der Gebrauch von explizit frauenfeindlicher Sprache, die Befürwortung streng definierter Geschlechterrollen, die stereotype Darstellung von Frauen in den Medien und das Wiederaufleben von Familienwerten als Deckmantel männlicher Dominanz – stehen inzwischen unter Beschuss. Infolgedessen haben sich zwei gegensätzliche Trends entwickelt: Die Normen männlicher Privilegierung werden angefochten, während im selben Moment die Kultur der Misogynie starken Aufwind hat. Im diffusen Nachleuchten gleichzeitiger Triumphe und Rückschläge haben sich feministische Identitätskämpfe bisweilen kritischen Terminologie-Debatten zugewandt oder sich gar darin eingerichtet. Wie man uns nennt und auf welche Bezeichnungen wir ansprechen, ist eine zutiefst politische Angelegenheit – was auch die Diskussion über das Wort *nigga* deutlich macht. In dieser Hinsicht lassen sich geschlechtsspezifische Schimpfnamen als Sprachbomben begreifen, die auf den Identitäten angegriffener Frauen detonieren. Oder, um eine andere Metapher zu bemühen: *bitch* ist der Ein-Wort-Thesaurus männlicher Vorherrschaft.[44]

Natürlich gibt es Versuche von Frauen, das Wort *bitch* für ihre eigenen Zwecke zu rehabilitieren, ähnlich der Bemühungen mancher Schwarzer, dasselbe mit dem Wort *nigger* zu tun. Anstatt sich der verächtlichen Nuancen des Wortes zu fügen, nehmen sie das Wort als Kompliment, nicht als Beleidigung: »Wir sind stolz darauf, dass man uns *bitch* nennt«, scheinen sie zu sagen, »wenn das bedeutet, dass wir aggressiv, durchsetzungsfähig, unabhängig und selbstbestimmt sind und uns der Macht, die wir ausüben, nicht schämen, insbesondere, wenn sie sexistischen Männern das Fürchten lehrt.« Natürlich gilt es auch hier, ethnische und generationale Unterschiede zu beachten. Unabhängige und streitlustige weiße Frauen gelten zweifellos als *bitches*, was aber daran liegt, dass sie eine Bedrohung für die Macht der Männer darstellen. Im Gegensatz dazu gelten unabhängige und streitlustige schwarze Frauen häufig deshalb als *bitches*, weil sie eine Bedrohung der sozialen Ordnung darstellen, die unbestreitbar zum Großteil auf den Säulen des Patriarchats ruht. Schwarze Frauen stellen nicht nur für männliche Privilegien, sondern auch für die weiße Gesellschaft, für deren Kultur und Werte, eine Bedrohung dar. Der Unterschied besteht darin, dass weiße Frauen daran teilhaben, was es bedeutet, weiß zu sein, selbst dann, wenn sie sich von maskuliner Dominanz abgrenzen. Weiße Frauen sind für weiße Männer noch immer ein Teil des »Wir«, trotz ihrer Versuche, die männliche

Vorherrschaft zu stürzen. Schwarze Frauen jedoch sind in zweifacher Hinsicht – Rasse und Geschlecht – ein »Die«, wodurch sie zweifach zur *bitch* degradiert werden. Das ist aber noch nicht alles: Wegen des intrageschlechtlichen und interethnischen Wettbewerbs um Arbeit und Bildung haben schwarze Frauen noch eine weitere Bedeutungslast des Wortes *bitch* zu schultern, die ihnen von weißen Frauen – ihren vermeintlichen Schwestern – aufgebürdet wird. Berücksichtigt man dann noch die Feindseligkeiten schwarzer Männer, denen schwarze Frauen häufig ausgesetzt sind – weil sie die sexuelle Ökonomie schwarzer Haushalte infrage stellen, weil sie von weißen Männern als weniger bedrohlich wahrgenommen und daher eher als schwarze Männer akzeptiert werden, oder weil sie dem Verhalten schwarzer Männer mit schärferen Worten und weniger Toleranz begegnen als weiße Frauen –, so ist die Bedeutung des Wortes *bitch* für schwarze Frauen eine fraglos komplexe. Wenn also weiße Frauen entscheiden, sich den *bitch*-Begriff anzueignen, dann ist das etwas völlig anderes, als wenn schwarze Frauen es tun. Wenn jemandes Existenz – und nicht nur jemandes Funktion – Grund genug ist, als *bitch* bezeichnet zu werden, dann ist die Entscheidung, sich selbst als *bitch* zu bezeichnen, eine weitaus riskantere. Mit anderen Worten: Während *eine gewisse Gruppe* weißer Frauen als Bitches angesehen wird – nehmen wir zum Beispiel »aufsässige« Frauen mit Attitüde, oder solche, die Kontrolle verlangen –, werden schwarze Frauen *als Gruppe* mit diesem Stigma belegt. Dabei darf nicht vergessen werden, dass das oft nicht das Resultat bewusster Denkprozesse ist, sondern sich aus Mythen und Stereotypen über eine schwarze weibliche Identität speist, die tief in unserer Kultur verwurzelt sind.[45]

Die Bürde, von weiten Teilen der Kultur als *bitch* erachtet zu werden – selbst wenn es nur unbewusst geschieht –, bereitet vielen Frauen umso heftigere Schmerzen, wenn ihre eigenen Kinder (und bisweilen andere Frauen) ihnen den Begriff an den Kopf werfen. Viele ältere Frauen fühlen sich betrogen, wenn sie das Wort *bitch* aus den Mündern von Kindern hören, die noch nicht geboren waren, als sie selbst marschierten, protestierten oder auf andere Weise die schwarze Freiheitsbewegung unterstützten, die sich auch für die Freiheit schwarzen Sprechens und Denkens stark machte. Dass eine junge Generation schwarzer Männer diese Freiheit nun gebraucht, um schwarze Frauen zu verhöhnen, ist schlichtweg intolerabel. Während es schwarzen Frauen oftmals schwerfiel, über ihren Status als *bitch* zu frohlocken, haben jüngere Generationen deutlich weniger Bedenken, Anspruch auf den Titel zu erheben. Viele jüngere schwarze Frauen – und auch ein paar ältere – sind stolz darauf, *bitches* zu sein. Sie tragen das Label als Ehrenabzeichen und lassen sich den resonanten Klang des Wortes höchstvergnüglich auf der Zunge zergehen. (Afeni Shakur sagte zu mir: »Ich weiß, dass ich eine *bitch* bin. Sie können mich so nennen. Und wenn man eine *bitch* ist, dann weiß man, dass man eine *bitch* ist. Und wenn man keine ist, dann weiß man das auch.«) Viele Frauen sehen in dieser Praxis indes nicht viel mehr als willentlichen Selbsthass, so wie auch Schwarzen, die sich selbst als *nigger* titulieren, Selbsthass unterstellt wird. Wenn sie hören, dass Rapperinnen wie Lil' Kim oder Foxy Brown sich selbst als *bad bitches* bezeichnen, vermögen schwarze Frauen oft nicht, darin Subversion zu erkennen – oder das Recht auf eine Neudefinierung des Begriffs, die sich in der Sprache der Rapperinnen widerspiegelt. Sie sehen darin vielmehr die selbstgewählte Herabsetzung durch ein scheußliches Wort, dessen Bedeutungen weiter und tiefer in Geschichte und Kultur hineinreichen, als sie erkennen können oder wollen (wenngleich dieselben Frauen scheinbar mehr Nachsicht mit alten schwarzen Frauen haben, die einander im privaten Rahmen *bitch* nennen, im Sinne spielerischer Solidarität oder liebevoller Schelte).

Dasselbe gilt für schwarze Jungen, aber deren Beziehungen zu schwarzen Frauen werden verkompliziert durch die Nöte der in Armut lebenden urbanen Haushalte, in denen die Väter es den Müttern überlassen, Hunger und andere Bedürfnisse mit immer spärlicheren Mitteln zu stillen. Eine Reform des Sozialwesens hat die ohnehin widrigen Umstände, die schwarze Mütter zwingen, sich zwischen Arbeit und Familie zu entscheiden, nur noch verschärft. Mehr als nur eine Generation schwarzer Jungen ist unter dem Regime von scheibchenweise durch den

Staat gewährten Sozialleistungen herangewachsen, deren Nutzen geringer wird, je mehr Geschwister es gibt. Die Entscheidungen, die viele dieser Mütter treffen – neue Partner, die zu Hause einziehen; das Auflösen hierarchischer Eltern-Kind-Beziehungen aus allgemeiner Rücksicht auf männliche Begehrlichkeiten; das oft unwissentlich erbrachte Opfer, Jungen und Mädchen dem Missbrauch durch den eigenen Partner auszusetzen; und die Flucht in Alkohol und Drogen, um den Schmerz der Armut zu ertränken –, erweisen sich als das grausame, aber verlässliche Kalkül eines Ressentiments, das schon schwarze Knaben gegen schwarze Frauen hegen. Selbstverständlich ist es völlig unfair, in Armut lebende schwarze Mütter mit äußerst limitierten Ressourcen verantwortlich zu machen für die sozialen Nöte, die ihre Kinder ertragen müssen. Und doch ist diese urbane Kultur schwarzer Armut ein scheinbar idealer Nährboden für *Gynophobie* – die Furcht und Verachtung des Weiblichen, zum Ausdruck gebracht durch verbalen Missbrauch und andauernde Feindseligkeiten gegenüber Frauen. Damit will ich nicht sagen, dass Gynophobie ausschließlich oder überwiegend in Ghettos grassiert. Ich weise nur darauf hin, dass dort eine besonders sichtbare und besorgniserregende Form davon wurzelt.

Gynophobe Stimmungen sind innerhalb der Hip-Hop-Kultur besonders virulent. Viele der wütendsten und bestartikulierten Künstler des Genres sind unter Bedingungen aufgewachsen, die sie dafür empfänglich machen, selbst wenn diese Stimmungen sich in gröbsten Ausdrucksformen offenbaren. Aber das kollektive Unterbewusstsein des Hip-Hops wurde ja in einem Schmelztiegel des Frauenhasses geformt; Gynophobie ist ein rhetorischer Reflex des Rap geworden. Gynophobie ist nicht mehr ausschließlich an die individuellen Erfahrungen der Rapper geknüpft, die ihre Vorstellungen artikulieren. Vielmehr ist sie ein wichtiger Aspekt der Bedeutungskultur des Rap geworden, der die Texte der Hip-Hop-Künstler beeinflusst; Gynophobie dient als Maßstab für eine authentische – und folglich männliche – Rap-Identität, ist Abbild eines allgegenwärtigen Machismo und schmiedet innerhalb der Kultur maskuline Bünde. Tupac hat sich fraglos mit Begeisterung in die gynophoben Passionen des Hip-Hops gestürzt, selbst als er bemüht war, seine Überzeugungen mit einem freundlichen Verhalten gegenüber Frauen in Einklang zu bringen. Es ist fast schon ein Klischee, das zu sagen, aber Tupacs schwieriges, komplexes Verhältnis zu seiner Mutter hat seine Vorstellungen von Frauen entschieden geprägt. Bruchstücke seiner Beziehung zu Afeni fanden Eingang in seine Interaktionen mit anderen Frauen, tatsächlich wie auch in Form seiner Kunst. Wie lassen sich Tupacs widersprüchliche Standpunkte erklären?[46]

Auf den ersten Blick war Afenis Kampf gegen Armut und Obdachlosigkeit für Tupac Vorbild eines beherzten Mutterseins unter widrigsten Umständen. Ungeachtet ihres revolutionären Engagements wirkte ihre Crack-Sucht sich ganz ohne Frage negativ auf Tupacs Umgang mit Frauen aus. Tupac behauptet, dass Afeni in Baltimore von ihrem Partner körperlich missbraucht wurde, was möglicherweise auch durch ihre Alkohol- und Drogensucht motiviert war. Auf die sich entwickelnde Psyche eines Kindes hatte das sicherlich verheerende Auswirkungen. Maxine Waters hat im Rahmen ihrer Arbeit mit jungen schwarzen Männern aus Sozialvierteln und Gangs wichtige Erkenntnisse zu diesem Thema gesammelt. »Ich begriff, dass viele [von diesen Jungs] zu viel hatten sehen müssen, was an dem Aufkommen von Crack lag und an den Auswirkungen, die Crack auf ihre Mütter und die Nachbarschaft hatte«, so Waters. »Sie haben mitangesehen, wie ihre Mütter und ältere Frauen, die sie eigentlich hätten beschützen sollen, sich auf Crack einließen und abhängig davon wurden. Crack hat Frauen dazu gebracht, Unaussprechliches zu tun.« Walter zufolge hat auch das Aufkommen »der *Strawberries* [dt. »Erdbeeren«, Frauen, die für Drogen oder Drogengeld ihren Körper verkaufen], die selbst die Kinder Unaussprechlichem aussetzten«, dazu beigetragen, das Gefühl sozialer Stabilität zu zerschlagen, das alle Kinder erden sollte. Das hatte furchterregende Folgen. »Ich habe junge Männer erlebt, die von alldem zu viel gesehen hatten, und sie schienen mir die gefährlichsten jungen Menschen zu sein, denen ich je begegnet bin. Ich glaube, wenn junge Leute bestimmten Dingen sehr früh im Leben ausgesetzt sind, insbesondere wenn diese Dinge Frauen und ihre ›Mamas‹ betreffen, dann sind sie fähig, jemanden umzubringen.« Waters zufolge töten diese jungen Leute, um Vergeltung zu üben für das, »was sie gesehen und was sie erlebt haben«.

Wenn Tupacs Gynophobie ihren Ursprung nicht in einer mörderischen Wut hatte – »Es gab in seinem Herzen keinen Hass gegen schwarze Frauen«, sagt seine Presseagentin Karen Lee –, dann ist sie womöglich von seinen Erfahrungen unterwegs [auf Tournee] geschürt worden, die denen seiner Rap-Kollegen entsprachen. »Ich glaube, das war Teil seiner Erfahrung mit Frauen«, so Lee. »Ich glaube, es gab *bitches* und *hoes* [*hoe* beziehungsweise *ho* stellt eine Slang-/Kurzform von *whore* dar, dt. »Nutte«, »Hure«]. Wenn man mit anderen jungen Typen im Land unterwegs ist, dann sind da viele solcher Frauen.« In vielerlei Hinsicht scheint es zu einfach, regelrecht sexistisch sogar, Frauen für die hasserfüllten Gedanken verantwortlich zu machen, die im Hip-Hop als Gender-Kommentar durchgehen. Die meisten Rapper haben ihre Überzeugungen schon angenommen, lange bevor sie im Hip-Hop zu Geld und Ruhm gelangten. Dennoch lässt sich nicht leugnen, dass sie jungen Frauen begegnen, deren Hauptziel es ist, Rappern Vergnügen zu bringen und einen – wie Snoop Dogg es ausdrückte – »Superstar-Schwanz« abzubekommen. Groupies sind ein Teil nicht nur des Hip-Hops, sondern aller maskulinen Unterfangen, von der Spielerbank bis zur Kanzel, von der Blues-Hall bis zur Vorstandsetage. Es ist die eine Sache, Frauen zu verleumden, deren sexuelles Betragen als liederlich und destruktiv gilt. Eine ganz andere Sache ist es, sämtliche Frauen als *bitches* und *hoes* abzukanzeln oder das eigene Verhalten zu verteidigen, indem man behauptet: »Ich spreche ja nicht von *allen* Frauen, nur von denen, denen ich begegnet bin und die sich wie *bitches* und *hoes* verhalten haben« – ein von Rappern oft gehörtes Argument. Das Problem ist, dass sie scheinbar außer *bitches* und *hoes* nie anderen Frauen begegnen oder von ihnen berichten. (Hier muss jedoch auf die Scheinheiligkeit dieses Doppelstandards hingewiesen werden. Die Sexualkultur der Groupies, so verzweifelt und selbstzerstörerisch sie auch sein mag, versucht, ein Gleichgewicht in der Verteilungslogik sexueller Vergnügungen herzustellen, die es Männern unter Verweis auf ihre heranreifende Maskulinität gestattet, promiskuitiv zu sein, während Frauen für eine gleichermaßen aggressive erotische Experimentierfreude das Stigma der *hoe* angeheftet wird.)

Ein solches Urteil berücksichtigt auch nicht die politische Ökonomie der *hoe*. Wo soziale Empathie gegenüber jungen schwarzen Männern in der öffentlichen Meinung und den Überlegungen der Politik weitgehend nicht vorhanden ist, da ist der Mangel an Verständnis und Mitgefühl für die Schwierigkeiten, denen mittellose schwarze junge Frauen ausgesetzt sind, noch gravierender. In den Vierteln der Schwarzen gibt es eine ganze Reihe von Rechtfertigungen für das Verhalten schwarzer Männer. Selbst wenn sie von anderen Schwarzen oder in einem breiteren kulturellen Rahmen nicht vollständig akzeptiert werden, haben solche Rechtfertigungen eine Geschichte und einen sozialen Resonanzraum. Junge schwarze Männer werden kriminell, weil sie arm sind. Aus ihnen werden *pimps* und *player*, weil die einzigen Vorbilder, die sie hatten, *pimps* und *player* waren. Schwarze Männer begehen Überfälle, weil sie hungrig sind. Sie haben Babys, weil sie ihre Männlichkeit durch planlose Vaterschaft unter Beweis stellen wollen. Sie rappen über Gewalt, weil sie in einem Umfeld aufgewachsen sind, in dem Gewalt die Norm ist. Schwarze Jungen schneiden in der Schule schlechter ab, weil man sie ihrer Chancen und Ambitionen beraubt. Doch es gibt nur wenige vergleichbare Erklärungsansätze für die Misere schwarzer Frauen, was einen zu der Annahme führen könnte, dass Inzest, vaterlose Kindheit, wirtschaftliche Not, soziale Entwurzelung, häusliche Gewalt, Verlassenwerden von der Mutter und eine Menge anderer Probleme im Leben schwarzer Frauen keine Rolle spielen. Und wenn doch, so haben diese Faktoren scheinbar nichts mit dem lähmenden Mangel an Selbstbewusstsein zu tun, der oft hässliche, selbstzerstörerische Handlungen nach sich zieht. Auch haben diese Faktoren rein gar nichts zu tun mit dem sexualkompensatorischen Verhalten, dem diese jungen Mädchen verfallen könnten. Offensichtlich waren es nicht die Botschaften einer stets nach sexueller Stimulation gierenden Gesellschaft, die diese Frauen dazu verführt haben, Verführerinnen zu werden. Und vielleicht gibt es keine Entschuldigung dafür, dass junge schwarze Frauen glauben, ihre Körper seien ein Ticket zur Lust – mal abgesehen davon, dass sie genau das und sonst nichts zu hören bekommen, von *pimps, playas* und *hustlers,* von Lehrern, Pfarrern, Daddys und Mentoren. Anscheinend gibt es keine kulturellen Einflüsse – keine Zeitschriften oder TV-Shows –, die sie glauben machen, dass ihre Sexualität ein Ausweg aus ihrem Elend sein könnte, wenn auch nur für ein paar kurze güldene Momente am Ende einer Nacht, auf dem Rücksitz eines Autos, am Rande der Stadt (und womöglich auch eines Nervenzusammenbruchs). Die Faktoren, die dazu beitragen können, dass eine junge Frau sich promisk, leichtsinnig oder gar waghalsig verhält, werden im Hip-Hop kaum je beachtet, da die politische Ökonomie der *hoe* ernsthaft unterschätzt wird. (Natürlich muss an dieser Stelle eingeräumt werden, dass die Definition des Wortes *hoe* für viele Männer notorisch schwer zu greifen ist. Wenn Frauen sich bereitwillig auf Sex einlassen, sind sie *hoes.* Wenn nicht, sind sie *bitches.*)[47]

In seiner strapaziösen Scheinheiligkeit verachtet und begehrt der Hip-Hop die ausgestrahlte und zur Schau getragene Sexualität der *hoe* gleichermaßen. Wie in den meisten maskulinen Kulturformen sind auch im Hip-Hop viele Männer auf der Suche nach promiskem Sex, empfinden aber Verachtung für die Frauen, mit denen sie diesen erleben. Das Resultat dieser mannigfaltigen Gynophobie ist eine Verlogenheit, die sich in maskuline Weisheit übersetzen lässt: Suche niemals Liebe oder Partnerschaft bei den Frauen, mit denen du schläfst. Eine solche Logik befähigt die männliche Psyche, gespaltene Affinitäten hinzunehmen, die sie ansonsten zerreißen würden: Der Mann kann genießen, was er eigentlich verachtet, solang es den »angemessenen« Platz einnimmt. Damit »es« – gemeint ist promiskuitiver Sex – den angemessenen Platz im Leben des Mannes einnehmen kann, müssen Frauen den Platz einnehmen, der ihnen angemessen ist. Sie müssen die ihnen zugewiesenen Rollen bekleiden und dabei darauf achten, dass sie ihre Funktion so erfüllen, wie es von Männern entschieden wurde. Sind sie *hoes,* so müssen sie sich bereitwillig und unbegrenzt für Sex verfügbar halten. Sind sie Partnerinnen oder Ehefrauen, müssen sie ein stabiles häusliches Umfeld schaffen, in dem der Sex pflichtgetreu und in angemessener Form stattzufinden hat. All das dient dazu, die sexuelle Autonomie des Mannes zu maximieren und dabei die weibliche Sexualität zu limitieren, indem man Kategorien wie »akzeptabel« und »inakzeptabel« schafft. In solchen Kreisen ist die Vorstellung, dass die eigene Freundin oder Ehefrau eine ehemalige *hoe* sein könnte, besonders schmerzvoll. Das Hip-Hop-Credo lässt sich wie folgt zusammenfassen: Ich möchte Frauen hinterhersteigen, aber *meine* Frau soll sich keusch und züchtig zeigen.

Die Hip-Hop-Kultur hat in ihrer Entstehungsgeschichte dazu beigetragen, die weibliche Form auf ihre bloße Essenz zu reduzieren. Frauen erscheinen mit zunehmend weniger Kleidung in Rap-Videos, damit schwarze Männer sich darüber in maskuliner Solidarität verbünden können. Selbst augenscheinliche Vorzüge des Rap-Videos – es zeigt die Körper schwarzer Frauen, die von einer breiteren Kultur für gewöhnlich herabgesetzt werden (insbesondere das schwarze Gesäß), und es stellt ein Sprungbrett für eine Karriere »in der Musikindustrie« dar – vermögen es nicht, Männer zu den Verfechtern weiblicher Chancengleichheit zu machen, die zu sein einige von ihnen vorgeben. Die Lobpreisung des Hinterteils allein ist – auch wenn es Lobpreis verdient – keine feministische oder sonderlich befreiende Geste, wenngleich sie das sein könnte, wäre sie Teil eines größeren Plans, die komplette Geschichte schwarzer weiblicher Identität zu erzählen. Stattdessen wird der erniedrigte schwarze Frauenkörper erneut zum Opfer, wenn er in erster Linie betrachtet wird, um den männlichen Sexualhunger zu stillen. Hip-Hop reflektiert die Intention der gesamten Kultur: Schwarze Weiblichkeit soll auf ihren primitivsten, stereotypischsten gemeinsamen Nenner runtergebrochen werden. Das Land versuche, so die Dichterin Sonia Sanchez, »unsere Töchter in einem kleiderlosen Zustand zu ersticken und sie davon zu überzeugen, dass sie *hoes* sind. Selbst in der Schule wird versucht, sie zu *hoes* zu machen. Überall da, wo [junge Frauen] sind, da sagt das Land: ›Ich werde dich wieder zur *hoe* machen.‹« Ich will damit nicht sagen, dass es im Hip-Hop keine interessanten Einbindungsformen einer expliziten Sexualität gibt, die sich an bedeutenden Traditionen der schwarzen

Kultur orientieren. Mir geht es um einige brutale sexuelle Überzeugungen im Hip-Hop, die auch Spiegel des sadistischen Sexismus einer breiteren Kultur sind. Wenn man dem Hip-Hop in dieser Hinsicht etwas zugutehalten kann, dann dass er offenlegt, was die breitere Kultur zu kaschieren versucht. Die *bitch-hoe*-Verknüpfung des Hip-Hops ist lediglich der sichtbare Ausläufer komplizierter und oftmals besorgniserregender Geschlechtervorstellungen der Mainstream-Gesellschaft.

Tupac hatte sich zweifellos in dieser *bitch-hoe*-Verknüpfung verheddert. In »Keep Ya Head Up« zollt er seinen »Schwestern, die von Sozialhilfe leben« Anerkennung; er lobt sie dafür, dass sie ihre Kinder allein großziehen, und verdammt die feigen Väter, die sich aus dem Staub machen. In »I Get Around« prahlen er und seine Kumpel mit ihren sexuellen Spielereien und ihrer Promiskuität, die sie feiern. Viele Kritiker haben deswegen darauf verwiesen, dass Tupac ein Heuchler gewesen sei. Solch eine Lesart ist indes fehlgeleitet. Die menschliche Sexualität ist ein komplexes Amalgam miteinander konkurrierender Interessen, die Raum in unseren sich entwickelnden erotischen Identitäten beanspruchen. Wollen Menschen die Integrität und Stärke ihrer sexuellen Identität auf die Probe stellen, so müssen sie unter wechselnden Umständen mit unterschiedlichen Partnern experimentieren, um so ihr erotisches Temperament zu bestimmen. An unterschiedlichen Punkten im Leben kommen unterschiedliche Identitäten zum Vorschein, unterschiedliche Vorlieben treten zutage. (Über die Wandlungen, die er durchgemacht hatte, sagte Tupac: »Wenn man seine böse, wütende *F the world*-Phase hinter sich hat, dann kommt man wirklich in diese freakige *I want to F the world*-Phase, und da befinde ich mich gerade. Das ist so richtig freakig, freakig. Ich bin bereit, das hinter mir zu lassen.«) Wenn man Tupacs Standpunkt – und in Erweiterung die Sichtweise des Hip-Hops – heuchlerisch nennen kann, dann liegt das daran, weil das von ihm geschilderte Vorrecht ausschließlich den männlichen Protagonisten vorbehalten ist. Wenn Frauen es für sich in Anspruch nehmen, werden sie gnadenlos angegriffen. Wenn Männer dasselbe tun, dann gilt das als normal und gesund. Ein vielleicht noch scheinheiligerer Aspekt des Hip-Hops – auch, weil viele Rapper für sich in Anspruch nehmen, gegen weiße Dominanz einzustehen – ist die breite Befürwortung konservativer Annahmen über die schwarze weibliche Sexualität. Wenn Rapper ihre gynophoben Standpunkte äußern, dann recyclen sie dabei oft Stereotype über mittellose schwarze Frauen, die von rechtsnationalen Parteisoldaten in die Welt gesetzt wurden: Die wollen doch bloß Sozialhilfe kassieren, mehr Babys in die Welt setzen und nicht arbeiten müssen; die wollen frei sein zu feiern, während sie ihre Familien zerstören und ihre Männer vergraulen.[48]

Eine weitere Eigenheit der gynophoben Kultur ist die allzu simple Unterteilung der Frauen in Engel und Teufel, was beides problematische Kategorisierungen sind. Werden Frauen als Engel gesehen, werden sie in dem Augenblick, in dem sie von den vorgeschriebenen Verhaltensweisen abweichen, zu Huren oder *bitches* abgestempelt. Sieht man sie als Teufel, ignoriert das ihre komplexen sexuellen Personae, die alle Menschen ausmachen und die ich oben in Ansätzen beschrieben habe. Tupacs Gynophobie war sicherlich von dieser manichäischen Ausrichtung. »Er hat ganz ohne Frage geglaubt, dass es zwei Arten von Frauen gibt«, so Jada Pinkett Smith. »Und das war gefährlich für Tupac, weil er dazu neigte, dich erst auf ein Podest zu stellen, und wenn du auch nur einen Fehler gemacht hast, dann war er der festen Überzeugung, dass du ein Teufel bist.« Smith zufolge konnte man in Tupacs Ansichten über Frauen erkennen, wie extrem seine ganze Existenz war. »Er kannte nur die Extreme. Deshalb war es auch so kompliziert, ihn zu lieben. Es gab keine Gnade.«

Wo Tupacs Gnadenlosigkeit das Resultat der strikten Ansprüche war, die er an Frauen stellte – wie ungerecht und unerfüllbar diese Ansprüche auch waren –, ließ sie zudem erkennen, dass er sich von ihnen Erlösung versprach. Eine Erwartungshaltung, die gefährlich ist, weil sie den Erwartenden von der Anstrengung befreit, sich selbst um Erlösung zu bemühen. Noch dazu wird dadurch Frauen eine Erlösungsverantwortung aufgebürdet, die unterstellt, dass sie nur auf die Erfüllung maskuliner Traumbilder warten, dass sie geistig unbeschriebene Blätter sind, die keine widersprüchlichen Vorstellungen davon haben können, wie eine solche Transformation ablaufen sollte. Unter all dem lag jedoch die hoffnungsvolle Projizierung der Möglichkeit einer wahrhaftigen Vereinigung. Diese Vereinigung müsste nicht unbedingt von Dauer sein; sie muss nützlich sein und das emotionale Wachstum zweier Menschen anspornen, solange diese miteinander verbunden sind. In einem Gespräch über Filmideen, das knapp einen Monat vor seinem Tod aufgezeichnet wurde, sinniert Tupac über den emotionalen Nutzen intimer Beziehungen. »Das ist es, was ich über manche Beziehungen glaube«, sagt er. »Auch wenn das Ende bitter ist, hat diese Person zu dir kommen sollen; sie sollte mit dir sein, diese Sachen tun und dann wieder gehen. Sei nicht wütend. […] Menschen wollen sich immer an die Person hängen, die am meisten für sie tut.« Tupac erzählt von einer Begegnung mit einer jungen Frau, die er zunächst für rein physischer Natur hielt, »ein Fick, mehr nicht«. Aber dann begriff er den tieferen Sinn ihres Rendezvous, da es der jungen Dame, die ihren Heimatstaat nie verlassen hatte, die Gelegenheit gab, Tupac kennenzulernen, der ihr einen Ausblick auf die große weite Welt frei Haus liefert. »Da verstehe ich, was ich jetzt tun soll«, sagt er. »Sie war nie außerhalb von Kalifornien. Ich soll einfach da sein und ihr etwas beibringen, sie erfahrener machen.« Das klingt herablassend, eindimensional und vielleicht sogar seltsam paternalistisch, aber es verschafft einem auch einen Eindruck davon, wie unablässig Tupac auf der Jagd nach Frauen war, egal welcher Hautfarbe, egal aus welchem Kulturkreis sie kamen. (Das Mädchen, ein Fan, hatte er in einer Shoppingmall kennengelernt.) Seine Anekdote vermittelt auch den Eindruck, dass sich sein Verständnis von Sinn und Zweck einer Beziehung über die sehr oft beschränkten Vorstellungen des Hip-Hops hinaus entwickelte.

Trotz der krudesten Auswüchse seiner gynophoben Ansichten war Tupac imstande, warmherzige Beziehungen zu Frauen aufzubauen. »Er war ... charmant, kann man sagen, insbesondere älteren Frauen gegenüber«, erzählte mir einmal die Schauspielerin Peggy Lipton. »Er konnte jeden um den Finger wickeln. Er war melancholisch und interessant.« Allison Samuels bestätigt Liptons Einschätzung von Tupacs

Anziehungskraft. »Alle Frauen, die ich kannte und die ihn kannten, liebten ihn«, sagt sie. »Sie fanden ihn hinreißend.« Die fast schon universelle Anziehungskraft, die Tupac auf diese Frauen in seinem Umfeld ausübte, machte es ihnen allen schwierig, sich vorzustellen, dass er sich tatsächlich des sexuellen Missbrauchs schuldig gemacht hatte, für den er verurteilt und elf Monate hinter Gitter gesteckt worden war.

1993 fanden in New York die Dreharbeiten zum Film *Above the Rim* statt, in dem Tupac einen Gangster namens Birdie spielte. Während er dort war, machte er die Bekanntschaft des haitianischen Musikpromoters Jacques Agnant, der dem nun auch als Schauspieler arbeitendem Rapper als Vorlage für seinen Charakter diente, wie einige von Tupacs Freunden berichteten. Auf der Woge des Erfolges – sein zweites Album, *Strictly 4 My N.I.G.G.A.Z.*, war auf Platz 1 der Charts eingestiegen und sein zweiter Film, *Poetic Justice*, schlug sich gut an den Kinokassen – trieb es Tupac und Agnant an einem Novemberabend ins »Nell's«, einen noblen Club in Downtown, New York. Dort begegnete Tupac an diesem Abend auch anderen Prominenten, darunter dem Basketball-Star Derrick Coleman und der Football-Legende Ronnie Lott, die beide Tupacs Erfolge feierten. Ihre Komplimente begeisterten den Rapper und offenbarten in gewisser Weise, wie dringend Tupac einen starken, schwarzen und männlichen Mentor gebraucht hätte, den es in seinem Leben nicht gab. Insbesondere angesichts des Traumas, das ihm bevorstand.[49]

Ein Freund von Agnant machte den 22-jährigen Tupac mit der 19-jährigen Ayana Jackson bekannt. Die beiden tanzten und verzogen sich schließlich in eine dunkle Ecke, wo Jackson angeblich begann, Tupac oral zu befriedigen. Sie zogen sich in Tupacs Suite im Hotel Parker New York zurück, wo sie Marihuana rauchten und miteinander schliefen. Am nächsten Tag hinterließ Jackson Tupac mehrere Sprachnachrichten, von denen eine sein Standvermögen rühmte. Vier Tage später arrangierte Man Man (Charles Fuller), Tupacs Freund und Roadmanager, ein Treffen von Jackson und Tupac, das nach dessen New-Jersey-Konzert in seinem Hotel stattfand. Als Jackson dort ankam, waren neben Tupac noch Man Man, Agnant und ein Freund Agnants in der

Suite. Nachdem sie alle gemeinsam ferngesehen hatten, gingen Jackson und Tupac in das Schlafzimmer, wohin die drei anderen Männer ihnen später folgten. Was als Nächstes passierte, ist heftig umstritten. Jackson zufolge wurde sie gezwungen, Tupac oral zu befriedigen, während Agnant sie teilweise auszog und von hinten festhielt. Dann, so sagt sie, hat Tupac sie festgehalten, während man sie nötigte, Agnants Freund oral zu befriedigen. Man Man hat ihr zufolge nichts getan. Tupac behauptete, er habe die Suite verlassen, als er sah, wie die Dinge sich dort entwickelten; er habe kein Interesse gehabt, daran teilzunehmen, weil er wegen seines aufreibenden Terminkalenders erschöpft war. Daher habe er nichts gesehen. Regisseur John Singleton zufolge entsprach dieser Bericht dem, was Tupac auch ihm erzählt hatte: »Dieses Mädel kommt, um Tupac zu sehen, der in seinem Zimmer schläft. Er will sie nicht wirklich sehen, aber sie fängt an, ihn zu massieren.« Sie möchte Sex mit Tupac, der aber nicht in Stimmung ist. »Die anderen Typen im Zimmer denken sich: ›Also, ich habe Lust zu ficken‹ […] und [Jackson] kommt und hat mit jedem im Raum so ein bisschen Sex, außer mit [Tupac], und […] er möchte mit all dem nichts zu tun haben.« An dieser Stelle wenden die Dinge sich zum Schlechten. »Da ist ein Kerl im Zimmer, der zu weit geht: Er versucht, seinen Schwanz in ihren Arsch zu schieben, und sie flippt aus, schreit: ›Was zur Hölle tust du da?‹« Sie rennt aus dem Zimmer, und Tupac versucht erfolglos, sie zu finden, um sie zu trösten. In der Zwischenzeit verlässt Agnants Freund das Hotel.

Nachdem sie die Suite weinend verlassen hatte, berichtete Jackson dem Sicherheitspersonal des Hotels von dem Vorfall; dort wiederum wandte man sich an die Polizei. Tupac, Man Man und Agnant wurden festgenommen. »Das war zwei Wochen nach dem Vorfall in Atlanta, wo die Schießerei mit den beiden Undercover-Polizisten stattgefunden hatte«, so die Publizistin Cassandra Butcher, die sich auf Tupacs vorangegangene Auseinandersetzung mit zwei Polizisten in Zivil in Georgia bezieht. »Während wir also in One Center Street [eine zentrale Erfassungsstelle der Polizei] sind, höre ich zwei Polizeibeamte sagen: ›Das ist der Hurensohn, der auf die beiden Cops in Atlanta geschossen hat.‹«

Die drei Männer wurden angeklagt wegen sexuellen Missbrauchs, widernatürlicher Unzucht und – da in der Hotelsuite zwei Waffen gefunden wurden – Waffenbesitzes. Da nur Tupac und Man Man wegen Waffenbesitzes angeklagt waren, beantragte Agnants Anwalt erfolgreich, dass die Vorwürfe gegen seinen Klienten in einem separaten Prozess verhandelt wurden. Das führte dazu, dass Tupac Agnant verdächtigte, ein Informant der Regierung zu sein, der ihn in eine Falle gelockt hatte. Eine Behauptung, die er später in einem seiner Songs wiederholte, wofür Agnant Tupacs Nachlassverwalter, die Plattenfirma, den Vertrieb, den Produzenten und den beteiligten Tontechniker verklagte. Tupac wurde schließlich zu eineinhalb bis viereinhalb Jahren Gefängnis verurteilt, wegen sexuellen Missbrauchs in zwei Fällen, weil er Jacksons Pobacken gewaltsam angefasst habe (obwohl Tupac immer daran festhielt, dass er sich keines sexuellen Missbrauchs strafbar gemacht habe). Es war gewissermaßen ein Kompromissurteil, da er von den Anklagen der widernatürlichen Unzucht und des Waffenbesitzes freigesprochen wurde.

Es gab Berichte, dass Tupac weinend zusammengebrochen sei, als der Richter das Urteil sprach, aber laut Karen Lee trifft das nicht zu. »Als wir im Gerichtssaal ankamen und der Richter ihn vor der Urteilsverkündung fragte, ob er noch irgendetwas sagen wolle, stand Tupac auf und wendete sich zuerst an den Richter«, sagt Lee und setzt zu einer Paraphrase von Tupacs Worten an: »Er sagte zu ihm: ›Sie haben mich während der gesamten Verhandlung nicht ein einziges Mal angesehen. Sie haben vor sich hin gekritzelt, sie haben etwas auf Zettel geschrieben; wie kann ich da jemals Gerechtigkeit erwarten?‹« Lee zufolge hat Tupac erst geweint, als er mit seinem Freund Man Man sprach. »Er sprach in Richtung des Mädchens [Jackson] und entschuldigte sich bei ihr; nicht weil er irgendwas gemacht hatte, sondern er entschuldigte sich für die Situation«, so Lee. »Und dann blickte er Charles [Man Man] an, und da ist er dann zusammengebrochen. Er sagte: ›Ich kam und sagte dir, dass ich dich aus der Gosse holen würde, dass ich dich mitnehmen würde und wir es bis an die Spitze schaffen würden. Und ich konnte nicht ahnen, dass meine Gesellschaft dich noch viel weiter nach unten ziehen würde.« Die Kaution schoss in die Höhe, »von 50 000 Dollar auf 3 Millionen«, so Lee. Die Gebühr war vollkommen haltlos und zeugte davon, dass Tupac einen Nerv des Justizsystems getroffen hatte. Bevor er zur Urteilsverkündung vor Gericht erschien, war Tupac in einem Tonstudio am Times Square während eines (mutmaßlichen) Raubüberfalls fünf Mal angeschossen worden. Tupac war dort als Gastkünstler, auf Einladung eines Rappers, der angeblich Verbindungen zu Agnant hatte. Nach Tupacs Verurteilung wurde die Anklage gegen Agnant fallengelassen, da er sich zwei geringfügigerer Vergehen schuldig bekannt hatte.[50]

Bis zuletzt hielt Tupac an seiner Unschuld fest, wenngleich er die Verantwortung dafür übernahm, die Situation in seiner eigenen Suite nicht im Auge behalten zu haben. Allison Samuels befragte Tupac in einem Interview zu dem Vorfall und sagt, er habe »nicht gezögert«, als er erzählte »was dem Mädchen passiert sei«, sei aber »ziemlich verantwortungsbewusst« gewesen in seinem Beharren, dass er es »den anderen Jungs« nicht hätte erlauben dürfen, »das zu tun«. Lee sagt: »Es gab kein Gift in seinem Herzen, das es gebraucht hätte, um eine Frau zu missbrauchen. Dabei geht es immer um Macht. Seine Macht lag in seinen Worten. Es ging ihm nie darum, jemanden zu überwältigen.« Mit Blick auf Jackson fragt Lee: »Wer gibt einem Bruder auf der Tanzfläche einen Blowjob? Respekt ist nicht unbedingt das Erste, was man sich davon versprechen darf.« Jada Pinkett Smith berichtet, sie habe Tupac zum Vorwurf gemacht, dass er unter solch fatalen Umständen im Zimmer gewesen sei, insbesondere, da er immer um ihre Sicherheit besorgt gewesen sei. »Wenn mir so etwas zugestoßen wäre, hätte er jemanden umgelegt.« Sie habe, so Smith, dem Rapper gesagt, dass er, ganz egal, was passiert ist, Ayana Jackson um jeden Preis hätte beschützen sollen. Er habe zugestimmt. »Er hat das verstanden, und das war eine der Sachen, die an seiner Seele genagt haben.«

Auch wenn Tupac einräumte, dass er die Probleme in seiner Hotelsuite nicht hätte ignorieren dürfen, habe ihn der Gedanke geärgert, dass eine schwarze Frau ihn wegen sexuellen Missbrauchs verklagte, so Lee. »Das hat ihn fertig gemacht. Es hat eine Weile gedauert, bis er das verstand. Er sagte: ›Ich habe die ganze Zeit über immer schwarze Frauen gerühmt, und dieses Mädchen tut mir so etwas an.‹« Ohne Zweifel bezog sich Tupac auf Songs wie »Brenda's Got a Baby« und »Keep Ya Head Up«, wobei er aber »Lunatic« vergessen zu haben scheint – ein Song, in dem er prahlt: »Das ist das Leben, jede Nacht eine neue Bitch.« Oder auch seine Prahlereien in »I Get Around«. Solche Ansichten seien reiner Eigennutz, so Schriftsteller Khephra Burns: »Da ist überhaupt keine Liebe. Es geht einzig und allein um egoistischen Sex, bei dem die Frauen lediglich Requisiten sind, die ihm den Schwanz und das Ego massieren.« Burns erkennt auch einen Fehler in den Metaphern, die sexistische Rapper verwenden: »[Tupac] hat keine Zeit für Verbindlichkeiten, weil er ein *playa* ist. Genau genommen ist das Spiel selbst die wesentliche Metapher. Aber Spiele sind die Domäne der Kinder. Bei Erwachsenen geht es um ernsthaftere Sachen – Opfer bringen und eine Gemeinschaft errichten, beginnend damit, dass man sich seiner Familie verpflichtet und Kinder aufzieht.« Burns Verweis auf Tupacs egoistischen Sex ist kraftvoll und überzeugend. Und sein Beharren darauf, dass Gemeinschaft, Familie und Kinder für eine erwachsene Weltsicht von zentraler Bedeutung sind, ist eloquent. Was die Metapher des Lebens als Spiel anbelangt, so ist sie kein Alleinstellungsmerkmal schwarzer Ghetto-Don-Juans. Der Philosoph Ludwig Wittgenstein schrieb aufschlussreich über Sprachspiele und half so, das Wesen der menschlichen Existenz zu verstehen. Wittgenstein zufolge sind Spiele tatsächlich die Domäne von Menschen, die mit dem kritischen Prozess der Selbstreflektion befasst sind. Wenn man Kinder und Erwachsene durch das Spiel voneinander unterscheiden will, dann ist es hilfreich, sich ins Gedächtnis zu rufen, dass das Spiel auch ein Unterfangen der Erwachsenen ist, mit dem sich sowohl Soziologen als auch Philosophen befasst haben. Zudem gilt es festzustellen, dass das Spiel professioneller Sportler – Basketball-, Football-, Tennis- und Baseball-*Spieler* – eine entschieden erwachsene Angelegenheit ist, bei der es um echtes Talent und jede Menge Geld geht. Es ist der Todesernst der sprachlichen Erfindungen und des rhetorischen Spiels im Hip-Hop, der Rapper zu gefürchteten Sozialkommentatoren und geschmähten Kulturbeeinflussern macht. Auch wenn das verbale Gift, das im Rap zirkuliert, besonderen Anlass zur Sorge gibt, wäre es unaufrichtig, die Traditionen rhetorischen Spiels in früheren schwarzen, mündlich vermittelten Kulturen zu ignorieren, was auch Burns anerkennt. Diese Kulturen arbeiteten ebenfalls mit sexueller Deutlichkeit, sie kommentierten Geschlechterbeziehungen und ergingen sich in beidseitiger Herabsetzung zwischen Männern und Frauen.[51]

Dennoch ist Burns ein brillanter Sozialkritiker, der den fatalen Sexismus des Hip-Hops auf überzeugende Weise bloßlegt. Die 2005 verstorbene Bürgerrechtlerin und Politikerin C. Delores Tucker, die sich mit dem früheren konservativen Bildungsminister William Bennett zusammentat, um sich gegen die Misogynie in der Rap-Musik zu wenden, wurde zum Ziel von Tupacs ätzender Kritik. (Es wurde berichtet, dass Tucker Klage gegen den toten Rapper eingereicht habe, weil dieser störenden Einfluss auf die ehelichen Pflichten ihres Mannes genommen habe; sie jedoch sagte mir, das stimme nicht; sie habe die Zeitung, die das geschrieben hatte, wegen übler Nachrede verklagt. Afeni Shakur sagte mir, das Gericht habe Tuckers Klage gegen ihren Sohn abgelehnt, weil Tucker »nie auch nur einen einzigen Satz, den er gesagt hat, angehört [habe] – nicht ein Wort, nicht einen Song«.) In seinem Lied »How Do You Want It« geißelt Tupac Tucker namentlich: »Delores Tucker, du bist ein *motherfucker*, statt zu versuchen, einem *nigga* zu helfen, zerstörst du einen Bruder.« Und in »Wonda Why They Call You B__«, Tupacs Rechtfertigung dafür, dass er Frauen als *bitches* bezeichnet, spart er sich die letzte Salve für Tucker auf: »Liebe Miss Tucker […] Sie wollten doch wissen, warum wir diese Huren *bitches* nennen.« Aber Tucker lieferte mir eine überraschende Verteidigung ihres jungen Anklägers. »Ich glaube nicht, dass er auch nur ein Wort davon ernst gemeint hat. Das glaube ich wirklich nicht.« Tucker glaubte, dass Tupac sich unter Druck gefühlt habe, sie verbal anzugreifen. Doch ungeachtet ihres Verständnisses hatten seine Worte sie verletzt. »Aber trotzdem war das eine Message, die bis zu den Kindern vordrang, und wenn ich durch die Öffentlichkeit lief, hörte ich überall: ›Das ist C. Delores Tucker, diese *motherfucker*.‹ Und er ist derjenige, der diese Worte in die Welt gesetzt hat.« Selbst im Gefängnis hielt Tupac noch an seiner Opposition zu Tuckers fanatischer Kampagne gegen die rhetorischen Exzesse des Rap fest. »Delores Tucker will sich einfach nur einen Namen machen, was ihr nicht gelingen wird«, sagte er in seinem Gefängnis-Interview. »Mir ist nicht klar, wie sie behaupten kann, sie helfe der schwarzen Community, sich gegen uns zur Wehr zu setzen. Wir sind die schwarze Community; wir sind ein Teil der schwarzen Community.«

Neben seinem revolutionären Erbe und seiner Rap-Karriere hatte Tupacs Insistieren auf seiner Identifizierung mit der schwarzen Community viel mit der Liebe zu tun, die er von deren weiblichen Mitgliedern spürte. Dem Regisseur Reginald Hudlin zufolge war Tupac »auf eine Weise gut aussehend, die Frauen sagen ließ: ›Also, ich hasse Gangsta-Rap, aber dieser Tupac sieht süß aus.‹ Er war so ein Typ, der die Ausnahme von der Regel darstellte«. Aber Hudlin sagt auch, dass Tupacs außergewöhnliche Anziehungskraft von einer weiblichen Kultur getragen war, die den aufsässigen Rebellen würdigt. »Frauen haben immer etwas für dieses Böse-Jungs-Ding übrig, sie wollen den Aggressor, den harten Kerl mit dem Herzen aus Gold. Und genau das war Tupac. Deshalb wollten die Frauen ihn natürlich bemuttern und beschützen, sie wollten von ihm geliebt werden, weil er dieser klassische Archetyp war.« Doch eben dieser Archetyp war es, der Tupac im Alter von siebzehn Jahren Kummer bereitete. Nach Meinung von Stanley Crouch war dieser Archetyp ein besonders schädlicher: »Als diese Art Mann erstmal in die Welt gesetzt war – die afroamerikanische Entsprechung dessen, was Marlon Brando und Jungs auf Motorrädern Ende der Fünfzigerjahre für das weiße Amerika repräsentierten –, begann damit auch eine bestimmte Art von Verhalten«, so Crouch. Er vermutete, dass schwarze Communitys in erster Linie litten, weil Frauen auf den Bad-Boy-Archetypen ansprangen. »Ich habe diese Theorie, dass Schluss damit ist, sobald die schwarzen Frauen eines Tages beschließen, dass sie genug davon haben. Sie können noch so viel darüber reden, dass das die wahre schwarze

Kultur ist, dass das der wahre Bruder ist, und all dieser Kram. Wenn der wahre Bruder kein Date landen kann, dann wird der wahre Bruder seine Strategie ändern müssen.« Crouch sah eine besondere Gefahr in der Stilisierung des Bad Boy zum Sexobjekt: dass die Populärkultur ihn auf diese Weise adelt und er jüngere Generationen ermutigt, ihm nachzueifern. »Der Junge, der sich mit zwölf Jahren gefragt haben mag, ob man Frauen schlagen darf oder nicht, stellt sich diese Frage mit fünfzehn oder sechzehn vielleicht gar nicht mehr«, so Crouch. »Weil Typen, die sich so verhalten, Millionäre sind.« Tupac war dafür ein Paradebeispiel. »Ein Typ hat mir erzählt, dass er während der Dreharbeiten am New-York-Set von *Above The Rim* gearbeitet hat. So viele Frauen – schwarze und weiße – wie dorthin kamen, um Tupac bei der Arbeit zuzusehen, habe er noch nie zuvor bei Dreharbeiten gesehen«, so Crouch.

Sein ganzes kurzes Leben war Tupac innerlich zerrissen über die Frage, was er von Frauen wollte und erwartete. War sein siebzehn Jahre altes Herz verletzt von der Tatsache, dass der Bad-Boy-Archetyp sein Nice-Guy-Image ausstach, so kompensierte er diese Niederlage in den wenigen Jahren, die ihm noch blieben, umso heftiger. Und wenn die psychischen Wunden und die Seelennarben, die er als Heranwachsender erlitt, in ihm eine Gynophobie anstachelten, so war er doch ebenso zu aufrichtiger Zuneigung fähig, was die Frauen anbelangte, die er liebte. Als Jugendlicher wusste er nicht, was er tun musste, um bei der Art von Frau zu landen, die er wollte; aber in seinen Zwanzigern war es ebenso schwierig für ihn, die Art von Frau zu erreichen, die *all das* in ihm wollte, was ihn ausmachte. »Er sagte, dass es wirklich schwer für ihn sei, eine Frau zu finden«, so die Anwältin Shawn Chapman. »Weil Frauen, die sich zu seiner sensiblen Seite hingezogen fühlten, den Gangster in ihm nicht verstehen konnten. Und die Frauen, die sich zu dem Gangster in ihm hingezogen fühlten, konnten die sensible Seite nicht verstehen.« Dieses Dilemma begleitete Tupac bis zu seinem Tod.

Kapitel 7

»BUT DO THE LORD CARE?«

Gott und Tod, Leid und Mitleid im Ghetto

Nach Tupacs Ermordung erhielt der Baptistenpfarrer Reverend Willie Wilson mehrere Anrufe von lokalen Radio-Persönlichkeiten. »Reverend, können Sie nicht etwas machen?«, fragten sie. »Wir erhalten massenweise Anrufe von jungen Menschen, die so viel Trauer und Schmerz spüren.« Wilson willigte ein, in seiner Kirche in Washington, D.C., einen Gedenkgottesdienst für den getöteten Rapper abzuhalten. Aus der ganzen Stadt kamen Jugendliche, die laut Wilson »verwirrt, perplex, verloren und desillusioniert« waren. Wilson hatte sich vorgestellt, dass der Gottesdienst »diesen jungen Leuten einen Ort bieten würde, ihre Gefühle zu kanalisieren«. Wilsons Trauerrede mag einige Menschen in der religiösen Gemeinde und darüber hinaus aufgeschreckt haben. »In vielen Fällen sind Hip-Hop-Künstler die Prediger ihrer Generation; sie predigen eine Botschaft, die diejenigen, deren Auftrag es ist, prophetische Worte unters Volk zu bringen, allzu oft nicht übermittelt haben«, sagte Wilson bei dem Gottesdienst. »Die Tupacs dieser Welt haben darauf geantwortet, und in vielen Fällen waren sie damit die Entsprechung […] jenes Bibelverses: ›Wo diese werden schweigen, so werden die Steine schreien.‹ Ich glaube, diese Popkünstler sind in einem sehr realen Sinne diese Steine, die prophetische Worte schreien.« Tupacs Rolle in dieser postindustriell-urbanen Prophezeiung wurde von Wilson klar definiert: »Er war ihr Prediger, wenn man so will, der eine Botschaft überbrachte, mit der sich [junge Menschen] identifizieren konnten; seine Botschaft hatte Realitätsbezug, sie entsprach den tatsächlichen und alltäglichen Gegebenheiten, Situationen und Umgebungen dieser Menschen.«

Wenn Wilsons Worte manch einem verschroben, anderen vielleicht sogar sakrilegisch vorkommen, so hilft vielleicht der Verweis darauf, dass Tupac sich in fast schon besessener Weise mit Gott auseinandersetzte. Aus seinen Texten trieft ein Sinn für das Göttliche. In »So Many Tears« bittet er Gott, in sein Leiden einzugreifen: »Gott, verstehst du mich? / Nimm all den Druck und den Schmerz von mir.« In »Only God Can Judge Me« sucht Tupac nach einem Grund für seine Existenz und den Tod seiner Freunde, und in »I Wonder if Heaven Got a Ghetto« bekennt Tupac seine Sympathien für das *thug life*, während er über sein Schicksal nachdenkt. In »Staring at the World Through My Rearview« stellt er die Gegenwart Gottes infrage, wenn er sagt: »Schreie ruhig weiter deinen Gott an, Baby, er kann dich nicht hören.« In »Are You Still Down?« fleht Tupac um Erlösung: »Bitte, Gott, komm und rette mich / Ich musste mit dem arbeiten, was du mir gegeben hast.« In »Picture Me Rolling« fragt er sich, ob Gott Gnade walten lassen wird: »Wird Gott mir all den Dreck vergeben, den ein *nigga* abziehen muss, um seine Kinder satt zu kriegen?« Der Song »White Man's World« führt Tupacs Wunsch nach göttlicher Gunst und Vergeltung in einer Weise zusammen, die an die Psalmen der Bibel erinnert: »Herr, bitte segne mich / [...] Lass all meine Feinde bluten.« In »Hail Mary« evoziert Tupac Gebetstraditionen. Und so wie es laut Martin Luther King Jr. schon die Sklaven früherer Generationen taten, formuliert Tupac seine ewige Frage, ob auch Gangster auf Erlösung im Jenseits hoffen dürfen, in »And Life Goes On« als Deklaration: »Es gibt ein Himmelreich für einen G.« Zudem wurde zu seinem Song »I Ain't Mad at Cha« ein berühmtes Video gedreht, das vor religiöser Symbolik nur so strotzt. In dem kurz vor seinem Tod gedrehten Video, für das er auch als Co-Regisseur fungierte, wird Tupac von einem nicht identifizierten Angreifer fünf Mal angeschossen, während er mit einem Freund durch die Straßen läuft, der hilflos mitansehen muss, wie Tupac stirbt. Jemand, der den Komiker und Schauspieler Redd Foxx darstellt, begrüßt Tupac an der Himmelspforte, und schon bald stoßen andere Gestalten zu ihnen, die weitere verstorbene schwarze Legenden darstellen, darunter Nat King Cole, Billie Holiday, Dorothy Dandridge, Sarah Vaughan, Jimi Hendrix, Miles Davis, Louis Armstrong, Sammy Davis Jr., Josephine Baker und Marvin Gaye. Tupac kehrt schließlich als Engel auf die Erde zurück, ganz in Weiß und mit einer Zigarette, und wacht über die Freunde, die er zurückgelassen hat. Als das Video erstmals ausgestrahlt wurde, soll seine Mutter gesagt haben, dass es Tupacs Art sei, Frieden mit Gott zu schließen.[52]

Selbstverständlich waren Tupacs religiöse Vorstellungen komplex und unorthodox, vielleicht sogar widersprüchlich, auch wenn das unter Gläubigen kein Alleinstellungsmerkmal ist. »Er hat jeden spirituellen Lehrmeister studiert, den man sich nur denken kann«, so Leila Steinberg, eine frühe Mentorin Tupacs. »Seine Songs waren so angelegt, dass sie dich zurück zur Bibel führten. Nehmen wir zum Beispiel den Song ›Blasphemy‹, wo er von den zehn Regeln des Spiels spricht. Was waren diese zehn Regeln? Was haben die Zehn Gebote besagt? Dass es zehn Regeln für das Spiel gibt. Ihm war wirklich daran gelegen, dass man sich mit Scheinheiligkeit und der Wahrheit auseinandersetzt.« Obwohl er ausgesprochen spirituell war, stellte Tupac organisierte Religion infrage. »Er sprach immer wieder vom Heiligen Dreieck, der unberechenbarsten Gegend des Universums«, so Steinberg. »Die Ecken sind das Christentum, der Islam und das Judentum, die drei mächtigsten und lautesten Religionen.« Laut Steinberg war Tupac besonders daran interessiert, die Leute dazu zu bewegen, über das Konzept der Sünde nachzudenken. »Er wollte einen dazu bringen, die Sünde zu hinterfragen, damit man begriff, dass es ein spirituelles Element im Leben gibt; dass derjenige verloren ist, der keinen Hauch von Gott in seinem Atem und seinem Dasein auf diesem Planeten verspürt; dass man die Wahrheit erkennen muss: Es gibt eine spirituelle Kraft in diesem Universum, die hilft zu beheben, was die Bibel lehren sollte.« Es ist offensichtlich, dass Tupac ein Bewusstsein für das Göttliche und die spirituelle Realität schaffen wollte, indem er orthodoxe Überzeugungen und traditionelle religiöse Praktiken infrage stellte. Steinberg zufolge beabsichtigte Tupac, seine spirituellen Überzeugungen einzusetzen, um ethnische und nationale Grenzen niederzureißen. Die »Anderen« dieser Welt wären in solch einem Projekt von zentraler Bedeutung. »Pac hat wirklich gedacht, dass [diese] ›Anderen‹ ein neues Bewusstsein einleiten würden, demzufolge es in Ordnung war, schwarz oder anders zu sein. Und das war sein Traum: Diversität mit offenen Armen zu begrüßen.« Als Jugendlicher sehnte Tupac sich laut Steinberg danach, eine Gesellschaft zu erschaffen, in der spirituelle Erleuchtung gefördert und respektiert würde, »egal, welcher Lehre sie folgt, egal ob Hindu, Moslem oder Jude. […] Er wollte wirklich dabei helfen, diesen Dialog voranzubringen«.

Tupacs hoffnungsvoller Optimismus und sein Streben passen zu einem Siebzehnjährigen. Dennoch ist es bemerkenswert, dass ein mittelloser schwarzer Jugendlicher, der von einem Zuhause zum nächsten gestoßen wurde, ein solch hehres Streben in sich trug. Oberflächlich lassen sich diese Wünsche vielleicht als Kompensierung des Mangels an Stabilität und Vertrauen lesen, der sein eigenes Leben prägte. Aber das würde die beschleunigte Reife in anderen Bereichen seines Lebens außer Acht lassen, die ein Resultat seiner Armut und der Sucht seiner Mutter war. Es würde auch Tupacs Versuch ignorieren, mit den großen Ideen zu ringen, die ihm im Rahmen seiner künstlerischen Erziehung, insbesondere aber in seiner Lektüre von Büchern begegneten. Vielleicht weckten seine widrigen Lebensumstände in ihm das Verlangen, alle Grenzen der menschlichen Gesellschaft zu zerstören, also auch die religiösen und ethnischen Hindernisse, die einer Bruderschaft der Menschheit im Wege standen. Womöglich war seine Jugend keine Bürde, sondern ein Vorteil – in dem Sinne, dass ein naiver Glaube an die Möglichkeit der Solidarität oft über den althergebrachten Widerstand gegen einen solchen Glauben triumphiert. In einer Paraphrase der Worte Thomas Edisons: Es mag sehr wohl die Jugend sein, die dieses Ziel trotz des Widerspruchs der gelehrten Alten erreicht, da sie von den Grenzen wahrhaft religiöser und ethnischer Harmonie nicht weiß. »Wir reden hier nicht von Diskussionen, die ich am Hunter College mit Leuten Ende zwanzig geführt habe«, so Steinberg. »Wir sprechen über Pac ... [der erörterte], was auf diesem Planeten unternommen werden könnte. Das war ganz konkret für ihn.« Tupac glaubte wirklich daran, dass er und andere helfen könnten, die Welt zu einem anderen Ort zu machen. »Das war nicht wie bei anderen Menschen, [die sagen]: ›Ich kann nichts verändern.‹ Pac war überzeugt, dass jeder Einzelne von uns dazu in der Lage sei [...] einen echten Unterschied zu bewirken, und dass diese Möglichkeit zum Greifen nah war«, dass es »kein unerreichbares Ziel war.« War sein Traum einer spirituellen Gemeinschaft optimistisch, so waren seine Ansichten über spirituelle Transformation ausgesprochen wirklichkeitsnah, ja sogar überraschend erwachsen und kritisch. »Wir saßen in der Bodhi-Tree-Buchhandlung und besorgten uns Bücher über ... die spirituelle Bewegung«, erinnert Steinberg sich. »Er war der Meinung, dass Spiritualität, so wie viele Leute sie erfahren, rassistisch verzerrt ist. Es ist ein Privileg, über die großen spirituellen Wahrheiten nachdenken zu können. Denn wie kannst du Theorien über das Leben entwickeln, wenn du ein in Armut lebender Mensch aus dem Ghetto bist? Deshalb sagte Tupac, dass der Luxus, das eigene Menschsein zu erforschen, von Rassismus geprägt sei; denn wenn man im Ghetto lebt, kann man sich über solche Fragen keine Gedanken machen, weil man stattdessen überlegt, wie man an die nächste Mahlzeit kommt. Und Pac wollte es uns allen ermöglichen, spirituelle Konversationen zu führen und über den Sinn des Lebens nachzudenken.« Eine Erkenntnis wohlgemerkt, die viele Möchtegern-Gurus grob vernachlässigen, wenn sie Heilmethoden für spirituelle Malaisen lehren, die die Lebensumstände und -erfahrungen der Unterdrückten ignorieren.

Es sei auch darauf hingewiesen, dass der junge Tupac, anders als viele Fürsprecher der Revolution, Anhänger eines ganzheitlichen Begriffs sozialen Wandels war, der die wichtige Rolle der Spiritualität in einer transformierten Welt nicht kleinredete. Steinberg zufolge stand er damit in scharfem Widerspruch zu der Weltsicht, die sie und Tupac von ihren revolutionären Müttern geerbt hatten. »Eines Tages haben wir uns über unsere Mütter unterhalten, darüber, wie wir beide das Gefühl hatten, unsere Mütter seien unsere Kinder«, so Steinberg. »Nun ja, unsere Mütter waren beide das Produkt des Revolutionsgedankens, [... aber dafür] braucht es einen multidimensionalen Ansatz, und keiner von uns hatte den Eindruck, dass unsere Mütter das verstanden hatten. [...] Sie waren in dieser Hinsicht jünger als wir. Wir waren älter, also mussten wir sie an den Händen nehmen und sie unterrichten.« Steinberg zufolge glaube Tupac, dass die Revolution »emotional sein müsse, [...] spirituell sein müsse«, um effektiv zu sein. »Man kann keine spirituelle Revolution haben, die nicht gesamtheitlich ist«, die sich nicht dem »Körperlichen, Sexuellen und Politischen« öffnet.

Tupacs Leidenschaft für spirituelle Fragen begleitete ihn bis zu seinem Tod, auch wenn Form und Funktion zum Ende hin – und gemessen an früheren Standards – kaum noch erkennbar waren. Überdies war der junge Mensch, der sich für eine ganzheitliche spirituelle Revolution stark gemacht hatte, noch unbeleckt von Ruhm und jähem Reichtum gewesen. Nach eigenem Bekunden war Tupac über die Armut, in der er aufgewachsen war, »verbittert«; aber erst später, in Form seiner Texte, erfuhr die Welt, wie sehr er tatsächlich gelitten hatte. Dieses Leid brachte ihn dazu, sein Verständnis von Spiritualität und Gott zu vertiefen. »Er hatte seine eigene spezielle Beziehung zu Gott«, so Jada Pinkett Smith. »Ich glaube, etwas in Tupac wusste, dass Gott seine Hand über ihn hielt.« Smith glaubt aber auch, dass Tupacs starke Neigung zu Marihuana und Alkohol den Zugang zu seinem Glauben erschwerte. »Es ist schwierig, das zu begreifen, es scheint keinen Sinn zu ergeben. Man kann nicht schlüssig erklären, was im Kopf eines Mannes vorgeht, der berauscht ist und der so brillant ist, wie Tupac das war ... aber ich weiß einfach, dass er einen sehr starken Bezug zu Gott hatte.« Wenn auch die Anatomie seines Glaubens schwer zu fassen war: in der Liebe, die Tupac seinen Leuten entgegenbrachte, konnte man ihn erkennen. Der Rapper Big Tray Deee, der zusammen mit Tupac einen Song für den *Gridlock'd*-Soundtrack aufgenommen hat, sagt, dass »Tupac eine Menge

Dinge durch den Kopf gingen, die er durch seine Songs zur Sprache brachte. Und ich weiß, dass er eine wirklich spirituelle Person war. Er ging vielleicht nicht so weit, das zu verkünden, aber man kann es in seinen Songs hören, in seiner Kunst. Er ist auf der Suche nach einer Antwort; er versucht, sie mit seinen Leuten und durch seine Musik zu finden«.

Die Antworten, die Tupac in seiner Musik fand, und die Leute, mit denen er sie fand, haben traditionell Gläubige oft verprellt. Bischof T. D. Jakes zufolge waren Tupacs Botschaften zwar klar prophetisch, aber auf eine Weise, die sein Leid und seinen Schmerz offenbarten, und nicht auf eine Art, die der Gesellschaft half, den richtigen Weg einzuschlagen. Tupacs Botschaft war »so prophetisch, dass sie auf vielfache Weise« vor dem »unabwendbaren Resultat« seiner eigenen Verzweiflung warnte. Tupac »weinte einen furchteinflößenden Schrei, den wir Musik nannten, der aber in vielerlei Hinsicht ein Flehen um Hilfe gewesen sein könnte«. Jakes zufolge repräsentiert Tupac eine Generation, die »auf den Regeln Gottes herumtrampelt und sich lieber mit ihren Vorstellungen von Gott befasst, als dass sie sich den Vorstellungen Gottes unterwirft. Tupac und andere wie er sind für uns eine Verkörperung der Gefahren unserer Zeit«, eine Zeit voller Unterhaltungskünstler, die keine echten Führungsfiguren sind. »Unserer Community fehlt ein starkes Einigkeitsgefühl, und deshalb, so befürchte ich, missinterpretiert man diese unterhaltsamen Stimmen als die Messiasse einer Generation, die vom rechten Weg abgekommen ist und unbedingt einen Kompass braucht, der ihr einen Weg weist – und zwar einen, der weiter führt als nur bis zu einem Liedtext, der sie in Erregung versetzt.« Diese Sichtweise übergeht jedoch die dringliche spirituelle Krise, die ältere schwarze Generationen der Hip-Hop-Generation vermacht haben. Ebenso ignoriert sie Initiative und Einfallsreichtum einer mittellosen schwarzen Jugend, die das Führungsvakuum mit künstlerischen Ausdrucksformen gefüllt hat. Jakes hat recht, wenn er sagt, dass wir eine Verzweiflung, die sich Luft gemacht hat, nicht mit prophetischem Eifer verwechseln dürfen. Aber das gilt für unzählige Heiligengeschichten nicht weniger als für die Texte des zeitgenössischen Rap. Der Prophet Jeremia rülpste Verzweiflung aus dem Bauch seines unerbittlichen Pessimismus. Und die Psalmen sind voller Mitternacht und bösen Jubels. Das soll nicht heißen, dass die moralischen Rahmenbedingungen von Rap und Religion nicht unsere Interpretation ihrer oftmals im Widerstreit zueinander stehenden Credos färben. Wir dürfen aber nicht vergessen, dass einstmals unbeliebte und inakzeptable Sichtweisen rückblickend bisweilen als prophetisch gelten. Es ist eine der zentralen moralischen Behauptungen des Christentums, dass Gott in den Kleidern – und vielleicht sogar in den Rap-Songs – der am meisten verachteten Mitglieder der Gesellschaft daherkommen kann.[53]

»Ich weiß noch, wie mich nach Tupacs Tod jemand an der Columbia University fragte: ›Warum schreibst du ein Gedicht über Tupac? Er war ein *thug*‹«, erinnert sich die Dichterin Sonia Sanchez. Sie sagte dem Fragesteller, dass alle schwarzen Männer und Frauen in Amerika zu irgendeinem Zeitpunkt mit ähnlichen Augen gesehen werden könnten und verwies dann auf einige ebenfalls geschmähte Ikonen: »Martin [Luther King Jr.] wurde mit diesen Augen gesehen, als man ihn verhaftete. Und Jesus natürlich auch.« Sanchez sagt, dass »dieser theologische Raum im Hip-Hop« radikalen Gläubigen nicht unbekannt ist – sie haben erkannt, dass Jesus [zu Lebzeiten] von religiösen Menschen scharf verurteilt wurde. »Und er könnte von braven, gottgefälligen Christen, die in diese Kirchen gehen, als Krimineller gesehen werden«, so Sanchez. »Wenn die wirklich richtig garstig werden, dann sage ich immer: ›Würde Jesus heute in deine Kirche kommen, dann würde er wieder gekreuzigt werden.‹ Weil Jesus ein wirklich aufsässiger Typ war. Er forderte die orthodoxen Kriminellen heraus, wie ich sie nenne.« Sanchez behauptet, dass Tupac dasselbe tat; er forderte jene Leute heraus, die schwarze Communitys unterdrücken und die schwarze Identität verfälschen. »Pac war auf der Suche nach seinem schwarzen Jesus. Er war auf der Suche nach etwas, das ersetzen konnte, was er gesehen hatte« – womit Sanchez schädliche religiöse Vorstellungen meint, die die schwarze Befreiungsbewegung hemmten. »Er schaute sich das alles an und versuchte herauszufinden: Wie genau gelangst du zurück zu dir selbst, zu deinem schwarzen Selbst?«[54]

Wenn der Sinn einer Hip-Hop-Spiritualität darin besteht, die Suche nach einem authentischen schwarzen Selbst voranzutreiben, so ist die Frage, welche Arten von Selbst der Hip-Hop hervorbringen kann, von zentraler Bedeutung. Die im Hip-Hop geführte Debatte um eine authentische schwarze Identität ist so kontrovers, dass ein Warnhinweis angebracht scheint: Unterschiedliche Vorstellungswelten innerhalb der Kultur führen zu unterschiedlichen Identitäten. Die Hip-Hopper, denen es um eine Erhebung ihrer Ethnie mittels erbaulicher Geschichten über schwarze Errungenschaft geht, verstehen sich als Hüter des moralischen Gedächtnisses ihrer Generation. Sie legen besonderes Augenmerk darauf, jene historischen Kontinuitäten zu erkennen und zu nutzen, die schwarze Generationen miteinander verbinden. Außerdem fokussieren sie sich deutlich darauf, selbstzerstörerisches Verhalten zu bekämpfen, das in manchen Bereichen des Hip-Hops zum Ausdruck kommt – zum Beispiel die Glorifizierung von Gewalt, das Fördern einer Gang-Kultur, Aufrufe zu Misogynie und die Chiffrierung von Selbsthass. Auf der anderen Seite stehen die Hip-Hopper, die über *thug life*, Gang-Kultur und das Leben im Ghetto berichten. Sie begreifen sich selbst als urbane Poeten, deren Aufgabe es ist, die Wahrheit über schwarzes und von Armut geprägtes Leben in den Straßen zu berichten. Geschichten über urbanes Leid, die in schauerlicher Detailfülle von den Konsequenzen eines Lebens außerhalb des Gesetzes, zu Füßen des Bürgertums und ohne soziale Legitimierung erzählen, haben diese Rapper zuhauf auf Lager. In dieser Arena des Hip-Hops findet eine schamlose Glorifizierung von Figuren statt, die ansonsten Stigmatisierte der Gesellschaft sind – darunter der *player*, der *pimp*, der *mack* und der *hustler*. Es versteht sich von selbst, dass explizite Sexualität, illegales Verhalten, Sexismus und Gewalt dort zum guten Ton gehören. Natürlich führen diese gegensätzlichen Standpunkte zu miteinander konkurrierenden Ansichten über schwarze Selbstheiten und die Moralvorstellungen, die diese fördern. Fußt das Verständnis schwarzer Selbstheit auf einer spirituellen Grundfeste, dann ist ein Gottesbegriff nicht weit. Es ist ein Leichtes, das Göttliche in Hip-Hop-Communitys zu entdecken, die Wert darauf legen, religiöse Gefühle in traditioneller Weise zum Ausdruck zu bringen. Aber was ist mit der *thug*-Kultur? Oder, um Tupac zu zitieren: »Gibt es ein Himmelreich für einen G.?«

Der Gott des *gangsta* – oder die Theologie des *thug* – ist eng mit dessen Überzeugungen verknüpft: Wie funktioniert die Gesellschaft und wer hat die Kontrolle darüber? Für viele *thugs* ist Gott der große Komplize eines gewalttätigen Lebenswandels. Big Syke, Tupacs Mentor in Fragen der *thug*-Heuristik, äußerte eine Überzeugung, die viele Außenstehende schockieren mag: »Auch Gott ist ein Mörder«, sagte er. »Machen wir uns nichts vor. Gott bringt eine Menge Leute um. Er löscht sie scharenweise aus. Gott ist *real*.« Das mag auf die im Alten Testament dargestellte rachsüchtige Gottheit zutreffen, wo das Prinzip »Ein Leben für ein Leben« galt. Aber in den letzten zwei Jahrtausenden fand ein Wandel des Gottesbildes statt. Die Theologie des *thug* ist zu einem gewissen Ausmaß absichtlich anachronistisch oder zumindest streng traditionalistisch. Jene, die behaupten, dass *thugs* brutal, bösartig und ohne jeden Anstand seien, erinnere ich an die Überzeugungen, auf die sie sich berufen, um ihr Verhalten zu rechtfertigen. »Du gehst einen Pakt mit Gott ein, du bittest ihn, dir zu vergeben und seiner Wege zu gehen, denn manchmal stehst du auf jemandes Abschussliste. […] Ich glaube, ich habe eine gute Beziehung zu Gott.« Syke war der Ansicht, dass Gott sich darüber im Klaren ist, inwieweit die soziale Ordnung eine Vergeltungsphilosophie reflektiert. »Gott weiß, dass ich nicht durch die Gegend laufe und versuche, irgendwem irgendwas Schlechtes anzutun. Aber wenn jemand versucht, mir etwas Schlechtes anzutun, dann weiß ich, dass ich vorher Leute schlecht behandelt habe, also muss ich mir klarmachen, dass das einfach das Echo auf meine Taten sein kann. Dann muss ich Manns genug sein, das zu akzeptieren und zu Gott zu fahren, wenn ich getötet werde. Aber vielleicht bin ich auch derjenige, der diesen Typen umlegen darf, weil er etwas getan hat, das er nicht hätte tun sollen. So läuft das im Leben.«

Syke sagte, er habe mit Tupac keine tiefgründigen Gespräche über Gott geführt. »Wir sagten immer nur Sachen wie ›Vergib mir, Gott‹, weil die Lage da draußen ernst ist. Das ist alles, was wir haben.« Um den Lebenswandel der *thugs* zu rechtfertigen, beruft Syke sich auf die Bibel: »Ich bin nicht so der Bibel-Typ, aber nach allem, was ich weiß, war Moses ein Mörder. In der Bibel gibt es Mörder, die Gott für sich genutzt hat, nachdem sie reingewaschen waren. ›Okay, was du getan hast, hast du getan, aber ich brauche dich hier drüben. Du wirst einer meiner Soldaten sein.‹« Und doch reflektieren die Regeln des Universums Gottes Willen. Gewissermaßen kann man sich *thugs* als Naturrecht-Theologen vorstellen. »Das ist so eine spirituelle Sache, die dir jede erdenkliche Frage beantwortet, wenn du sie nur stellst. Es heißt, man erntet, was man sät. Das stimmt. Du baust immer wieder Scheiße, und die fliegt dir irgendwann um die Ohren. Ich frage mich bis heute: ›Habe ich in meiner Vergangenheit Sachen getan, für die ich mich noch verantworten muss?‹ Aber wenn das so ist, dann habe ich kein Problem mit Gott, denn Gott weiß, dass ich mich geändert habe, also ist alles in Ordnung. Ich bin jederzeit bereit zu gehen.«

Die Bereitschaft zu sterben ist charakteristisch für die *thug*-Theologie, was nicht nur der Intensität des Leidens geschuldet ist, das sie wahrnehmen und ertragen – und oft genug auch verursachen –, sondern auch der Überzeugung, dass sie im Einklang mit Gott stehen. Leiden – in Form von Elend und Unglück, von Schmerz und bezeugtem Übel – wurde in Tupacs Werk immer wieder thematisiert. »Pac war einer der wertvollsten Amerikaner seiner Generation«, sagt der Rapper Mos Def. »Aber er war auch eine unglaublich fehlerbehaftete, innerlich zerrissene und unglückliche Person. Pac war hier nicht glücklich. Ich denke, das haben wir alle gespürt. Wir haben ihm nicht zugehört, [als er sagte] ›Ich bin hier nicht glücklich‹. Er war hier nicht glücklich; sein Leben machte ihm zu schaffen.« Tupacs Leiden berührt Mos Def bis zum heutigen Tag. »Ich weine oft, wenn ich an ihn denke, weil ich das Gefühl hatte, dass wir ihm nicht helfen konnten. Er hat darum gefleht.«

Da weithin Einigkeit darüber herrscht, dass Mos Def recht hat (und viele, die Tupac kannten, stimmen ihm zu), stellt sich die Frage, was der Grund für Tupacs Traurigkeit war. Leila Steinberg führt sie auf die Zeit seiner Inhaftierung zurück, die ihn verroht habe. Ironischerweise hatte der junge Tupac ihr oft erzählt, dass ein Gefängnisaufenthalt – fast schon eine Selbstverständlichkeit in der Existenz so vieler schwarzer Männer – für ihn eine Erfahrung von unschätzbarem Wert wäre, die er in das Schreiben seiner Raps einfließen lassen könne. Aber nach elf Monaten hinter Gittern klang das ganz anders. »Ich habe ihn gefragt: ›Hat diese Zeit dir Einsicht verschafft? Hat sie dich mehr Respekt gelehrt?‹«, so Leila. »Der Knast hat meine Seele getötet«, habe Tupac geantwortet. »Der Knast hat mich zermürbt. Jetzt bin ich müde. Ich weiß nicht, ob ich irgendetwas verändere.« Das war eine beunruhigende Abkehr von Tupacs früherem Optimismus, demzufolge jeder Mensch die Welt verändern könne. »Ich konnte sehen, dass sich was verändert hatte, als er wieder nach Hause kam«, so Steinberg. »Ich meine, da loderte ein neues Feuer in ihm, denn er arbeitete rund um die Uhr, wie ein Verrückter. Aber er war nicht mehr glücklich. Dieses Licht und der Witz, die Art, wie er immer strahlte, das alles hatte sich komplett verändert; nach dieser Erfahrung war es, als hätte man ihn runtergedimmt. Es war so traurig zu sehen, wie sehr seine Seele sich deswegen verändert hatte. Es brach einem das Herz.«

Jada Pinkett Smith stimmt dem zu. Bevor er ins Gefängnis ging, hatte Tupac Smith gelobt, dass er seinem gefährlichen Lebenswandel abschwören würde. »Ich mache Schluss mit dem *thug*-Ding«, sagte er ihr. »Weg mit den Knarren; weg mit den ganzen *niggas* in meinem Umfeld. Ich werde mich ändern, Jada. Ich will dieses Rap-Ding nicht länger machen. Ich werde nur noch schauspielern.« Trotz seines Wunsches, sich zu wandeln, war Tupac ein Gefangener seiner Vergangenheit. »Und dann ging er ins Gefängnis und kam als völlig anderer Mensch zurück«, so Smith. »Ich glaube, ein Stück von ihm ist da drin gestorben, und dann hat er einfach seine Seele verkauft. Ich meine, Pac glaubte, er könne sich um Gott herumarbeiten, das war es, was ihn ausmachte. Er dachte, er könne sich um den Teufel herumarbeiten. […] Er glaubte wirklich, dass er ein paar Asse im Ärmel hatte.« Stattdessen wurde Tupac genau die

Erfahrung zum Verhängnis, die er einst als so wichtig im Leben eines schwarzen Mannes erachtet hatte. »Das war die Abwärtsspirale seines Lebens«, sagte John Singleton. »Das war der Punkt, an dem es mit dem Tupac, den ich kannte, vorbei war.« Singleton glaubte, dass der Schlüssel zu Tupacs Unglück im Gefängnis in der extremen Erniedrigung liegt, der er dort ausgesetzt war – eine Erniedrigung, die womöglich sexueller Natur war. »Niemand möchte darüber sprechen«, so Singleton. »Kein Einziger der *muthafucka*, mit denen du reden wirst, wird darüber sprechen, was Tupac im Knast zugestoßen ist oder nicht. [...] Niemand will da spekulieren. Die Leute sagen, er sei im Knast vergewaltigt worden, aber darüber will niemand sprechen.« Was auch immer passiert sein mag, es ist offensichtlich, dass Tupacs Lebensenergie danach eine komplett andere war. »Das Licht, das in seinen Augen war [bevor er ins Gefängnis ging], war nicht mehr da. Als er aus dem Knast kam, war er eine perfekte nihilistische Entsprechung dessen, was sich die Leute unter einem schwarzen Hip-Hop-Künstler in Amerika vorstellten, weil ihm wirklich alles scheißegal war und er sich nur noch auf seine Musik konzentrierte.«

Auch wenn die Haft Tupacs Unglück zweifellos verschlimmert hat, ist sie nicht der Grund für sein Elend. Schon lange vor seiner Zeit im Gefängnis verzweifelte Tupac an Armut und Rassismus. Er prangerte die Dysfunktionalität einer Gesellschaft an, die aus diesen Übeln Profit schlug, und gleichzeitig Schwarze zwang, sich als *thugs* oder *outlaws* durchzuschlagen. Das Argument, dass mittellose Schwarze sich anders hätten entscheiden können, indem sie sich gegen das soziale Elend auflehnten, lehnte Tupac ab. Tatsächlich waren das Entscheidungen, die die meisten in Armut lebenden Schwarzen trafen: Sie gingen zur Schule in der Hoffnung auf mehr soziale Aufwärtsmobilität, sie gingen in die Kirche oder in den Tempel, um ihren Glauben zu stärken, oder sie schlossen sich Marschprotesten gegen die Ungerechtigkeit an. In Tupacs Augen waren das nutzlose Strategien für Leute, deren Streben nach Höherem schon von Geburt an in Fesseln lag.

Viele Kritiker glauben, dass Tupacs Lösung für das Problem – die Überhöhung einer *thug*-Rhetorik und die Glorifizierung von

Gang-Gebaren – das Leid nur verschärft hat. Tupac rationalisierte *thug*-Verhalten zur einzigen Zuflucht, die Leuten »ohne legitime Überlebensoptionen« noch blieb – ein Ansatz, den Khephra Burns für verfehlt hält. »Schwarze Menschen, die zu Tausenden an der Howard University, dem Morehouse College, dem Spelman College und [anderen schwarzen Universitäten] im gesamten Süden des Landes studiert haben, machen klar, dass das schlicht nicht stimmt, dass es Bullshit ist«, so Burns. »Und dass sind Schwarze, die aus Compton, Cabrini-Green und Harlem kommen, aus schwarzen Communitys überall in Amerika.« Burns weist darauf hin, dass diese Menschen, »obwohl sie unter ähnlichen Umständen wie die *thugs* aufgewachsen sind, sich schlicht und einfach entschieden haben, aufzupassen und die Hausaufgaben zu erledigen, anstatt [auf der Straße] abzuhängen.« Stanley Crouch schloss sich dieser Meinung an; er insistierte, dass die *thug*-Mentalität das Überleben und die moralische Gesundheit verarmter schwarzer Communitys gefährdet. »Die Frage, die jemand wie Tupac stellt, lautet: Sollen diese in Armut lebenden Menschen, die von Chaos umgeben sind, auf dieses Chaos ihrerseits mit chaotischem Verhalten reagieren oder nicht?«, so Crouch. »Wenn man auf das Chaos mit mehr Chaos antwortet, dann legt das allen anderen eine doppelte Bürde auf.« Crouch war der Meinung, dass *thug*-Verhalten nur den Communitys schade, »die ein schlechtes Verhältnis mit den Polizeibehörden haben, [dort, wo] die Leute arbeitslos sind, wo es Teenager-Schwangerschaften gibt [und wo] die Leute nicht unbedingt wissen, wie sie sich selbst gesundheitlich am besten versorgen. [...] Ich denke, das trägt zum Problem bei.« Offensichtlich war Tupac geneigt, die Brutalität des *thug life* als notwendiges Übel zu akzeptieren, auch wenn er sich damit einer tödlichen Unentrinnbarkeit verschrieb. Diese Spannung machte ihn zu einem idealen Sprecher für die moralischen Mehrdeutigkeiten, die tief in das Wesen des Hardcore-Hip-Hops eingemeißelt sind.

In seiner bereitwilligen Annahme des *thug life* war er zugleich Plage und Prophet. Tupac glaubte, dass er für das hoffnungslos demobilisierte und degradierte Lumpenproletariat sprach, für Menschen, die, wie er es in einem seiner Songs beschrieb, »jung und pleite« waren, denen »alles scheißegal« war. Der Schlüsselsatz ist vielleicht jener, mit dem die Litanei seiner Wehrufe endet: »Ich habe keine Hoffnung.« Tupacs persönliche Kämpfe gegen die Hoffnungslosigkeit waren auch das Resultat »dieser vertrackten Situation, in der man Hoffnung haben möchte, aber nicht möchte, dass diese Hoffnung enttäuscht wird«, sagte Singleton. Und doch gelang es Tupac, seine Hoffnungslosigkeit umzuwandeln in Zorn über die Scheinheiligkeit, die in der amerikanischen Politik vorherrschte. In Outtakes aus einem MTV-Interview spricht Tupac über Bob Dole, C. Delores Tucker und Pat Buchanan: »Diese Leute zerstören die Werte [...] die uns zusammenhalten.« Außerdem nimmt Tupac jene Menschen ins Visier, »die diese Mexikaner zusammengeschlagen haben, die versucht haben, in unser Land zu kommen«. Er bezieht sich dabei auf den brutal-berüchtigten Polizeieinsatz gegen illegal eingewanderte Mexikaner in Kalifornien, über den überall im Land in den TV-Nachrichten berichtet wurde. »Das ist es, was verboten gehört, verstehst du? Du solltest mal sehen, wie oft sie sich dieses Video [des Polizeieinsatzes] anschauen, einfach nur, weil sie sich am Leid dieser Leute ergötzen. Warum also sollten wir davon nicht rappen? Warum sollten wir darüber nicht sprechen? Wenn wir überall nur Leid oder Leidensprofiteure sehen?«

Teilweise reagierte Tupac mit Gesten der Fürsorge und des Mitgefühls auf das Leid. Sein Mitgefühl wuchs aus seiner Überzeugung, dass, wie Mos Def es sagt, »wir füreinander verantwortlich sind«. Weil er diese Verantwortung erst nahm, war Tupac bemüht, nicht nur für seine Familie, sondern auch für Leute außerhalb seiner Verwandtschaft zu sorgen. Er legte eine bemerkenswerte Sensibilität an den Tag, was das Leid um ihn herum betraf. Die Publizistin Karen Lee erzählt, wie Tupac während seiner ersten Promo-Tournee in Washington, D.C., nicht nur Medienauftritte absolvierte, sondern auch Schulen besuchte, »weil die jüngeren Kids einfach total fasziniert von ihm waren«. Als die Limousine sie zum Flughafen brachte, von wo aus es weiter zur nächsten Station gehen sollte, sah Tupac einen Fernsehbeitrag über ein junges schwarzes

Mädchen, das von zwei Pitbulls angegriffen worden war und nun im Krankenhaus lag. »Er lässt den Limo-Fahrer wenden«, erinnert sich Lee, »und wir fahren ins Krankenhaus. Er kennt diese Leute nicht.« Als Tupac im Krankenhaus ankommt, wird das Mädchen gerade operiert. »Ich wollte nur kommen, um Ihnen zu sagen, dass ich für Sie bete«, erklärte Tupac ihren Eltern, die von dieser Geste schier überwältigt waren. Das Mädchen überlebte. »Ihre Mutter zog mit ihr nach Atlanta und die beiden wurden sehr, sehr enge Freunde von [Tupacs] Familie. Aber darüber sprach niemand.« Den meisten überlieferten Aussagen zufolge war Tupac das nur recht.

Cassandra Butcher erzählt eine ähnliche Geschichte: Während eines Flugs las Tupac von einem sterbenskranken Kind und verlangte nach der Landung, dass man ihn zuallererst ins Krankenhaus bringt, noch bevor er irgendwelche PR-Verpflichtungen wahrnahm. »Aber er wollte nicht, dass die Presse dabei ist. Das machte er unmissverständlich klar. John Singleton wurde Zeuge von Tupacs Großzügigkeit gegenüber dessen Verwandtschaft, die auf eigene Weise zu einer Belastung wurde. Tupacs Erfolg, so Singleton, habe »sein Leben verkompliziert«, weil seine Familie sich ermutigt fühlte, sich von ihm abhängig zu machen. »Jeder will Geld von dir, und alle wollen, dass du dich um sie kümmerst. Alle wollen, dass du ihnen ein Auto kaufst, und Gras und all solche Dinge. Und Tupac war absolut ein Mann des Volkes, also drückte er sich nie vor solchen Sachen. Er hatte immer das Gefühl, dass es seine Verantwortung sei, sich um die Menschen in seinem Umfeld zu kümmern, die meinten, dass sie ihn brauchten. [...] Was das anbelangte, hatte er ein großes Herz.«

Tupacs großes Herz zeigte sich auch, als er in Harlem war, um Außenaufnahmen für den Film *Above the Rim* zu drehen. »Tupac liebte seine Leute mehr als alles andere«, so Butcher. »Ihn in Harlem zu sehen, in diesen Communitys, das war wirklich außergewöhnlich.« Laut Butcher lassen sich die meisten Schauspieler nicht zu mehr als ein paar oberflächlichen Grußfloskeln hinreißen, wenn sie den Bewohnern der Viertel begegnen, in denen sie filmen; ansonsten ziehen sie sich die meiste

Zeit über in ihren Trailer zurück. »Tupac war da anders. Er konnte nicht einfach mit der Filmcrew im Catering-Bereich essen, wenn er sah, dass diese Menschen hungrig waren oder dass sie mit ihm sprechen wollten. Er ging eine echte Verbindung zu ihnen ein; das waren seine Brüder und Schwestern, und das kam bei ihm wirklich von Herzen. So etwas hatte ich noch nie gesehen.« Auch wenn Al Sharpton sagt, dass Tupac »kein Vorbild und keine Führungsfigur sein wollte«, so war er sich doch seines Einflusses auf die Jugendlichen bewusst, mit denen er interagierte. Big Boy, ein Radiomoderator aus Los Angeles, der früher als Bodyguard im Hip-Hop gearbeitet hat, illustriert diesen Umstand mit einer humorvollen Geschichte: Nach einem Konzert in Seattle wurde der Van, in dem Tupac und mehrere andere Personen unterwegs waren, von der Polizei angehalten. Als die Polizisten von einer Fan-Meute abgelenkt wurden, wollte Tupac »uns die Zeit möglichst angenehm vertreiben«, erinnert sich Big Boy. »Pac packt also einen Joint aus, und er wollte sich das Teil gerade in den Mund stecken, und dann war da dieses junge Mädchen [das ihn sah].« Nachdem er sie bemerkt hatte, zog Tupac das Mädchen näher zu sich heran. »Hör mal«, sagte er, »du hast mich gerade erwischt, wie ich etwas wirklich Schlimmes mache, etwas, das ich nicht tun sollte. Aber das bleibt unser Geheimnis. [...] Das darfst du keinem verraten. Wir halten uns gegenseitig den Rücken frei.« Big Boy muss lachen, als er daran zurückdenkt, wie das kleine Mädchen »einfach nur dasaß, ihn anschaute und bloß nickte: ›Okay, okay.‹«

Tupacs Sensibilität gegenüber Kindern war von einer Verletzlichkeit getragen, die in heiklen Momenten aufblitzte – ungeachtet seines üblen Leumunds. »Pac war ein emotionaler Mensch«, sagt Leila Steinberg. »Er hat oft vor mir geweint. Er war Manns genug zu weinen; das hat er immer offen gesagt.« Bevor er sein *thug*-Image hatte, das es zu beschützen galt, war Tupac eher bereit, sein Herz bloßzulegen. »Du musst verstehen, dass er mit siebzehn Jahren ein ganz anderer junger Mann war«, fährt sie fort. »Pac war sehr sanftmütig« und hatte »feminine Züge, die die meisten Männer nicht mit ihrer Maskulinität in Einklang bringen können.« Selbst als berühmter Entertainer zeigte sich Tupac noch von seiner weichen Seite. »Tupac hatte etwas Verletzliches, das extrem betörend war«, sagt die Kongressabgeordnete Maxine Waters. »Ich glaube, das hat jeder gespürt, der ihm zugehört hat. [...] Das ist eine Qualität, die ich auch bei Richard Pryor festgestellt habe [dessen Stimme Tupac in seinem Song ›Heartz of Men‹ gesampelt hat]. Sehr verletzlich, sehr gescheit.« Es war eben diese Verletzlichkeit, die Tupac auch die Verletzlichkeit der Leute erkennen ließ, die er liebte. Als ein Videofilmer Tupac während der Dreharbeiten zu *Above the Rim* fragte, wie es sich anfühle, wieder in Harlem, seinem »alten Revier«, unterwegs zu sein, verwies dieser den Filmemacher und seine Kamera auf einige Hundertschaften von Fans, die sich um ihn herum versammelt hatten. »Er wollte nicht, dass die Kameras auf ihn gerichtet sind und dadurch die Aufmerksamkeit von den Ereignissen im Ghetto weglenken«, so Cassandra Butcher. »Und dann spricht er in die Kamera: ›Ich bin hier nicht die Story, Mann. Unterhalte dich mal mit den *niggas* hier auf der Straße. Das ist die Story. Darüber kannst du den ganzen Tag lang Filme drehen. Rede mit denen.‹« Butcher lernte auch die rauere Seite von Tupacs Mitgefühl kennen. Als sie einmal weinte, weil es so schien, als wolle Tupac einen der großen Fernsehsender versetzen, wurde Butcher brüsk zurechtgewiesen: »Hör verdammt noch mal auf, hier rumzuheulen«, schnauzte Tupac sie an. »Hör auf zu heulen. Stell dich nicht an wie meine Mutter. Hör auf zu heulen.« Butcher sagt, dass Tupac »zu dieser Zeit richtig gemein und wütend war«, dass sie aber später seinen Beweggrund erkannt habe: »Er hielt es einfach nicht aus, jemand anderes Schmerz zu sehen.«

Wenn Tupac außerstande war, den Schmerz anderer Menschen auszuhalten, so war er gleichermaßen außerstande, ihre Ablehnung zu ertragen. »Eines von Pacs Problemen war, dass er viel Liebe zu geben hatte, und seine Liebe war heftig, und wenn er etwas liebte, dann mit großer Leidenschaft«, sagt der Rapper Talib Kweli. »Und er liebte die Freiheit, und er liebte schwarze Menschen – so sehr, dass es ihm wehtat, und das konnte man in seinen Songs hören. Wenn er das Gefühl hatte, dass diese Liebe nicht erwidert wird, dann verletzte ihn das.« Es verletzte Tupac nicht bloß, wenn man ihm die Liebe verweigerte, von der er glaubte, sie stünde ihm zu; es machte ihn wütend. »Viele von den Leuten, gegen die er austeilte, waren Menschen, die ihn wirklich verletzt hatten, ob sie sich dessen nun bewusst waren oder nicht.« Gegen Ende seines Lebens teilte Tupac gegen etliche Rapper aus, insbesondere gegen Notorious B.I.G. (»Biggie«) und seinen Produzenten und Label-Chef Sean »Puffy« Combs. Tupac verkündete öffentlich, dass Biggie und Combs ihn in einen Hinterhalt gelockt hätten, als er während eines versuchten Raubüberfalls auf ein New Yorker Tonstudio niedergeschossen wurde. Auch wenn es niemals irgendwelche Beweise gab, die Tupacs Behauptung bekräftigt hätten – tatsächlich hat ein ihm nahestehender Mensch mir gesagt, dass Tupac »in seinem Herzen wusste, dass Biggie und Puffy mit der Schießerei in New York nichts zu tun hatten«, und dass »die Kugel, die seine Leistengegend nur knapp verfehlte, aus seiner eigenen Waffe stammte«, die er im Hosenbund stecken hatte –, eskalierte der Rapper die persönliche Fehde so sehr, dass sie sich schließlich zum berüchtigten und brutal geführten Kampf zwischen Ost- und Westküsten-Rappern auswuchs. Tupac veröffentlichte eine besonders effektive und hasserfüllte Single, »Hit 'Em Up«, und verbreitete seine boshaften Kommentare auf diese Weise in Liedform. Auch das war Ausdruck eines Draufgängertums, das tödliches Potenzial hatte. »Ich hatte den Eindruck, dass er außer Kontrolle geriet«, so Talib Kweli. »Und ich sagte mir damals immer: ›Wenn er so weitermacht, wird ihm etwas Schlimmes zustoßen.‹«

Den Eindruck, dass Tupac außer Kontrolle geriet, teilten damals viele Leute, wenn auch die meisten Zuschauer nicht wussten, wie sie ihn hätten aufhalten können. Im letzten Jahr seines Lebens arbeiteten seine selbstzerstörerischen Impulse auf Hochtouren. Er behauptete, mit Biggies Ehefrau, der Sängerin Faith Evans, geschlafen zu haben. Als Mitglieder von Tupacs »Death Row«-Label bei den Soul Train Music Awards mit Mitgliedern von Puffys »Bad Boy«-Label aneinandergerieten, loderten Feindseligkeiten auf und jemand zückte eine Pistole. »Wir saßen drinnen, im Show-Saal«, erzählt die Publizistin Karen Lee, »und mir war klar, dass sich draußen irgendwas abspielt, weil all diese Cops mit einem Mal rausgingen.« Irgendwer erzählte Lee, dass Tupac und seine

Kumpel sich auf dem Parkplatz eine Schlägerei mit ein paar von Puffys Angestellten lieferten. Tupac habe verpasst, wie ihm der erste Award verliehen wurde, so Lee, und »als er dann endlich reinkam, um den zweiten Award entgegenzunehmen, konnte ich sehen, wie aufgedreht und völlig außer Kontrolle er war« Als die Show vorbei war, ging sie auf Tupac zu, der sie umarmte und küsste. »›Komm her‹, sagte ich zu ihm. Ich zog ihn von seinen Bodyguards weg und fragte: ›Was machst du denn? Das ist alles, was wir haben. Es gibt sonst keine Show, die dich buchen möchte, Liebling.‹« Aber Tupac schien fest entschlossen, die hip-hop-internen Spannungen zwischen Ost- und Westküste auszuschlachten, in einem gefährlichen, polarisierenden Ausmaß. Zwei Tage bevor er von Schüssen tödlich verwundet wurde, nahm er an den MTV Music Video Awards teil und geriet dort in eine Streiterei. Er wandte sich sogar gegen Dr. Dre, den Superstar-Produzenten, mit dem Tupac zusammengearbeitet hatte, als er sich dem »Death Row«-Label anschloss. Nun rühmte Tupac sich, Dre – der das Label zusammen mit Marion »Suge« Knight gegründet hatte – von Death Row vertrieben zu haben. Und auch wenn Dre Tupacs »unglaubliche Arbeitsmoral« anerkennt, findet er scharfe Worte für dessen destruktives Verhalten: »Er war ein Mensch, der gerne im Mittelpunkt von Dingen stand, die ihn nichts angingen«, so Dre. »Und das war ein Problem.« Tupac war fest entschlossen, andere Leute an ihre Grenzen zu bringen; er war fest entschlossen, mit der Gefahr zu tanzen – und letztendlich mit dem Tod.

Vom Tod schon immer besessen, schien Tupac seinen Untergang mit furchterregender Intensität vorauszusagen und durch seine Taten beinahe schon zu garantieren. Maxine Waters sagt, Tupac sei »wild und unvorhersehbar und fast schon aufgewühlt gewesen. Das Wort ›Vorsicht‹ schien er nicht zu kennen. […] Er hielt sich für unbesiegbar. Aber ich glaube, er schaute der Gefahr tatsächlich ins Auge, ohne auch nur ein einziges Mal zu blinzeln«. Waters bedauert, dass sie »und andere nicht in der Lage waren, ihn, sein Talent und sein Genie zu beschützen«. C. Delores Tucker, die Tupac als seine Nemesis betrachtete, sagte, der Rapper sei »wahrhaft begabt« gewesen, doch »ein Dämon, der in ihm steckte«, habe nicht gewollt, dass er seine Talente für das Gute einsetzt. Andere wiederum glauben, dass Tupac sich vom Schicksal verfolgt fühlte. »Ich glaube, er hat absolut gewusst, dass [sein Tod] kurz bevorstand«, so Leila Steinberg, die als erste Tupacs Gedicht *Im Falle meines Todes* zu Gesicht bekam, das er im Alter von einundzwanzig Jahren geschrieben hatte. »Er wusste, dass er die dreißig nie erreichen würde«, so der Regisseur Vondie Curtis-Hall. Eine solche Überzeugung kann in gefährlicher Weise befreiend wirken. »Das ermöglicht es dir, mit einem gewissen Maß an Unbekümmertheit durchs Leben zu gehen. Es versetzt dich in die Lage, dein Schicksal ohne Angst zu akzeptieren.«[55]

Die Furchtlosigkeit, ja Rücksichtslosigkeit, mit der Tupac dem Tod entgegentrat, hatte viel mit den Toden zu tun, die er bezeugt und zu Songs gemacht hatte, sowie mit der Trauer, die er danach spürte, und dem Gott, der es ihm schwer machte, in all dem einen Sinn zu erkennen. Es gibt in Bereichen des Hip-Hops sowie in armen schwarzen Communitys eine Todeskultur, deren Ausbreitung alarmierend ist und unter deren Opfern sich tragisch viele junge Menschen befinden. Diese Besessenheit mit dem Tod hat auch mit den rücksichtslosen Morden und dem Chaos zu tun, denen die Jugend ausgesetzt ist. Bandengewalt, Drogenkriege, häuslicher Missbrauch, soziale Entwurzelung und unterdrückte Wut über die Armut brechen sich in Form von Ghetto-Toten Bahn. Die Plage dessen, was üblicherweise als »Tötungsdelikt unter Schwarzen« bezeichnet wird, überschwemmt die schwarzen Communitys. Der Begriff ist irreführend, da der Tod einer schwarzen Person oft die Folge der Barbarei wirtschaftlicher Verelendung ist; ein solcher Tod wird daher begünstigt von der Hartnäckigkeit weißer Überlegenheitsmythen und -praktiken, die den Hass der Schwarzen auf sich selbst und andere befeuern. In all seinen Formen ist der Tod ein destruktiver Markstein der urbanen schwarzen Geografie.

Der Tod ist auch eine feste Größe in der psychischen Landschaft einer verarmten schwarzen Jugend. Der tote schwarze Körper – ob nun von einem Verwandten erwürgt, von einem Einbrecher niedergeschossen, von einem eifersüchtigen Geliebten erstochen oder von einer

Babysitterin erstickt – ist etwas so Gewöhnliches, dass er selbst schon eine Metapher ist: Leidendes schwarzes Fleisch ist das Fenster zu dem spirituellen Trauma, das eine ganze Generation heimsucht. Die Sehnsucht nach dem Tod, der einen von allem Leid erlöst, kommt in einem Todesneid zum Ausdruck – einem seelenzerstörenden Verlangen, mit dem toten schwarzen Körper *identisch* zu sein. (Wir dürfen nicht vergessen, dass selbst das Verlangen, mit einem toten Körper *identifiziert* zu werden – zum Beispiel, wenn jemand als Wiedergeburt eines toten Sportstars, Rap-Künstlers oder Anführers gesehen werden möchte – noch lebensbejahend ist, da die Anerkennung, die einem eine solche Identifikation einbringt, die Anstrengungen der lebenden Person verdeutlicht.) Der Sportwissenschaftler Keith Harrison veranschaulicht diese Einsicht mit einer gruseligen Anekdote: »Vor ein paar Jahren bin ich zu der Beerdigung eines Onkels von mir gegangen«, erinnert er sich. »Etwas, was mich in der Kirche bewegt hat, war die schiere Anzahl junger Männer, die vielleicht achtzehn oder neunzehn waren und aufstanden [und] sagten, wie sehr sie sich wünschten, dahin zu gehen, wo mein Onkel Len nun war.«

Die fortwährende Präsenz des Todes hat junge schwarze Menschen dazu gebracht, im Voraus Bestattungspläne zu machen. Als Antwort auf den Tod hat die schwarze Jugend den emblematischen Ausdruck einer selbstgewahren schwarzen Mortalität umgekehrt, nämlich Martin Luther Kings Ruf: »Dann und wann denke ich an meinen eigenen Tod.« Diese jungen Menschen denken ununterbrochen und in kreativer Weise über ihren Tod nach. Mit erstaunlich nüchterner Distanziertheit beseelen sie Kings Behauptung, er habe nicht »in morbider Weise« über seinen Tod nachgedacht. Sie akzeptieren die trostlose Unausweichlichkeit eines allzeit drohenden Todes – was tatsächlich eine Ablehnung der Willkür ist, der wir alle ausgesetzt sind, da diese jungen Menschen den Tod nicht als Kulmination ihrer Existenz begreifen, sondern als Voraussetzung. Junge schwarze Menschen beauftragen Bestattungsunternehmer, ihre toten Körper auf eine Weise darzustellen, die dem Vergessen entgegenwirkt und sie vom nächstbesten Leichnam unterscheidbar macht. Wenn diese Jugendlichen zynisch als »Kanarienvogel im Minenschacht« geschmäht werden – denn da wir alle sterben und der Tod tatsächlich der Markstein des Lebens ist, verkörpert ihr Handeln ja nur den Weg, den wir alle irgendwann einschlagen, um unser Ableben vorzubereiten –, so ist das Opfer ihrer Körper im Tausch für spirituelle Weisheit ein Symbol unserer Unmenschlichkeit. Und selbst wenn unsere Gründe, ihr Leid zuzulassen, nicht annähernd so abgestumpft sind, so ist doch die Todeskultur, die die schwarze Jugend erstickt, trotzdem eine vernichtende.[56]

Es ergibt Sinn, dass die Autopsie ein zentrales Motiv der Rap-Rhetorik ist. Im Hip-Hop ist die Examinierung des toten schwarzen Körpers – seine Schönheit, seine Leistungen, seine distinkten Narben, seine zu einem Halt gebrachten Bestrebungen, seine aufgekündigten Möglichkeiten, sein verlorenes Leben, seine repräsentative Aussagekraft, seine Todesursachen – sowohl Wissenschaft als auch Magie. Indem Rapper detailliert die Grauen beschreiben, die die Leben ihrer gefallenen Freunde geprägt haben, hilft ihre Musik dabei, die sozialen Pathologien aufzuzeichnen, die im Gemeinwesen gedeihen und in inakzeptabler Regelmäßigkeit die Leben von Schwarzen und anderen ethnischen Minderheiten einfordern. Aber die Geste der Examinierung ist auch eine des Selbstschutzes: Es sichert den Vorfahren jüngerer Generationen einen Platz in der urbanen Kosmologie, indem es ihnen ihren gerechten Anteil daran zuspricht. Dadurch verlängern die Überlebenden ihre Leben, gesegnet durch die Erinnerung an gefallene Kameraden, die sich gegenüber den höheren Mächten für sie einsetzen. Darum ist auch postmortale Poesie in der Form von Trauerreden und Klageliedern so wirkmächtig: Sie fängt die kollektive Trauer einer versehrten Generation ein und legt Zeugnis ab von den beständigen Schrecken, denen die Überlebenden ausgesetzt sind.[57]

Tupac war in der Disziplin der postmortalen Poesie besonders versiert. Inzwischen haben die Häufigkeit des Todes und seine Gedenkkultur gewisse Gebräuche für die Rap-Eloge geschaffen: das Erinnern des Momentes und der Bedingungen, unter denen ein Freund verstarb; das Ausschenken alkoholischer Getränke als Reminiszenz des Hip-Hops an afrikanische Trankopfer; das Ausrufen des Namens des Verstorbenen; und das Bittgebet um Frieden für die Seele des Geliebten. Einige von Tupacs kraftvollsten und pointiertesten Arbeiten schlagen in diese Kerbe. An seinen Freund Kato erinnert sich Tupac in »So Many Tears« mit den Zeilen »Ruft die Sirenen / Ich sah, wie man ihn auf der Straße ermordete / Nun ruhe in Frieden«. In »To Live and Die in L.A.« merkt Tupac an, wie er und seine Kameraden »Tränen vergossen, als wir *niggas* begruben, die uns am Herzen lagen / Einst ein Freund, jetzt ein Geist im Dunkeln«. Und im tief bewegenden »Life Goes On«, seinem elegischen Meisterwerk, erweist Tupac seinen getöteten Brüdern seine Ehrerbietung: »Ruhe in Frieden, junger *nigga* / Es gibt ein Himmelreich für einen G.«

So brillant, wie er den Tod beklagen konnte, so sehr war Tupac in seinen Raps auch fähig, seinen Feinden den Tod an den Hals zu wünschen. Seine Songs strotzen nur so vor Rachegedanken und Missgunst, wenn er in seinen »mörderischen Texten« verspricht »Wir legen euch *muthafuckas* alle um« und verkündet: »Diese Wichser sollten sterben.« Doch Tupac war auch kaum je imstande zu zügeln, was er seinen »Drang zu sterben« nannte; in jedem neuen Song legte er Zeugnis von seinem brutalen Kampf ab. Es ist genau diese Kombination – das Beklagen des Todes, der Wunsch zu töten und die Todessehnsucht –, die Tupac zur vielleicht beeindruckendsten Symbolfigur einer Multiphrenie macht, die den jungen, urbanen, schwarzen Geist zersplittert. Durch die rhetorische Verkörperung der ermordeten Person, der Person, die morden will, und der Person, die einen Mord beklagt, fing Tupac ein großes Spektrum verzweifelter schwarzer Antworten auf die Herrschaft des Todes ein.

Es waren seine gespaltene Seele und die Menschen, die er liebte und hasste, die Tupac zu dem Gott führten, den er niemals aufgegeben hatte. Während seiner Rap-Karriere offenbarte sich seine Beziehung zu Gott in einer permanenten Auseinandersetzung mit dem Leid, das er sah, und dem Bösen, das er ertrug und zum Ausdruck brachte. Das Mitgefühl, das er aufbot, und auch die Raps, die er verfasste, sollten den Schmerz, den er bezeugte, freilegen und lindern. In der traditionellen Theologie wird die Gedankenschule, die sich mit der Frage unverdienten Leidens von gläubigen Menschen befasst, Theodizee genannt. Sie hat auch eine Entsprechung in den Sozialwissenschaften, wo die Theodizee damit befasst ist, einen Sinn im Leiden der Massen zu erkennen. Als eingefleischter *thug* und unermüdlicher, wenngleich unorthodoxer Gläubiger arbeitete Tupac mit einer *thug*-Theodizee. Man kann ihn als einen – wie ich es nannte – Jeremia des Hip-Hops begreifen, einen urbanen Propheten, der lautstark den Schmerz beweinte, den er kontinuierlich sah und säte.

Tupacs Rap-Songs sind eine Art Gerichtsverhandlung über Tod, Übel und Leid, bei der alle Seiten angehört – und gegeißelt – werden, darunter auch der Crack-Süchtige, die Mutter auf Sozialhilfe, der *hustler*, der *thug*, der *pimp*, der *playa*, die *bitch*, die *hoe*, der Politiker, der Rapper, der Verfechter einer weißen Vorherrschaft, das unschuldige Kind, die schutzlose Frau, der betrügerische Bulle und der schwarze Verräter. Wo seine Liebe für die Menschen in seinem Leben wie auch die Liebe zu seinem Gott verflochten war mit den grausamen und selbstzerstörerischen Impulsen des Verlorenen, da muss man sich Tupacs Proklamation in »Black Jesus« ins Gedächtnis rufen: »In Zeiten des Krieges brauchen wir jemanden, der kraftvoll ist, um den sich die Truppen scharen wie um einen Heiligen, dem wir vertrauen können.« Am Ende des Songs erfleht einer seiner Kameraden einen schwarzen Jesus, der »wie ein Heiliger [ist], zu dem wir im Ghetto beten«. Indem er das Leid sowohl ablehnt als auch umarmt, bietet Tupac uns ein komplexes Gebet dar, das Gewalt nicht einfach nur verherrlicht, sondern nach ihrem Sinn fragt, und das den Schmerz anklagt, den sie anrichtet.

Kapitel 8

»I GOT YOUR NAME TATTED ON MY ARM«

Den schwarzen Körper lesen

»Eines Tages hatte er sein Hemd an«, erinnerte sich Johnnie Cochran an eine frühe Begegnung mit seinem damals neuen Klienten Tupac Shakur. »Er zog das Hemd aus, und auf seinem Bauch waren die Worte *Thug Life* zu lesen. Und dann waren da noch die ganzen anderen Wörter [auf seine Haut geschrieben]. Da war überall etwas. Ich witzelte immer, er solle nicht so viel Schmuck und Kram tragen, wenn er vor Gericht erscheinen muss. Er war ein sehr gut aussehender Junge, ausgesprochen gut aussehend. Er trug auch Ohrringe, wissen Sie; das ist eben der Style. Aber er hatte all diese Schriftzüge auf seinem Körper. Ich habe ihn gefragt: ›Wieso lässt du dir dieses ganze Zeug auf den Körper packen? Muss das sein?‹« Für Tupac war es eine notwendige Geste des Selbstausdrucks, sich den Körper beschreiben zu lassen. Die Tätowierungen, die Tupacs Körper kartierten, waren Straßenschilder entlang seiner sich entfaltenden, mäandernden Identität. Die Tinte auf seinem Körper verschaffte der Welt eine Ahnung von den Leidenschaften, die in seiner Brust wüteten. Er hatte nicht nur *Thug Life* auf dem Bauch stehen (in Großbuchstaben, wie fast alle Tattoos, wobei das »I« in *Life* als Patrone ausgestaltet war); auf seiner linken Brust stand *2PAC*, auf der rechten war die Büste der Nofretete abgebildet. Auf seinem linken Unterarm war das Wort *Outlaw* tätowiert, und ein Panther mit aufgerissenem Maul schmückte seine linke Schulter. Ein dornengekrönter Jesus in Flammen prangte auf seinem linken Bizeps. Im Nacken hatte er eine Krone und darunter die Worte Boss Playaz stehen. Die Worte *Fuck the World* standen in großen Schreibschriftbuchstaben direkt unterhalb seines Nackens. Auf seinem Unterrücken befanden sich die Schriftzüge *laugh now* unter der Maske der Komödie sowie *cry later* unter der Maske der Tragödie. Ein gotisches Kreuz und darunter die Worte *Exodus 1831* erstreckten sich über seinen oberen Rücken. Auf seinem Brustbein stand *50 Niggaz* über einer Kalaschnikow. So wie sein Œuvre wuchs, so nahm auch die Zahl der Arbeiten auf seinem Körper stetig zu.[58]

Die Tinte auf Tupacs dunkler Haut ist aber nur ein Charakteristikum seiner fesselnden, spektakulären Präsenz. Es mag ein Gemeinplatz sein, dass der Körper wesentliches Ausdrucksmittel eines Performancekünstlers ist, aber in Tupacs Fall trifft das besonders zu. Das von ihm projizierte Selbst war absolut angewiesen auf den Körper, in dem er so unbehaglich lebte – seine ausdrucksstarken, mandelförmigen Augen, seine vollen Lippen und Augenbrauen, seine langen Wimpern, sein strahlendes Lächeln, seine wohlgeformte Nase, seine geschmeidig-muskulöse Statur, sein seidiger Oberlippenbart, seine eher geringe Körpergröße und sein rasierter Schädel. Neben diesen natürlichen Vorzügen gestaltete Tupac seine Persona – insbesondere als *homeboy* und *thug* – mit symbolischen Accessoires: Nasenpiercing, Ohrringe, Bandanas, tiefhängende Jeans, Designer-Pullover, Rolex-Uhren, ein diamantbesetzter Jesus-Anhänger, Designer-Anzüge, Dockermützen, stilvolle Armbänder, kugelsichere Westen, Baseballkappen und modische Ringe. Als ein unablässig bildsprechender Künstler verkörperte Tupac die Eigentümlichkeiten schwarzer männlicher Wut: aufsässig in die Luft gestreckte Mittelfinger, während er sich aus dem Fenster eines Fluchtwagens lehnt; feindseliges Ausspucken vor der Kamera eines Journalisten; ein entenartiger Watschelgang, mit dem er sich über eine ungerechte Gerichtsverhandlung lustig macht; Schläge und Tritte gegen einen Feind in der Nacht, in der er tödliche Schusswunden erleidet. Und zwangsläufig ist Tupacs von Kugeln zerschundener Körper auch ein Symbol für Zorn und Mord, für die Zerstörung edler schwarzer Körper.[59]

Als notorisch kontroverse schwarze Ikone war Tupacs Körper nie gänzlich sein Eigen. An ihm fraß auch die gierige Tinte einer medialen Berichterstattung, die ihn – manchmal im selben Atemzug – vergöttern, zerstören oder in Verruf bringen wollte. Sein Handwerk ging er mit einer raumgreifenden, implodierenden Intensität an. Sein kräftiger schwarzer Rücken schulterte eine Menge Verwandter und Bekannter, die dank seiner Berühmtheit Zugang zu Bankett- und Casinotischen fanden. Selbst der Staat ergatterte ein Stück seiner Haut, indem er ihn an beiden Küsten ins Gefängnis steckte. Und Tausende, vielleicht sogar Millionen junger schwarzer Männer glaubten, sein Körper sei ihr Körper. Dieser Glaube fußte auf der vorangegangenen und bemerkenswerten Identifizierung Tupacs mit den Massen leidender und hoffnungsloser schwarzer Männer, die in seinem Schmerz ihren eigenen Schmerz hören konnten. Tupac war nicht mehr länger ein Star, er war [für diese Menschen] zu einer eigenen Grammatik geworden: Seine Bewegungen, Gesten und Auftritte waren eine erschreckend präzise Artikulierung ihrer zerrissenen, konfusen Innenleben. Oft beharrte seine Kunst darauf, dass ihre Körper in ihm verkörpert seien. Es war, als wolle er sagen: »Ich werde euer Opferlamm sein. Ich werde euch zuliebe leiden, an eurer statt. Ich werde Zeugnis darüber ablegen, wie man euch unter Armut und einem verkümmerten Sozialwesen begrub. Ich werde durch mein chaotisches, verzweifeltes, selbstzerstörerisches Leben von euren Leben berichten. Und wenn ich sterbe, dann, um all die anonymen schwarzen Männer unsterblich zu machen, die einen ähnlichen Tod starben und deren Namen nie ins Bewusstsein der Öffentlichkeit vordringen werden.« Das mag alles rührselig und melodramatisch erscheinen – und teilweise ist es das sicher auch –, aber es stellt nicht in Abrede, dass Tupac die wirkmächtige und Körper gewordene Antwort auf die Krise des jungen schwarzen Amerikas war.

Wenn es Tupac möglich war, seinen Körper zu opfern, insbesondere für junge schwarze Männer, so lag das zu großen Teilen an der Liebe, die die Frauen ihm entgegenbrachten. In grob-direkten Worten bedeutet das, dass Tupac sich seine Frauen aussuchen konnte – ein Vorrecht, von dem er leidenschaftlich gern Gebrauch machte. Ausführlicher gesagt bedeutet es, dass sein auf Bühne und Leinwand ausgestrahltes Charisma und sein Sexappeal ihm einen großen Markt für seine Talente verschafften. Tupac wurde fast einhellig für seine pulsierende Sinnlichkeit und sein umwerfend gutes Aussehen verehrt. Die Schauspielerin Vivica A. Fox, die in Tupacs Video zu »Dear Mama« mitwirkte, berichtet, dass Tupac »durchaus nicht übel anzuschauen war. Er hatte schöne Wimpern, großartige Lippen; er wusste sich einfach in Szene zu setzen«. Die Schauspielerin Kim Fields erzählt, dass man in Tupacs Augen seinen großen Charme und auch seine große Emotionalität sehen konnte. »Seine Augen hatten etwas Ausdrucksstarkes«, so Field. »Da war einfach eine interessante Kombination von Sachen, die man in seinen Augen sehen konnte, die Traurigkeit, die Entschlossenheit, Wut, Leidenschaft, all sowas.« Auch beim Schauspieler Tupac sei sie immer von seinen Augen angezogen gewesen, die gemacht hätten, dass sie »wissen wollte, was er über das Leben weiß«. Sie räumt ein, dass Tupac »auch die rein weibliche Seite« ansprach. »Die Art, wie er in *Poetic Justice* diesen Lutscher hält, und einige Bilder, die ich gesehen habe. Als Frau will man dieser Lutscher sein, genauso, wie man eine Trompete in *Mo' Better Blues* sein möchte«, sagt sie lachend und in Referenz an einen Spike-Lee-Film, in dem Denzel Washington und Wesley Snipes zwei Musiker spielen. Tupacs Augen erwiesen sich auch jenseits sexueller Konnotationen als Fenster zu weiten Landschaften sozialen Mitgefühls. »Manch einer glaubt, dass die jungen Menschen ihn nur lieben, weil er hip war oder aussah wie jemand, der auf alles stand«, so Sonia Sanchez. »Aber wenn man diesem jungen Bruder in die Augen blickte, dann war da Liebe zu sehen.«

Selbst fern von Bühne und Mikrofon generierte Tupacs physische Präsenz enormes Interesse. Shawn Chapman, eine von Tupacs unzähligen

Anwältinnen, hat viel Zeit mit ihm verbracht und konnte beobachten, welche Wirkung er auf ganz gewöhnliche Menschen hatte. So erinnert sie sich an die vielen Male, die Tupac »vor einem Strafgericht erscheinen musste« und mit den älteren weißen Jurymitgliedern in den Fluren wartete. »Die hatten keine Ahnung, wer er war«, so Chapman. »Aber nach ein paar Minuten fraßen sie ihm alle aus der Hand, weil er einfach so höflich und witzig war. Diese alten weißen Menschen aus der Jury liebten ihn. [...] Er hatte wirklich diesen Effekt [auf andere Menschen].« Chapman bekam Tupacs Charme auch direkt zu spüren. So bat sie ihn eines Tages, in ihr Büro zu kommen, um einige Dokumente zu unterzeichnen. Er schlug vor, sich stattdessen im »Monty's« zu treffen, einem Lokal in Los Angeles. Als sie ankam, hatte Tupac bereits »eine Flasche Champagner, Orangensaft und Erdbeeren« bestellt. Nachdem sie ihr Dinner bestellt hatten – Tupac rührte seines nicht an, da er ununterbrochen redete –, versuchte Tupac sein Glück. Wieder einmal. »Er wollte mir immer erzählen, weshalb ich mit ihm ausgehen sollte«, sagt Chapman. »Und ich sagte ihm immer: ›Ich kann nicht mit dir ausgehen. Ich bin deine Anwältin. Ich bin älter als du.‹« Aber das eigentliche Problem war die Tinte, die seinen Körper bedeckte. »Ich sagte zu ihm: ›Hör mal, du hast *Outlaw* auf deinem Arm stehen.‹« Ohne zu zögern übte Tupac cleveren Protest: »Das Tattoo ist noch nicht fertig. Da wird stehen: *Without law, society is chaos.*« [deutsch: »Ohne Gesetz ist die Gesellschaft Chaos.«]

Sieht man von seinen romantischen Bemühungen einmal ab – in deren Rahmen Tupac die Schriftzüge auf seiner Haut klar zu seinem sexuellen Vorteil nutzte –, war Tupacs Körper ein Projekt, das ebenso unvollendet blieb wie sein Œuvre. Die Imperative des *thug life* und seines Bad-Boy-Images hatten ihren Anteil daran, dass er seinen Körper mit Zeichen und Kriegskutten behängte, von denen jede einzelne die symbolische Ummantelung eines absichtlich esoterischen Gangster-Kodex war, den er unbedingt in pubertären Termini dechiffrieren wollte. Seine Bereitschaft, Großtuerei und Verve auf ihre maskuline Essenz zu destillieren, erweiterte sein erotisches Register noch. Sowohl seine

Musikvideos als auch seine Filme waren eine Ausstaffierung seiner tiefgreifenden Sinnlichkeit; sie machten seine männliche Erscheinung dem Auge und dem kollektiven Unterbewusstsein zugänglich, so wie in seinem unwiderstehlichen Bariton sein aurikulärer Appeal verkörpert war.

Bei Tupac stellte der Körper ein Risiko dar, war Risiken ausgesetzt und gab sich beständig einer ganzen Reihe von Freuden und Gefahren hin: Marihuana rauchen, Waffen schwingen, angeschossen werden, Oralsex in der Öffentlichkeit, heftiger Genuss von Cristal-Champagner und Alizé-Likören. Seine Bereitschaft, seinen Körper Gefahren auszusetzen – durch seinen provokativen Machismo und sein ärgerliches Getöse in Bandenkreisen, in denen symbolische Gesten bei den Männern verpufften, deren *realness*-Bestreben jeder Sinn für Metaphern abging –, wich bisweilen einer Entspannung seiner defensiven Körperhaltung. »Es gab so viele Seiten an Tupac«, sagt die Publizistin Cassandra Butcher. »Ich erinnere mich an eine Fotosession, die ich mit ihm machte, als gerade *Poetic Justice* gedreht wurde. […] [Die Bildredakteurin] Charlie Holland fragte: ›Was wird er machen, wenn er zum Fotoshooting kommt?‹« Tupacs Ruf als böser Junge ließ Holland annehmen, dass sie sich auf eine anstrengende Zusammenarbeit gefasst machen konnte. »Er wird vermutlich etwas Marihuana rauchen«, sagte Butcher zu Holland, die wiederum vorschlug, Tupac in einen Nadelstreifenanzug zu stecken. »Sie war sehr britisch«, sagt Butcher über Holland. »Ich sagte ihr: ›Das wird er aber nicht tun, das kann ich dir gleich sagen. Tupac mag Arbeiterkluft und er mag normale Kleidung, und Jeans – die müssen aber hängen. Sowas wird er anziehen.‹« Holland protestierte und sagte, sie wolle Tupac »diesmal in etwas sehen, das wirklich anders ist«. Als Tupac zum Fotoshooting erschien, wurde er gefragt, welche Musik er hören wolle. Seine Antwort war Butchers erste Überraschung: »Als er reinkam, lief gerade Mozart, und er sagte: ›Lasst das laufen.‹« Und wie erwartet genoss Tupac sofort ein paar Züge seines geliebten Joints. Holland bat Tupac, den schwarz-weißen Nadelstreifenanzug anzuprobieren. Tupac ließ sich wortlos dazu nötigen, und in milder Stimmung absolvierte er das Fotoshooting mit überraschender Gelassenheit. Ein Moment, den

Butcher seitdem nicht vergessen hat: »Es war einfach unglaublich und wunderschön, ihm dabei zuzusehen, wie er sich zu Mozart und Beethoven bewegte. [...] Ich sehe Leute das heute noch machen, und es ist lustig; es ist alles ein Spiel. Aber dieser Typ wusste es wertzuschätzen. Und da habe ich gemerkt, dass der Kerl eine Gabe hat, und er hat ein Herz, und er hat eine Seele, und er weiß alle Kunstformen zu schätzen. Und solange man ihm mit irgendeiner Art von Kreativität begegnete, wusste er das zu schätzen. Das musste nicht in Form einer Flasche kommen.«

Indes dürfen weder die Flasche noch der Joint in Tupacs Taxonomie suchterzeugender Fluchtmöglichkeiten ignoriert werden. Vom frühen Alkoholmissbrauch und Crack-Konsum seiner Mutter über seine eigenen Ambitionen, ein kleiner Drogendealer zu werden – wovor ihn nicht etwa seine revolutionären Ahnen bewahrten, sondern Leute in den Straßen von Marin City –, bis hin zu dem Moment, da er seinen letzten Drink trank und seinen letzten Joint rauchte, zweifellos in der Nacht, in der man ihn in Las Vegas niederschoss, hatte Tupac ein Verständnis für die Verführungskünste und die Magie (sowie für die zerstörerischen, dämonischen Auswirkungen) wahrnehmungsverändernder, körperverändernder Substanzen. Im Hardcore-Hip-Hop und in verarmten Vierteln findet eine Romantisierung von Marihuana statt, die oft schon einem Glaubensbekenntnis gleicht. Die übliche Parole, dass Gras die kreativen Säfte zum Fließen bringt, ist in diesen Kreisen nicht einmal die wichtigste Behauptung. Gras wird als notwendiges Attribut einer Ghetto-Großartigkeit erachtet, das für das Fußvolk in den Communitys einfacher zugänglich ist als teure Getränke wie Cristal-Champagner und Alizé-Liköre – die bevorzugten Getränke der Ghetto-Adelscliquen von Filmstars und Rappern, die *thugs* imitierten. Passend zum *outlaw*-Charakter der Hardcore-Rapper wird der Konsum großer Mengen legaler und illegaler Substanzen quasi mit einem Ghetto-Pass und einem Gewerkschaftsausweis belohnt. High werden ist vergnüglich und politisch zugleich: Man schärft den Blick für die Freuden des *thug life*, während man Rauchringe um die staatlichen Zwänge bläst. Sich berauschen – ob nun mit Alkohol oder Marihuana – stellt auch eine bewusste

Abkehr von den Beschränkungen und Verboten dar, die die Distribution von Ghetto-Gütern, -Dienstleistungen und -Vergnügungen regulieren. Deshalb wird Gras auch mit Freiheit assoziiert – wenn nicht gar als Freiheit identifiziert. Neben den zahllosen Oden an die Freuden der Rauschmittel ist der Hardcore-Hip-Hop voll von Metaphern, die sich auf den Gebrauch von Marihuana beziehen.

Aber es gibt noch eine weitere Dimension der Marihuana-Gläubigkeit; eine, die so resolut praktisch gedacht ist, dass die eingefleischten Konsumenten sie häufig übersehen: Sucht. Das mag das Resultat klassischer Selbstleugnung sein, die Annahme, dass Sucht immer andere betrifft – andere Drogen, andere Körper. Aber Jugendliche erliegen scharenweise dem Zauber des Joints als eine Einstiegsdroge zu anderen, gefährlicheren Substanzen wie Ecstasy, Heroin und Kokain. Auch wenn die Kiffer des Hip-Hops den suchterzeugenden Charakter von Marihuana leugnen, so legen sie doch jenes Suchtverhalten an den Tag, das die Pseudowissenschaft, mit der sie ihr Leugnen rechtfertigen, Lügen straft. Die populären 40-Unzen-Starkbier-Flaschen runden das Bild proletarischer Freuden im Rap ab. Doch die traurige Wahrheit ist, dass Tausende in Armut lebende schwarze Jugendliche dem Rauch – ob nun Pot oder Pistole – verfallen sind. Die beiläufige Einbindung von Drogen und Waffen in die Hardcore-Symbolik des Hip-Hops verstärkt nur den fast schon erotischen Reiz, den beide ausstrahlen. Junge schwarze Männer und Frauen rauchen oftmals Joints, um sich gegenüber der sozialen Pein abzustumpfen, der sie ausgesetzt sind und die auch Gewalttaten jeder Art umfasst. Aber die Gewalt, der sie begegnen – die sie manchmal verbreiten und der sie oftmals entkommen wollen –, hat ähnlich wie die Drogen, die man nimmt, um sich nicht mit ihr auseinandersetzen zu müssen, großes Suchtpotenzial. Findet beides in einer Figur wie Tupac zueinander, ist diese Kombination gefährlich, explosiv sogar, und oftmals unwiderstehlich sexy.[60]

Tupacs gute Freundin Jada Pinkett Smith war eine der wenigen, die durch den Rauch blicken konnten. »Die Leute reden nicht gerne über [die Tatsache, dass] Tupac ein Suchtkranker war. Er war selten wirklich klar im Kopf. Er war in seiner eigenen Welt unterwegs. Er war ein Alkoholiker und er war ständig high. Er war eigentlich immer high, betrunken, was auch immer. Er war nie bei klarem Verstand«, so Smith. Tupacs erste Publizistin, Karen Lee, stimmt dem zu. »Der Junge konnte ganz schön was wegrauchen«, bekundet sie. Aber Lee sagt auch, dass Tupac einen klaren Kopf bekommen habe, als er ins Gefängnis musste. »Was mir wirklich das Herz bricht, [ist der Umstand,] dass er gerade erst so richtig zu einem Mann heranwuchs, als er starb. Ich habe ihn ziemlich regelmäßig besucht im Gefängnis, und er war so klar im Kopf wie nie zuvor. Er berauschte sich nicht, und er setzte sich zum ersten Mal in seinem Leben Ziele. Pac hatte sich nie Ziele gesetzt, und wenn man anfängt, davon zu reden, dass man ein Drehbuch schreiben möchte, dann ist das ein Ziel, ob man das selbst nun erkennt oder nicht«, so Lee. Smith jedoch stimmt dem nicht zu: »Er hat sich selbst dort [im Gefängnis] berauscht. Was immer man braucht, man kriegt es da. Ich erinnere mich noch, dass es da jemanden gab, der seinen eigenen Alkohol ansetzte, und Tupac verschaffte sich seinen kleinen Rausch, als er da drin war, auf welche Weise auch immer.« Smith glaubt, dass es Tupacs veränderter Bewusstseinszustand war, der ihn dazu brachte, ihr einen Heiratsantrag zu machen: »Ich werde nie einen seiner verzweifelten kleinen Tricks vergessen, als er meine Mutter anrief und um meine Hand anhielt; er dachte, er tue etwas Ehrenwertes«, erinnert sich Smith. »Und er hat es ganz nach alter Manier gemacht: ›Ich werde ihre Mutter anrufen, noch bevor ich mit ihr selbst rede ... und ich werde um ihre Hand anhalten.‹« Ihre Mutter habe sanft, aber entschlossen reagiert, sagt Smith. »Und meine Mutter, die Pac schon seit Langem kannte, [sagte:] ›Pac, ich liebe dich. Ihr beide habt eine besondere Beziehung. Aber du kannst nicht erwarten, dass ich mich freue, weil du mich um die Hand meiner Tochter bittest.‹« Dann legte Tupacs Mutter nach: »Und du bist ein Süchtiger. Wann wirst du clean werden?« Smith zufolge habe Tupac gelobt, mit den Drogen aufzuhören, aber sie wusste, dass die Chancen schlecht für ihn standen. »Das hörte man ständig von ihm: ›Ich weiß, dass ich von den Drogen runter muss.‹ Aber ich glaube, ihm war auch klar, dass in seinem Leben zu viel los war, als dass er [in der Lage gewesen wäre], ohne Alkohol und Drogen klarzukommen.«

Von den Myriaden von Mächten, denen Tupac sich stellen musste, waren wenige so dringlich wie seine eigenen Dämonen, insbesondere die chronische Abwesenheit eines Selbstwertes, die für sein selbstzerstörendes Verhalten ein wesentlicher Faktor war.

Trotz seines »liebenswürdigen Gesichts«, wie es der Gelehrte Vijay Prashad formuliert, rühmte sich Tupac nie seines guten Aussehens; er schien nie zu glauben, dass er jemand allzu Besonderes sei und daher auch jemanden Besonderes verdiene. »Ich kenne zu viele Mädchen, die etwas mit Tupac hatten«, sagt die Journalistin Danyel Smith, eine Freundin Tupacs, über den noch unbekannten Rapper. »Und man musste überhaupt nichts tun, um an ihn ranzukommen. Man musste nur auftauchen, man konnte sogar mit leeren Händen auftauchen.« Smith glaubt, dass die Mädchen, für die Tupac sich entschied, seinen schmerzlichen Mangel an Selbstwert reflektierten. »Tupac ist einer von diesen wirklich gut aussehenden Brüdern«, so Smith. »Er brauchte nur die Straße entlangzugehen, und alle sahen einen gut aussehenden Bruder. Aber die Frauen, mit denen ich ihn gesehen habe …« Smiths Stimme signalisiert Ungläubigkeit. »Ich will damit nicht sagen, wenn du hübsch bist, musst du einfach nur losziehen und dir jemanden suchen, der genauso hübsch ist wie du. So oberflächlich bin ich nicht«, wendet Smith ein. »Aber man muss auch nicht mit einem Mädchen zusammen sein, das einfach nur schäbig aussieht, als hätte sie kein Selbstbewusstsein und auch sonst nichts zu bieten, und die sich vielleicht mal das Haar kämmt, vielleicht aber auch nicht.« Wenn sich Tupac für ein Mädchen entschied, das so gar nicht vielversprechend war, so Smith, dann hielt sein eigener Mangel an Selbstwert ihn davon ab, ihr aus ihrer Situation herauszuhelfen. »Wenn man sich für so jemanden entscheidet, [dann lässt dein Selbstwert dich sagen:] ›Lass uns gemeinsam daran arbeiten, damit wir beide ein bisschen besser dastehen, […, damit wir] uns positiv weiterentwickeln können.‹ Darum ging es [bei Tupac] nicht. Darum ging es ihm wirklich nicht.«

Wenn es Tupac an Selbstbewusstsein mangelte, so mangelte es ihm auch an Eitelkeit, die ihn hätte glauben lassen, dass seine erotischen Eroberungen ein Resultat seines guten Aussehens waren. Das bedeutet nicht, dass er sein Äußeres, seinen maskulinen Charme und seine männliche Ausstrahlung nicht genutzt hätte, um an Mädchen heranzukommen. Aber die Raison d'Être seiner Jagd nach dem weiblichen Geschlecht speiste sich aus den Imperativen einer maskulinen Kultur, die ihn miteinschloss und an die er sich klammerte, als hinge sein Leben, sein *thug life*, davon ab. Ein echter *thug* hatte viele Frauen, war keiner von ihnen treu, jagte mit athletischer Intensität nach dem nächsten Sexerlebnis und ordnete die *bitches* den *niggas* unter.

Und ein echter *thug* kennzeichnete seinen Körper in liebender Solidarität zu seinen *homeboys*. »Ich erinnere mich noch, als er loszog und sich dieses Tattoo stechen ließ«, sagt Cassandra Butcher über Tupacs *50 Niggaz*-Motiv. »Ich fragte ihn: ›Was bedeutet es?‹ Er sagte: ›Es bedeutet, wenn du dich mit mir anlegst, dann legst du dich mit fünfzig *niggas* an, weil ich die Seelen all meiner Brüder in mir habe.‹ Und er glaubte das. [...] Es war das, was er in seinem Herzen fühlte.« Laut Big Syke habe dieser erst damit begonnen, sich die Erinnerung an gefallene Freunde unter die Haut stechen zu lassen, als er einen Grund gefunden hatte, seinen Körper zu tätowieren – nämlich die wahre Liebe seiner *homeboys*. »Wir sprühen Farbe und wir lassen uns stechen«, so Syke. »In L.A. haben die Typen ihre Gang und Tattoos überall auf ihrem Bauch und den Armen. Das war normal. Ich habe das damals nicht gemacht, weil es eine Modeerscheinung war. Aber jetzt, da ich etwas gefunden habe, wofür ich sterben werde, lasse ich mich trotzdem tätowieren. [...] Ich sage den Jungs: ›Wenn ihr nichts habt, wofür ihr leben wollt, dann sucht euch etwas, für das ihr sterben würdet.‹ [...] Ich werde für mein Leben als *thug* und *outlaw* sterben, und ich werde mein Leben als *thug* und *outlaw* leben.« Syke, auf dessen linken Unterarm *2 Pac* tätowiert ist, ehrt seinen verstorbenen Kumpanen auch deshalb, weil der zur Akzeptanz von *thugs* beigetragen hat, indem er sie in Mode brachte. »Der einzige Grund, weshalb sie uns allmählich akzeptieren – und darum habe ich Pac so sehr geliebt –, ist der, dass er uns cool gemacht hat. Es ist cool, mit einem Bandana und deiner Gang durch die Gegend zu fahren. Wenn du das 1992 oder '93 gemacht hast, haben sie dich an jeder Ecke rausgezogen. [Die Bullen sagten dann:] ›Was soll das Tuch auf ihrem Kopf? Sind Sie irre?‹ Nein, das ist nur eine Modeerscheinung, also ist es in Ordnung.«

Wenn der gekennzeichnete, designte Körper Teil von Tupacs *thug*-Vermächtnis ist, so gilt das auch für den von Schüssen verunstalteten Körper, seziert und zu Asche verbrannt. Eine der Legenden, die sich um Tupac ranken, besagt, dass er seine Kumpel aufgefordert habe, seine Asche zu rauchen, sollte er sterben. Sein schöner Körper war von Kugeln gespickt, zerschunden und entstellt von heißem Blei, das durch sein Fleisch drang, ohne Schutz oder Warnung. Aber er trug seine Todesahnung wie einen Mantel, was tatsächlich den gegenteiligen Effekt der kugelsicheren Weste hatte, die ihn vor Schaden bewahren sollte: Es provozierte den Zorn seiner Feinde und seiner eigenen Dämonen, sich gegen ihn zu verschwören, seinen Körper abzulehnen und ihn mit entsetzlicher Endgültigkeit zu zerstören. Nachdem man ihn das erste Mal niedergeschossen hatte, hatte er oft behauptet, es sei ihm lieber gewesen, man hätte ihn nicht »verfehlt«; es sei ihm lieber gewesen, sein Körper wäre verschwunden, zurückgekehrt in die grausame Erde, aus der er stammte. Der Gedanke an Tupacs Körper, der hintüber taumelt im Bemühen, dem Anschlag seines Mörders auszuweichen, ist gleichzusetzen mit dem Gedanken an schwarze Männer, die willkürlicher Zerstörung schutzlos ausgeliefert sind. Die Frage, ob diese Zerstörung ihr eigenes Werk oder das dunkler Mächte außerhalb ihrer Communitys ist, mag zwar von Bedeutung sein, darf aber letztendlich nicht die Liebe verhindern, die diese Männer erfassen und retten muss.[61]

Weil er jung und lebendig war, ist Tupacs Körper in derselben Weise zu einer Metapher geworden wie der Körper von John Brown oder gar der von John Henry. Aber sein atmender und sich bewegender Körper, sein lebender und liebender Körper, sein rappender und schauspielernder Körper, sein wütender und aufsässiger Körper ist der Körper, der am meisten zählt, da es in unserem Leben ohne ihn keinen Beweis seiner Seele gäbe, keine Spur seiner transzendenten Bedeutung, die uns in Herz und Verstand eingemeißelt ist. Es ist dieser Körper, von dem es schwerfällt zu glauben, dass er nicht länger hier ist. »Ich konnte es nicht glauben, als ihn diese fünf Kugeln niedergestreckt haben«, so Danyel Smith. »Und manchmal habe ich tatsächlich das Gefühl ... Ich habe nie bezweifelt, dass er tot ist, aber es ist erstaunlich und unglaublich, auch wenn ich weiß, dass es wahr ist.« Smith beschwört auch die Erinnerung an einen Studenten herauf, in den sie sich als Highschool-Schülerin verliebt hatte, als sie im örtlichen Schwimmbad arbeitete. Der junge Mann hatte einen Motorradunfall und erlag schließlich seinen Verletzungen. Smith war am Boden zerstört, nicht zuletzt, weil dadurch der Körper getötet wurde, der für sie das Symbol seiner heroischen Jugend war. »Es war schlicht unvorstellbar für mich, dass jemand so junges, jemand, der im selben Alter war wie ich, [sterben konnte]. Und einfach nur weil er auch einen so schönen Körper hatte, [war es schwer, sich diesen Körper] verstümmelt vorzustellen.«[62]

Im selben Sinne fiel es Smith schwer, sich Tupacs von Kugeln zerschossenen Körper vorzustellen. Ein Exfreund, dem nur einmal ins Bein geschossen wurde, hatte ihr von den enormen Schmerzen erzählt, die eine Schusswunde verursacht. »Dein Verstand kommt danach nie wieder richtig ins Lot«, sagte er ihr. »Weil man sich vorstellt, dass ein solcher Schmerz jederzeit und aus dem Nichts kommen kann. Und die Tatsache, dass man fast nichts tun kann, um eine Schusswunde auszulöschen. [...] Da ist nur das Eindringen des heißen Metalls, das durch deinen Körper fährt.« Deshalb fällt es Smith schwer, sich »Tupac in seinen letzten Momenten vorzustellen. Hatte er in dem Augenblick das Gefühl, sein Leben in flammender Herrlichkeit zu beenden?«, wie er es sich oft laut gewünscht hatte? »Oder hat er sich eingepisst? Hatte er Todesangst? Das ist es, was mir wehtut, und darum haben wir ihn womöglich hängen lassen. Egal ob weiß, schwarz, jung oder alt, niemand sollte so gehen müssen, niedergestreckt von einer Pistole, und niemand ist für dich da. Und da frage ich mich: Wusste keiner von uns, wie man diesen *nigga* an die Leine legt?« Smith, die im Verlaufe unseres Gesprächs immer emotionaler wurde, fängt sich, hält inne und stellt dann ihre letzte, vielsagende Frage: »Aber dann denke ich mir: ›Was hätten wir denn sagen sollen?‹« Smith begreift wahrscheinlich, wie viele Worte – Worte der Warnung und der Liebe, der Kritik und der Sorge – bereits an Tupac gerichtet worden waren. Aber er gönnte seinem Körper – seinem wunderschönen, tätowierten, verwundeten, sich ständig im Widerstreit befindenden, unter Drogen stehenden, taumelnden, repräsentativen, kämpfenden, fluchenden, aufsässigen, liebenden, hilfsbedürftigen, aufopferungsvollen Körper – keine Schonung.

Outro

»HOW LONG WILL THEY MOURN ME?«

Das Nachleben eines Heilsbringers aus dem Ghetto

In den letzten Wochen seines Lebens war Tupac wegen Drogenbesitzes vor einem Strafgericht in Los Angeles angeklagt. Wegen zwei anderer Vergehen war er bereits auf Bewährung, und nun geriet Tupac an einen gnadenlosen Bezirksstaatsanwalt, der den Rapper ins Gefängnis schicken wollte. Tupacs Anwältin, Shawn Chapman beschloss, er solle sich stattdessen schuldig bekennen »im Ermessen des Richters«, wodurch der Richter die Strafzumessung selbst bestimmen konnte, unter Bezugnahme auf einen Bericht, den der Angeklagte vorzulegen hatte. Für die Vorbereitung dieses Strafberichts heuerte Chapman Sheila Balkan an. Im Rahmen solcher Berichte soll ein Experte oder eine Expertin ausführlich Zeit mit dem Angeklagten, seiner Familie und seinem Freundeskreis verbringen, um ein Dokument vorzubereiten, das dem Richter ein Strafmaß vorschlägt, der nach eigener Einschätzung zustimmen oder selbst ein Strafmaß festlegen kann. Nachdem sie ihre Aufgaben wahrgenommen hatte, empfahl Balkan, dass Tupac, statt ins Gefängnis zu gehen, ein kostenloses Konzert geben solle. Selbst Chapman hielt diese Idee für »absoluten Wahnsinn« und glaubte nicht, dass der Richter, ein weißer Mann, zustimmen würde. Der Richter zitierte beide Seiten in seine Kammer.

»Wissen Sie, ich habe Ihren Bericht gelesen, und dieser junge Mann scheint mir absolut bemerkenswert«, sagte der Richter. »Ich werde ihn verurteilen, dieses Konzert zu geben.« Chapman und ihr Klient waren ekstatisch. Kurz darauf wurde Tupac ermordet.

Vor Tupacs Tod war ein Termin für eine Anhörung vereinbart worden. Chapman beriet sich mit dem Bezirksstaatsanwalt, und beide kamen zu dem Schluss, dass es keinen Grund gab, an dem Termin festzuhalten, da weithin bekannt war, dass Tupac am 13. September 1996 verstorben war. Zudem hatte der Richter vom Straf- zum Zivilgericht gewechselt, was es sehr unwahrscheinlich machte, dass er die Anhörung noch abhalten wollte. Aber als sie im Sekretariat des Richters anriefen, waren sie erstaunt zu hören, dass dieser an dem Termin festhalten wollte. Verwirrt machten die beiden sich auf den Weg zur Anhörung.

»Wir kamen da an und der Richter hatte uns nichts zu sagen«, erinnert sich Chapman. »Sofort war uns beiden klar – und der Richter hat das später bestätigt –, dass er irgendwie einfach nur in der Gegenwart von Menschen sein musste, die Tupac gekannt hatten. Tupac hatte Eindruck auf ihn gemacht in der kurzen Zeit, die er vor ihm gestanden hatte, und er musste mit den Leuten zusammen sein, die ihn mit Tupac bekannt gemacht hatten.«

Der trauernde Jurist war nicht allein. In der Folge von Tupacs Tod betrauerten Fans überall in der Welt seinen Tod, gemeinsam mit anderen, die den Künstler in der kurzen Zeit, die er auf der Bühne der Welt verbracht hatten, verehrten; eine Bühne, die er genutzt hatte, um für die in Armut lebenden Schwarzen zu sprechen, deren Stimmen nicht gehört wurden; eine Bühne, von der er gefordert hatte: Lasst eure Feinde über euch urteilen und eure Freunde euch vergeben. Tupac Amaru Shakur, die hellleuchtende Flamme, war durch mörderische Gewalt ausgelöscht worden. Oder etwa nicht?

Tupacs von Kugeln zerschundener Körper war kaum kremiert, da tauchten schon Gerüchte auf, er habe seinen Tod nur vorgetäuscht. Ein Gerücht besagte, Tupac sei nicht wirklich tot, sondern auf Kuba, bei seiner »Tante« Assata Shakur, oder auf einer anderen karibischen Insel, wo er Erholung suchte von dem heftigen Drama seines Lebens, das ihn in Fesseln gelegt hatte. Tupac lebt, so behauptete ein anderes Gerücht, weil er auf seinem ersten posthum veröffentlichten Album die Persona Makaveli angenommen hatte – ein Hinweis darauf, dass er sich die ultimative politische Überlebensstrategie zu eigen gemacht hatte, die Machiavelli – von dem der Rapper sich den Namen für sein musikalisches Alter Ego geliehen hatte – in seinem Buch *Der Fürst* propagiert hatte: das Vortäuschen des eigenen Todes. Andere aber glaubten sofort, dass der Rapper tot war, insbesondere in Anbetracht des Todeswunsches, den er zu hegen schien. »Als sie sagten, er sei tot, habe ich daran nie auch nur fünf Minuten lang gezweifelt«, so Danyel Smith. »Da war nie ein Moment, in dem ich dachte: ›Der *nigga* ist auf Kuba oder Jamaika oder in irgendeinem Nimmerland, wo auch Elvis und Bob Marley sind.‹ Als es hieß, er sei angeschossen worden, da wusste ich, dass er sterben würde. Und mir scheint, ich wusste auch ein Jahr vorher schon, dass er sterben würde. Wer immer ihn auch getötet hat, es war eine Schande, aber ich hatte einfach das Gefühl, dass irgendwer es tun würde.« Und der Regisseur Reginald Hudlin wartete mit einer präzisen Einschätzung der Auswirkungen auf, die Tupacs echter, nicht vorgetäuschter Tod auf sein Vermächtnis haben würde: »Einen Leichnam zu hinterlassen ist zweifellos ein großartiger Beitrag zur eigenen Legendenbildung.« Doch neben dem Geheimniskult, der das Gedenken an Tupac schnell prägte, gab es auch gewöhnlichere Trauerreaktionen: grundlegender Unglaube (»Ich kann nicht glauben, dass er tot ist«), seelische Separation (»Ich kann ihn mir tot nicht vorstellen«), konditionale Leugnung (»Er ist zu jung und gut aussehend, als dass er gestorben sein könnte«), traumatisierte Gleichgültigkeit (»Der Schmerz ist so groß, ich kann die emotionale Investition der Trauer nicht leisten«) und irrationaler Zorn (»Ich bin wütend auf dich, weil du gestorben bist«).

Die Wahrheit ist – und das ist nicht untypisch, auch wenn es in seinem Falle ganz besonders zutrifft –, dass Tupacs Tod über uns so viel aussagt wie über ihn. Sein Tod liegt außerhalb unseres und auch seines Einflussbereiches. Aber eine faszinierende Eigenschaft der menschlichen Psyche flackert im Angesicht des Todes auf: Obwohl wir den Toten eine ganze Menge vergeben, bestehen wir doch darauf, sie verantwortlich zu machen. Man sollte meinen, dass der Tod eine Person von moralischen Verpflichtungen befreit, insbesondere deshalb, weil die Idee des Menschseins eine fundamental andere ist, wenn der Körper erstmal verschwunden ist und die Person nicht mehr mit Äußerungen konfrontiert werden und sich nicht mehr selbst äußern kann. (Natürlich können wir uns im Namen jener Person äußern, aber das ist nicht dasselbe.) Der grammatikalische Wandel, der mit dem Tod einhergeht – er *war* ein Superstar des Rap –, suggeriert zum Beispiel, dass Tupac eine Person *war* und jetzt eine Erinnerung *ist*, ein Geist, und dass deshalb die Ansprüche, die wir Lebenden regelmäßig aneinander stellen, für ihn nicht gelten. (Dass das nicht immer zutrifft, sieht man zuerst daran, dass Tupac noch immer für die Gewalt im Rap oder das verfehlte moralische Urteilsvermögen einer schwarzen Jugend verantwortlich gemacht wird. Es funktioniert indes auch umgekehrt. Mehr als fünfzig Jahre nach seinem Tod werden Martin Luther King Jr. noch immer kulturelle Errungenschaften im gegenwärtigen Kampf gegen den Rassismus zugutegehalten.)

Es ist wie mit Steuern und Schulden: Manchmal verschiebt der Tod Verpflichtungen nur, zum Beispiel an jemandes Erbschaftsmasse oder – falls diese nicht geeignet ist, finanziellen oder rechtlichen Ansprüchen zu entsprechen – an die Lebenden, die Überlebenden. Die Lebenden sind vom Tod des ihnen Nahestehenden nicht losgelöst zu betrachten. Sie regeln die Angelegenheiten des Verstorbenen; sie verwalten das Andenken des geliebten Verstorbenen in Form von Gedenkfeiern und dergleichen. Aber die Überlebenden machen die Toten oft verantwortlich, insbesondere dafür, wie diese gelebt haben – was womöglich Einfluss darauf hatte, wie sie gestorben sind, beispielsweise an Nikotin, Alkohol oder falscher Ernährung oder aber auch durch das Treffen selbstzerstörerischer Entscheidungen im Rahmen ihrer Rap-Karriere. Daher verschwimmt die Grenze zwischen Verantwortungsbewusstsein und Groll, und der Hunger der Erinnerung ist womöglich nicht so unschuldig, wie unser Gewissen uns glauben macht. Der Tod erschafft so viel, wie er zerstört.

Im Falle Tupacs deutet die Vielzahl an Gerüchten, die in der Zeit nach seinem Ableben die Runde machten, auf ein großes Investment in Sachen Todesleugnung hin. Viele Jugendliche konnten die Zerstörung einer geliebten Ikone schlicht nicht ertragen. Ein Gerücht ist hier der Versuch, die *Konsequenzen* des Todes zu definieren, da seine Umstände weit außerhalb unserer Kontrolle liegen. Das soll nicht die Gier eines solchen Gerüchtes in Abrede stellen, dessen Ziel es ist, eine gefürchtete Möglichkeit auszuschließen, indem es die Aufmerksamkeit von seiner Bestätigung weglenkt. Aber ein Gerücht unterbricht den normalen Lauf der Dinge, indem es einen Knüppel in die Speichen unserer Wahrnehmung wirft: Die Dinge sind nicht, was sie zu sein scheinen. Aber wenn es die Wahrnehmung formt, ja sogar verzerrt, dann ist das Gerücht auch ein Mittel, um Wissen infrage zu stellen: Wessen Wissen ist das überlegene und was sind seine Quellen? Vergesst nicht, scheint das Gerücht zu sagen, dass die Schaltkreise, die Informationen tragen, häufig beschädigt sind.

Nichts davon lässt sich koordinieren; tatsächlich funktioniert es am besten, wenn es ein Eigenleben annimmt. Die Gerüchte, die Tupacs toten Körper umwehten, belebten ihn wieder und bewahrten ihn davor, im Erdboden der Nichtbeachtung zu zerfallen oder als kremierte Asche von den Winden des Vergessens zerstreut zu werden. Der Sinn der Gerüchte über Tupacs vorgetäuschten Tod war es, die Macht des Todes zu leugnen, indem geleugnet wurde, dass dieser Tod sich tatsächlich zugetragen hatte. Das war insbesondere für die jungen, in Armut lebenden schwarzen Menschen wichtig, die den Verheerungen arbiträrer Zerstörung ausgesetzt waren. Tupacs Tod symbolisierte die ultimative Willkür des Todes, indem er eine Ikone niederstreckte, einen Günstling des Schicksals, der dem Sumpf, in dem er noch immer feststeckte, hätte entkommen können. Doch eben diese Einsicht verstärkte nur das Investment jener, die weiterhin daran glaubten, dass Tupac lebendig, wenngleich verschwunden war. Sein Tod machte offenbar, wie verletzlich sie waren: Weil sie sich so sehr mit ihm identifiziert hatten, symbolisierte sein Tod die Möglichkeit ihres eigenen Todes. Ihr Investment in Tupac ist daher auch als Selbstinvestment zu begreifen. Aber es gibt noch eine andere Ebene, auf der diese Form von Gerüchte-Investment arbeitet: Da Tupac die Symbolfigur einer Generation ist, symbolisiert sein Tod ein Stück weit den Tod dieser Generation. Die Konsequenzen einer solchen Überzeugung lassen sich klar ausformulieren: Wenn er tot ist, dann sind wir tot oder könnten es sein. Indem man ihn nicht sterben lässt und auf sein physisches Fortbestehen an einem geheimen Ort beharrt, wird diese Erkenntnis aufgeschoben. Die Manipulation eines Gerüchtes durch Geheimhaltung ist ein wichtiger Bestandteil von dessen Erfolg. Das Geheimnis, das die Tupac'sche Mythologie umhüllt – wo er sein mag, wie er seinen Tod vortäuschte, wie lang im Voraus er sein Ableben geplant hat – ist für das Bewahren seines Andenkens genauso von Bedeutung wie der Umstand seines angeblich inszenierten Abgangs.

Den Gerüchten und dem Geheimniskult ist es auch zu verdanken, dass Tupac heute das ist, was man als »urbane Legende« bezeichnet. Natürlich haben solche Legenden den modernen Bürgern dabei geholfen, sich in der postindustriellen Kulturlandschaft zurechtzufinden. Der Aufstieg der Großstädte mit all ihren Möglichkeiten und Übeln hat die Entstehung von Mythen befördert, mittels derer die Stadtbewohner ihre moralischen Werte artikulieren, ihre Ängste und Sehnsüchte zum Ausdruck bringen und sich den Übergang von einem zum anderen Lebensraum erleichtern konnten. Dieser Prozess wurde von rassistisch motivierten Konflikten und Klassenkämpfen erheblich beeinflusst. Als Schwarze und Angehörige anderer ethnischer Minderheiten begannen, sich im Rahmen von Immigration und Umsiedlung erst in den Randgebieten und dann in den Zentren der urbanen Gebiete niederzulassen, gerieten sie mit ihren weißen Nachbarn aneinander. Diese Konflikte zeitigten Muster einer ethnischen Abwanderungsbewegung – wahrheitsgemäß müsste man sagen: eines weißen Exodus –, weg von der urbanen Front und hinein in die Zuflucht der Vorstadtgebiete. In der Zwischenzeit wurden bestehende Feindseligkeiten in Form urbaner Mythologien über die Identität Schwarzer und anderer Minderheiten geäußert, die die freischwebenden Ängste der Weißen in Form von Geschichten oder Legenden verfestigten. So wucherten stereotype Annahmen über Schwarze und andere ethnische Minderheiten – die beispielsweise Kultur und Sexualität betrafen – und gewährten Weißen ein gewisses Maß an intellektueller Kontrolle über soziale und ethnische Kräfte und Menschen, die ihnen fremd waren und die sie beängstigten. Die urbane Legende übersetzt das Unbekannte in die leicht verständliche Sprache des Mythos.[63]

Auch Schwarze und Angehörige anderer ethnischer Minderheiten machen von urbanen Legenden Gebrauch, oft jedoch auf andere Weise. Ihre Legenden erlauben es ihnen, die spezifischen Bedingungen ihrer Existenz anzusprechen, während sie den tiefgreifenden Einfluss weißer Vorherrschaft bekämpfen. Wie auch ihre weißen Gegenspieler generieren Schwarze und andere ethnische Minderheiten häufig Geschichten über das bedrohliche Auftreten der Jugend, insbesondere in Form von Gangs. Die vermeintlichen Rituale und esoterischen Praktiken dieser schwer zu kontrollierenden sozialen Gruppen sind inzwischen Gegenstand von reichlich Faszination und Angst, und sie tragen zu einer Mythologisierung unter Stadtbewohnern bei. Das liegt auch daran, dass jemand, der kein Mitglied einer Gang ist, in ein Gang-Ritual verwickelt werden könnte, das tödliche Konsequenzen für den Nichtinitiierten hat. (Demzufolge gab es auch eine urbane Legende, die besagte, man solle niemals mit dem Vorderlicht blinken, wenn einem ein Auto entgegenkommt, weil Gang-Mitglieder das angeblich als Signal dafür nutzten, welche Person sie sich in dieser Nacht vornehmen sollten.) Aber urbane Legenden erfüllen noch weitere Zwecke: Sie bringen die kollektive Entschlossenheit von Schwarzen und Angehörigen anderer ethnischer Minderheiten zum Ausdruck, sich von den trügerischen und rassistischen Strategien der weißen Gesellschaft nicht hinters Licht führen zu lassen. So entstand auch eine urbane Legende, der zufolge die Schnellrestaurantkette »Church's Chicken« beabsichtigte, unbemerkt und mittels einer besonderen Rezeptur die schwarze Bevölkerung in den Ghettos zu sterilisieren. Eine weitere urbane Legende besagte, dass der Designer Tommy Hilfiger schwarze Menschen verachtete, obwohl sie zu den besten Kunden seines Unternehmens zählten. (Diese urbane Legende scheiterte beinahe daran, dass ihr Wahrheitsgehalt sich allzu leicht überprüfen ließ, denn es wurde zwar behauptet, aber nie belegt, dass Hilfiger in der Talkshow *Oprah* sein Gift gegen Schwarze versprüht habe – es wurde sogar *widerlegt*. Aber wenn eine solche Legende erst mal Fahrt aufnimmt, sind empirische Beweise beinahe ohne Relevanz, weil das übergeordnete Wohl einer Sozialkritik im Vordergrund steht.) Für einen Großteil der Ghettobewohner stellen urbane Legenden oft den Versuch dar, eine anonyme soziale Macht zu bekämpfen, indem man dieser ein Gesicht und ein Motiv zuschreibt. Die urbane Legende – und die Verschwörungstheorie – erlaubt es Schwarzen und Angehörigen anderer ethnischer Minderheiten, die Unterdrückungsmaschinerie zu fassen zu kriegen, um sie durch subversive Rhetorik in den Griff zu kriegen.

Der Verweis auf Tupacs Status als urbane Legende unterstreicht den ethnischen und generationalen Nutzen seines Andenkens. Tupac ist eine bedeutende Figur der schwarz-urbanen Vorstellungswelt geworden. Seine Legende ist einem Paradox geschuldet: Mit seinem Verschwinden hat die Figur Tupac sich noch vervollständigt. Indem man ihm die Absicht zuschreibt, er habe seinen eigenen Tod vortäuschen wollen, wird er zur Apotheose des diesseitigen Moralkalküls urbaner Legenden: Er hat sich den todbringenden Beschränkungen entzogen, die weißere und ältere Personen für einen Schwarzen wie ihn vorgesehen haben. Eine noch bedeutendere Rolle spielen die Begleitumstände seines Todes in den Mythologien, die seine subversiven Absichten offenlegen. Dass er in Las Vegas starb, der amerikanischen Hauptstadt des Glücksspiels, der Prostitution, der Magie und Illusion, ist für seine wachsende Legende ein unwiderstehlicher Treibstachel. Dass er in der Nacht, in der er niedergeschossen wurde, einem Boxkampf Mike Tysons beiwohnte – dem ultimativen Champion des *thug life*, das Tupac schätzte und propagierte –, ist ein weiterer Beweis seiner Solidarität mit dämonisierten urbanen Verbannten, die die größten Profiteure seines kunstvollen Todestrotzes sind, da sie einem der ihren zujubeln können. Dass er noch sieben Tage lang lebte – von Samstag, den 7. September, bis Freitag, den 13. September – war eine Vereinigung von Gegensätzen, die zu ihm passte: Sieben, die Zahl religiöser Perfektion, und Dreizehn, die säkulare Unglückszahl. Dass er an einem Freitag, den 13., starb, ist noch dazu Symbol dafür, dass sich das Blatt gegen Tupac gewendet hatte, aber er meisterte sein Schicksal, indem er durch die Pforten der Ghetto-Gerissenheit floh. Zeit seines Lebens hatte er mit aller Macht gegen die Trennung der Verfluchten und Gesegneten gekämpft; ein Punkt, den er nun in seinem strategisch terminierten Ableben andeutete. Die numerologischen Esoterika, die seinen metaphorischen Körper umkreisen, ergänzen seine Gangster-Ambitionen um einen Ghetto-Okkultismus: Letztendlich kommt es nur darauf an, auf die richtigen Zahlen zu setzen.

Robin Kelley erkennt, wie wichtig es ist, Tupac und historische schwarze Figuren wie Simon Kimbangu und Charlie Parker in Verbindung zueinander zu setzen. »Kimbangu ähnelt Tupac insofern, als dass er ein *outlaw*-Charakter war, eine Koryphäe der Bewegung, nur dass er ausgesprochen religiös war«, so Kelley. Kimbangu war ein Anführer im belgisch besetzten Kongo der 1920er und '30er, auch wenn seine Bewegung sich über ganz Zentralafrika erstreckte; »er war ein großer Märtyrer, und es gab eine ganze Bewegung, die ›Kimbanguismus‹ genannt wurde.« Als er ins Gefängnis gesteckt wurde, behaupteten Leute, ihn an anderen Orten gesehen zu haben. Und als er starb, behaupteten Leute, er würde noch leben. Bis zum heutigen Tage gibt es im Kongo Menschen, die behaupten, ihn zu sehen. Kelley entdeckt Parallelen zu Tupac und Parker: »Nachdem Charlie Parker gestorben war, fingen die Leute sofort an, durch die Straßen New Yorks zu laufen und ›Bird Lives!‹ an die Wände zu schreiben«, so Kelley. [»Bird« war der Spitzname Parkers.] »Und dann behaupteten sie, sie hätten ihn gesehen.« Ein großer Unterschied zwischen Tupac und Kimbangu und Parker sind die Mittel ihrer

Projizierung in die Armut und die breitere Kultur hinein. Da alle Ikonen ein Produkt ihrer Zeit sind, selbst dann, wenn sie im Sinne einer beständigen Zeitlosigkeit verschriftlicht werden, ist Tupacs Aufstieg im Zeitalter der Technologie besonders verheißungsvoll. »Tupac ist das Produkt einer Technologie, die es uns ermöglicht, ihn auch nach seinem Tod noch in Videos und Filmen zu sehen«, so Kelley. »Manche dieser Aufnahmen haben wir erst nach seinem Tod zu Gesicht bekommen. Das ist schon ziemlich kraftvoll. Es bestärkt den Mythos über Tupacs Tod und macht es noch unglaublicher, dass er tatsächlich fort sein könnte.«

Sicherlich hat Tupacs posthume Präsenz seinen Mythos ausgeweitet. Die nahtlose Veröffentlichung weiterer Alben und Filme nach seinem Tod stand beispielhaft für eine postmoderne Auffassung von Autorenschaft, während das vermehrte Aufkommen von [Tupac gewidmeten] Websites und Chatrooms es den Fans ermöglichte, seine Persona lebendig zu halten. Dem Anschein nach suchte eine fast schon geisterhafte Schaffenskraft hier weiterhin nach Ausdrucksmöglichkeiten. Tupacs fortwährend medial vermittelte Existenz ist eine Metapher für das ebenfalls fortwährend medial vermittelte Leben der Schwarzen – in Form von investigativem Journalismus, gelehrigen Monografien, Nachrichtensendungen, Filmen und Videos. Tupacs medial vermittelter Status verschmolz mit seiner überlebensgroßen Persona, die dem Tod schon zuvor entkommen war. »Er hat so vieles überlebt, was ihn hätte umbringen sollen«, so Kelley. »Das ist diese Vorstellung, dass einer neun Leben hat.« Mit derselben Erwartung begegnete man zu dessen Lebzeiten auch Charlie Parker. »Parker ähnelte Tupac insofern sehr, als dass er lebte, indem er aufsaugte, was er nur konnte; er nahm, was er konnte, egal von wem, egal ob Frauen oder Drogen; und trotzdem war er extrem brillant. Er sprach über Identität als etwas Politisches und führte musikalische Ideen ein, bei denen die Leute keine Ahnung hatten, wo er sie herholte. Sein Leben war sehr kurz und sein Tod fast schon vorhersagbar.«[64]

Doch wenn Tupacs Legende die psychischen und kulturellen Bedürfnisse einer in Armut lebenden schwarzen Jugend bediente, so erhob sie ihn auch in die luftigen Höhen der Mainstream-Mythenbildung. Tupac ist der vielleicht erste Schwarze, der den Tod in einer Weise überlebt hat, wie es vorher nur ein paar wenigen weißen Ikonen gelungen ist. Auch wenn Reporter der Klatschpresse ihn bisher noch nicht gesichtet haben, wie er sein heimliches Leben an einem abgeschiedenen Ort zelebriert, wurzelt Tupac noch immer tief in popkulturellen Vorstellungswelten. Man hat in ihm schon das Äquivalent zu James Dean, Elvis oder gar Marilyn Monroe gesehen. Der Rapper Big Syke nennt seinen Freund den »Ghetto-Elvis«. Tupacs Anwalt, der Harvard-Professor Charles Ogletree, stimmt dem zu: »Die Leute denken, man übertreibe, wenn man davon sprach, dass er der nächste Elvis Presley oder James Dean sein würde«, so Ogletree. »Aber er ist genau das und mehr, wegen der Macht, über die er verfügte. Wenn die Leute an einen Elvis oder einen James Dean denken, dann sahen sie Tupac als eine Kunstikone, der nicht Gegenkultur war, sondern einfach nur die Kultur veränderte. Er schickte die Kultur in eine völlig andere Richtung.« In einer ausführlicheren Darlegung der James-Dean-Verbindung sprach John Singleton darüber, wie er gehofft hatte, dass Tupac vermeiden würde, was sein unvermeidbares Schicksal schien: »Es gab diese Zeit, in der ich hoffte, dass er nicht unser James Dean werden würde«, so Singleton. »Ich weiß noch, wie ich zu jemandem sagte: ›Sieht so aus, als wäre er noch am Leben; er wird doch kein James Dean.‹ Und dann ist es passiert.«[65]

Die Suche nach einem Äquivalent – nach einer Figur, die ihm vergleichbar ist – ist bei Tupac natürlich in doppelter Hinsicht von Bedeutung. Zum einen beinhaltet sie das Standardprozedere in Fällen von Ikonenidentifizierungen: Vergleiche zu ziehen zwischen einzigartigen historischen Persönlichkeiten – Marilyn Monroe beispielsweise kann man vielleicht mit James Dean vergleichen, nicht aber mit Montgomery Clift. Aber es bedeutet auch, dass nach einer weißen Analogie zu Tupacs Eingang in den Pop-Pantheon gesucht wird. Natürlich helfen in beiden Fällen Vergleiche; sie erschöpfen die Interpretationsmöglichkeiten aber nicht. Alle Figuren, die einen mythologischen Status erreichen, decken ein einzigartiges und zuvor ungestilltes kulturelles Bedürfnis ab. Die Grundanforderung ist simpel, aber brutal: Ein früher Tod und unerfülltes Potenzial bedeuten, dass die Möglichkeit besteht, im Nachleben zu erreichen, was im Leben nicht erreicht werden konnte. Aber der Weg zu kultureller Meisterschaft führt durch das Nadelöhr einer gefährlichen Demokratie: Die Figur muss bei der eigenen und den folgenden Generationen Anklang finden. Ihre Ikonenwerdung ist zunächst nur eine Anzahlung auf ihr Vermächtnis. Solche Figuren haben eine permanente Zukunft, weil sie eine nützliche Vergangenheit haben, eine Vergangenheit, die auf eine wesentliche Erkenntnis oder einen entscheidenden Moment verweist, auf etwas, das geholfen hat, die Kultur zu prägen. Die Bedürfnisse, die durch solche Figuren gestillt werden, mögen sich ändern, und ihr Licht mag beizeiten schwächer oder heller leuchten. Schließlich hängt diese Art von Ikonenanbetung davon ab, wer in der kulturellen Liturgie das Sagen hat. (Und deshalb ist Tupac ein wichtiger Testfall: Kann eine überwiegend weiße und zunehmend multikulturelle Gesellschaft über die kommenden Dekaden hinweg weiterhin diesen schwarzen Rebellen umarmen, auch wenn die Geschmäcker sich ändern und die Toleranz Schwarzen gegenüber mal zu- und mal abnimmt?)

Schwarze Äquivalenz ist ein besonders heikles Feld. Sie entsendet uns in Bereiche jenseits des Betätigungsfeldes der entsprechenden Person, insbesondere dann, wenn das entscheidende Vergleichsmerkmal die ethnische Zugehörigkeit und nicht die Profession ist. Nicht, dass der Beruf eine unwesentliche Abgrenzungslinie darstellte, weshalb ja beispielsweise auch Martin Luther King Jr. mit Mahatma Ghandi oder gar John F. Kennedy verglichen wird und eben nicht mit Marilyn Monroe oder James Dean. Aber die ethnische Zugehörigkeit spielt eine wichtige Rolle bei der Suche nach Äquivalenzen unter schwarzen Figuren, ganz einfach deshalb, weil diese Zugehörigkeit zu einer eigenständigen Variablen in unserer Wahrnehmung anderer Menschen und ihrer Bedeutung für uns geworden ist. Ein großer Teil von Kings Bedeutung ist an seine ethnische Zugehörigkeit gebunden, insbesondere an sein Schwarzsein, so wie das auch für Tupac zutrifft. Trotz der offensichtlichen Unterschiede zwischen den beiden – wie Danyel Smith es ausdrückt: einer bewegte die Menschen absichtlich, der andere durch den Zufall der

Kunst –, kann es Sinn ergeben, Erkenntnis aus einem Vergleich der beiden zu ziehen. (Natürlich ist es auch hilfreich, Tupac mit John Coltrane und Jimi Hendrix zu vergleichen, da beide ebenfalls Künstler waren und ihrer nach ihrem Tod mit ähnlicher Hingabe gedacht wurde. Tupac unterscheidet sich von den beiden durch seine Kandidatur für eine kulturelle Kanonisierung, die nicht das überlebende Œuvre, sondern den überlebenden Körper in den Vordergrund stellt.)[66]

In meinem Buch über Martin Luther King Jr. habe ich King mit Tupac verglichen, jedoch nur, um eine Diskussion über die gegensätzlichen Bedeutungen zweier Ikonen anzustoßen, die mehr Gemeinsamkeiten teilten, als viele Beobachter zugeben wollten. Keinesfalls wollte ich den Schluss nahelegen, dass King und Tupac einander moralische Äquivalente waren – dass ihr Kampf für andere von ein und derselben moralischen Naht zusammengehalten wurde. Vielmehr wollte ich aufzeigen, wie die breite Wahrnehmung zweier prägender Figuren es der einen gestattete, sich an einer Reihe moralischer Kriterien nicht messen zu müssen, denen sich die andere regelmäßig, und meiner Ansicht nach unfairerweise, unterwerfen musste. Die ethnische Zugehörigkeit wird zu etwas Wesentlichem; sie verlangt, berücksichtigt zu werden, selbst wenn wir uns mit großen Fragen wie der des Todes befassen. Dass Tupac, genauso wie King, ein schwarzer Mann war, ist von absolut entscheidender Bedeutung dafür, wie wir seine Botschaft verstanden und auf seine Herausforderung reagiert haben. Die ethnische Zugehörigkeit ist eine Äquivalenz; mag sie auch sehr limitierend und formell sein, so ist sie doch von Bedeutung. Es ist vielleicht nicht zielführend, wenn man zwei Figuren miteinander vergleicht, *einfach nur* weil sie schwarz sind; eine ganze Menge lässt sich indes erreichen, wenn man zwei Figuren miteinander vergleicht – mögen sie sich auch noch so sehr voneinander unterscheiden – und feststellt, dass es womöglich Schnittstellen gibt, die durchaus das Resultat einer geteilten ethnischen Zugehörigkeit sind. Natürlich geht es mir darum zu betonen, was für ein determinierender Faktor die ethnische Zugehörigkeit gewesen ist und wie sie sich selbst auf den Tod noch auswirkt.

Deshalb ist das In-Aussicht-Stellen eines schwarzen »Weiterlebens« aussagekräftig, wie auch die Abwesenheit eines solchen Weiterlebens bemerkenswert ist. Den Schluss, dass Tupac die erste schwarze Figur war, die eine echte Chance hatte, in das beständige kulturelle Gedächtnis Eingang zu finden – im Sinne eines Elvis Presley, einer Marilyn Monroe oder eines James Dean –, legt den [posthum in sein Narrativ] integrierten Faktor der Unsterblichkeit nahe, zumindest aber die Desegregation des Weiterlebens. Daraus scheint sich aber auch zu ergeben, dass das Weiterleben [schwarzer Legenden] notgedrungen andere Formen angenommen hat als das von Mainstream-Ikonen. Wie schon Kimbangu und Carter bewiesen, wird auch bei schwarzen Ikonen bisweilen angenommen, dass sie ihren physischen Niedergang überlebt haben – dass sie also überhaupt nicht gestorben sind –, insbesondere dann, wenn sie eine wichtige soziale oder kulturelle Rolle erfüllt haben. Aber schwarze Ikonen konnten in einem solchen Modus des Weiterlebens nicht unbedingt gedeihen. Vielmehr hat schwarzes Weiterleben die Form von spiritueller Verjüngung, moralischer Renaissance und sozialem Kampf angenommen, wie es dem Geist der verstorbenen Figur entsprach. Schwarzes Weiterleben fand dann üblicherweise in Form einer Analogie statt: Der Geist Kings lebt, weil wir uns verhalten, wie er sich verhielt, weil wir glauben, was er glaubte, und weil wir dadurch sein Vermächtnis zu fassen kriegen und es erweitern können. Aber niemand glaubt, dass King in anderer Form weiterlebt als in den gehaltvollen sozialen Gepflogenheiten, zu denen er uns inspirierte. Im Gegensatz dazu ist die Art von Weiterleben, die die Rhetorik rund um Tupac suggeriert, ein referenzielles Weiterleben; und in seinem Falle beziehen sich diese Referenzen auf eine tatsächliche Präsenz, auf eine physisch lebendige, körperhafte Person, die sich an einem versteckten Ort ihrer Existenz erfreut. Darin liegt eine gewisse Ironie, denn ein referenzielles Weiterleben ist selbst nur eine Metapher für die versteckten Existenzen anonymer, gewöhnlicher Menschen, die in die Legenden investieren, durch die ihre Privatleben – ihre intimsten Erfahrungen – Teil eines öffentlichen Narratives werden. Anonyme, gewöhnliche Individuen projizieren ihre

Leben auf die legendäre Figur, werden – wo möglich – eins mit ihr und fördern so eine noch intensivere Identifizierung mit dieser Figur. Indem sie zur Schaffung einer Legende beitragen – wir können es auch die posthume Persona nennen –, erschaffen gewöhnliche Menschen in Wirklichkeit sich selbst.

Wenn die posthume Persona ein Mittel zur Selbstschöpfung ist, dann haben Legende nicht nur einen persönlichen, sondern auch einen sozialen und politischen Nutzen. In einigen Fällen ist diese posthume Persona das politische Urteil über eine Gesellschaft, ohne die es die Notwendigkeit ihrer Existenz nicht gäbe. Zweifellos haben alle Gesellschaften ein Bedürfnis nach Mythen und Legenden – und das wird sich vielleicht nie ändern. Aber eine Gesellschaft, die vor Ungleichheiten nur so strotzt – ob nun ethnische Zugehörigkeit, Geschlecht, Klasse, sozialer Status, Sexualität, Geografie oder Alter –, wird Legenden hervorbringen, die Sozialkritik kanalisieren, selbst dann, wenn sie ein kollektives Gedächtnis schaffen, soziale Visionen artikulieren und kommunale Werte projizieren. Tupacs posthume Persona stillt viele Bedürfnisse: Sie verwandelt Gram in Glorie; sie macht aus Trauer Freude; sie projiziert auf seinen Körper die Hoffnungen und Bestrebungen anderer, weniger berühmter, anonymer Körper; und sie stellt urbane schwarze Identität in den Pantheon nationalen Weiterlebens. Aber sie verkörpert auch die wenig subtile Kritik an einer Gesellschaft, die die Notwendigkeit der *thug*-Persona, in die Tupac während seiner fünfundzwanzig Lebensjahre hineingewachsen ist, erst erzeugt hat. Tupac sprach andauernd davon, dass er in die Entscheidungen, die er getroffen hat, hineingezwungen wurde: Für die gewalttätige Persona, die er angenommen hatte, machte er eine Gesellschaft verantwortlich, die ein Vakuum der Jemande erschaffen hatte, um es mit den Niemanden des amerikanischen Lebens zu füllen – in Armut lebende, schwarze, verzweifelte, hoffnungslose Stadtbewohner: die *thugs*. Natürlich haben viele Kritiker, darunter auch Schwarze, dem widersprochen, wie wir in den vorangegangenen Kapiteln sehen konnten. Aber Horden von Jugendlichen identifizierten sich mit Tupacs tragischer Verkörperung des Ghettolebens, mit einer Existenz, die oftmals von den Mächtigen verleumdet und von den Reichen ignoriert wurde. Die bewusste Erinnerung an Tupac, die Entscheidung, ihn lebendig zu halten, das Beharren darauf, dass er nicht tot ist, die Verkündung seiner posthumen Persona, das alles ist Anerkennung seiner einzigartigen Rolle und zugleich scharfe Kritik, die sich gegen jene Kräfte in der Gesellschaft richtet, die Tupac zu einer Notwendigkeit gemacht haben.[67]

Auch in diesem Sinne ähnelt Tupacs kulturelle Bedeutung derjenigen Martin Luther Kings: Für manche Fans und treue Anhänger ist er zu einem Märtyrer geworden. »Er war schon ein Märtyrer, bevor es überhaupt passierte«, so Robin Kelley. »So oft ging es in seiner Musik um die Unausweichlichkeit seines Todes, und dann hatte er auch noch diese Stimme, die ihn fast wie Jesus klingen ließ und mit der er predigte und am Beispiel seines eigenen Körpers all den Schmerz und die Hoffnung zum Ausdruck brachte.« Spontan und zynisch mag man darauf erwidern, dass das Märtyrertum an Wert verliert, wenn man es nach unten nivelliert, und dass die Welt ihren erlösenden Sinngehalt verloren hat, wenn eine Figur wie Tupac – der Gewalt verherrlicht, das Gangstertum glorifiziert und den misogynen Gospel verkündet hat – ein Märtyrer sein kann. Einigen (oder sogar den meisten) dieser Kritiken kann man ihren Wahrheitsgehalt zubilligen, ohne dass man Tupacs Märtyrertum in den Augen jener beschädigt, die von traditionelleren Märtyrern enttäuscht sind. Und schon der Gedanke, dass Tupac ein Märtyrer war – für die Anliegen des *thug life*, für die Not schwarzer Männer, für ökonomische Ungleichheit oder eine urbane Existenz ohne Hoffnung –, bedeutet, dass unterschiedliche Auslegungen des Märtyrertums es nicht vermochten, in adäquater Weise das zu repräsentieren, was diejenigen verloren haben, die Tupac lieben und sein Märtyrertum verkünden: eine Figur, die – im Geiste seines Songs »Black Jesus« – liebte, wie auch sie liebten; die rauchte, wie auch sie rauchten; die Schmerzen litt, wie auch sie Schmerzen litten; die starb, wie möglicherweise auch sie sterben.

Mindestens vier Aspekte sind für die Idee des Märtyrertums von entscheidender Bedeutung: Verkörperung, Identifikation, Ersatz und Erhebung. Der Tod des Märtyrers verkörpert den Tod jener, die ihm folgen – und antizipiert diesen in manchen Fällen. Das kann bedeuten, dass sein Tod die Art und Weise symbolisiert, auf die auch seine Fans, Anhänger oder Kameraden sterben könnten. Der Märtyrer wird durch die und mit der Community identifiziert, die ihm folgt. Er ist der ausgewiesene Anführer einer Gruppe von Gläubigen, die sich mit ihm als ein Mitglied ihres eigenen Stammes oder ihrer Community identifizieren. Der Tod des Märtyrers ist oft ein Ersatz für den Tod seiner Anhänger; er stirbt an ihrer statt, zumindest symbolisch. Als beispielsweise King starb, veränderte sein Tod die politische Zukunft der Schwarzen in seinem Land. Er starb an Stelle Millionen Schwarzer, da es ebenso gut einer von ihnen hätte sein können, dessen Leben durch rassistische Gewalt beendet wurde. Zudem wird der Märtyrer auf eine höhere Stufe gehoben, wenn er die Stellung seiner Anhänger durch seinen Tod verbessert, indem er Aufmerksamkeit auf ihre versteckten oder übersehenen Nöte lenkt.

Für viele Jugendliche und Anhänger war das Märtyrertum Tupacs offensichtlich. Er verkörperte den brutalen und herzlosen Tod Tausender anonymer schwarzer Männer, die Opfer willkürlicher – und häufig auch selbst heraufbeschworener – Gewalt waren. Aber die Grenzen verschwimmen oft, wie das auch für Tupacs Leben galt, da unklar ist, wer ihn tötete, wenngleich klar ist, dass der Pfad, den er eingeschlagen hatte, den Tod herausforderte. Diese Mehrdeutigkeit, dieser Mangel an moralischer Klarheit, entspricht exakt dem Zustand Tausender junger schwarzer Männer, die in immer weiteren Kreisen der Gewalt und der Vergeltung feststecken. Tupac wurde eindeutig und unwiderruflich als ein junger schwarzer Mann identifiziert. Ihm selbst war das eine Auszeichnung. Als ein Panther der zweiten Generation war er stolz auf seine aufsässige Männlichkeit, die er in den Dienst einer revolutionären schwarzen Wahrheit stellte – wenngleich er darunter etwas gänzlich anderes verstand als die Generation vor ihm. Seine starke Identifizierung als schwarzer Mann kennzeichnete ihn auf eine Weise, auf die auch Millionen anderer Menschen gekennzeichnet waren. Auch wenn die Jugend nicht über seine Plattform und Privilegien verfügte, nutzte Tupac diese, um der Welt von dem Schmerz dieser Jugend zu erzählen, die sich infolgedessen umso mehr mit ihm identifizierte. Tupac wiederum identifizierte sich mit den Legionen leidender, belagerter schwarzer Jugendlicher, deren scheinbar einzige Option »friss oder stirb« war, die entweder schießen oder sich ins Vergessen schießen lassen konnten. Seine Identifikation mag selbstzerstörerisch, starrköpfig und morbide gewesen sein – aber sie war auch umfassend und aufrichtig. Deshalb identifizierten sich Millionen Jugendliche mit ihm, mit seinem prahlerischen Mut, mit seinem aufreizenden Trotz, seiner unwirschen Rebellion, mit seinem Schmerz und seiner Verletzlichkeit, mit seinem Gieren nach dem Ende, auch wenn er, wie sie das alle tun, mit aller Macht am Leben festhielt.

Tupac starb stellvertretend für die Jugend, die er liebte, und die Verstoßenen der Städte, deren Stimme er war. Er ist zu einem kulturellen Weltenschöpfer aufgestiegen; sein Tod lenkte die Aufmerksamkeit auf eine Jugend, deren eigene Leben voller Gewalt und Elend sich in den hintersten Winkeln des öffentlichen Bewusstseins abspielten. Tupac hob diese Jugend empor. Seine bemerkenswerte Wiederkehr als spirituelle Kraft – in Form von unveröffentlichter Musik, von Filmen und Videos sowie seiner posthumen Persona – bedeutet auch, dass sein Märtyrertum ein bedeutendes Licht auf die Menschen wirft, die er liebte und wertschätzte. Vielleicht unterstreicht es auch die gefährlichen Umstände, die sein Leben beendeten, wenn auch nur, um den zerstörerischen Weg zu beklagen, den er eingeschlagen hatte, den selbstauslöschenden Impuls, dem er nachgab. Wenn auch nur, um zu beklagen, dass es heute noch waghalsige Jugendliche gibt, die in seine Fußstapfen treten. Dass posthume Persona und Märtyrertum in ein und demselben Körper zueinanderfinden, ist Zeugnis der ohnehin schon enormen und komplexen Legende, die Tupac ist. Es existiert eine absolut zuverlässige Methode zur kulturellen Kanonisierung Tupacs, die die beiden Glaubenszweige zueinander führt, die Tupac offenen Herzens umfangen – fast, als wären sie zusammengekommen, um zu entscheiden, wie man gewährleisten könne, dass Tupac am Leben erhalten wird. Diejenigen, die sein Märtyrertum verkünden, glauben daran, dass er zwar physisch, jedoch nicht wirklich tot ist, da ja sein Geist und die Erinnerung an ihn weiterleben. Die Verfechter seiner posthumen Persona sagen, dass er nicht physisch tot ist und dass seine arrangierte Abwesenheit nur unterstreicht, wie viel wichtiger und präsenter er mit den Jahren geworden ist. Was aber beide eint, ist die enthusiastische kulturelle Resonanz rund um seinen Mythos, seine Legende und seinen Körper. Ob sein Körper nun zu Grabe getragen wurde oder in irgendeinem Paradies weilt, fernab von Sturm und Drang, die ihm tödliche Süchte waren: In jedem Falle ist es ihm gelungen, in seiner Abwesenheit präsent zu bleiben. Am ehesten mag er daher einer religiösen Gestalt mit besonderer Macht ähneln – einem Heilsbringer aus dem Ghetto.

Tupacs Ghetto-Heiligkeit beinhaltet all die Elemente, die aus einer historischen Figur die körpergewordene Gegenwart göttlicher Inspiration macht. Es ist ohne Frage schwierig, die Anatomie seiner spirituellen Kraft nachzuvollziehen, wenn auch der Zuspruch, den er von Jugendlichen aus aller Welt nach wie vor erhält, ein adäquates Zeugnis seiner anhaltenden Bedeutung ist. Doch Tupac beschwor schwarze Götter herauf – Götter des Schmerzes, der Wahrheit und der Poesie –, und zwar mit einer Schönheit und einer Kraft, die jenen vorbehalten sind, die Großartigkeit transzendieren und direkt in mythische, spirituelle und heilige Sphären vordringen. Sein starker, schwarzer Körper schulterte die Sünden seiner Generation mit unermüdlichem Zorn. Sein Blick war für den Schmerz und die Qualen geschärft, die Millionen andere auch sahen, aber nie in seiner Eloquenz zum Ausdruck bringen konnten. Seine Hände schrieben schonungslos ehrliche Wörter, in denen er von der Selbstzerstörung erzählte, die sein ständiger Begleiter war, seit er es zu größerer Bekanntheit gebracht hatte. Seine Stimme brachte eine Poesie von solch ergreifender Aufrichtigkeit zum Leben, dass sie jeden berührte, der sie hörte – vielleicht nicht immer im positiven Sinne, aber ignorieren konnte man Tupac nicht. Er ist das Mantra, an dass sich Millionen Jugendliche halten, um ihre Ängste zum Schweigen zu bringen. Sie spielen seine Wörter, um die Dämonen zu beruhigen, die in ihrer Brust schlagen. Sie singen seine Texte, um gegen die Absurdität von Armut und rassistischer Unterdrückung ins Feld zu ziehen. Als Geschenk der Fürbitte beten sie den metaphorischen Rosenkranz der von ihm projizierten Bilder. Und sie betrachten seinen wiederauferstandenen, verschwundenen Körper als den fehlenden Beweis seiner ewigen Himmelfahrt. Tupac ist nun einer jener schwarzen Heiligen, die bei den Ahnen weilen, um über unsere im Verderben geborenen schwarzen Babys zu wachen. Sein Geist mag rastlos sein, doch sein Herz ist vielen ein Hafen, die sich ohne seine Worte verloren glauben. Seine Zukunft und sein Vermächtnis sind auf ihre fortwährend sich entfaltende Bewunderung angewiesen. Als Heilsbringer aus dem Ghetto fordert er uns auf, Zeugen seiner Transformation zu werden. Und selbst wenn wir uns nicht auf seine bittere und unerbittlich ehrliche Theologie einlassen, die seiner zerrissenen Seele entsprang, so vermögen wir doch zumindest den Verlauf der seelenvollen Reisen unserer schwarzen Jugend abzuschätzen, indem wir auf Tupacs lebensverändernde Kunst blicken.

DANKSAGUNG

Wie immer will ich zuerst meiner wunderbaren, brillanten und hochbegabten Lektorin Liz Maguire danken. Fast seit Anbeginn meiner Schriftstellerkarriere teilte sie meine Vision, und dafür, dass sie mein Talent nährt und inspiriert, stehe ich in ihrer Schuld. Ich liebe dich, Liz. Mein Dank gilt außerdem William Morrison, Stephen Bottum, Christine Marra und Jane Raese, deren Expertise aus meinem Manuskript ein Buch werden ließ.

Den folgenden Personen danke ich dafür, dass sie mir ihre kostbare Zeit geopfert haben und sich von mir interviewen ließen: George Duke (ein sehr begabter Musiker); Todd Boyd (»mein *nigga* aus Detroit« und ein verdammt guter Professor und Schriftsteller); Karen Lee (eine gute Schwester und eine ganz wunderbare Seele); Atron Gregory (der immer wieder ans Telefon ging, wenn ich anrief); Mos Def (ein außergewöhnlicher Künstler mit unvergleichlichen Talenten); Eric Meza (der kluge Kommentare lieferte); Connie Bruck (die sich trotz Hochzeitsplanungen die Zeit nahm, mich bei Recherchen auf den letzten Drücker zu unterstützen); Larenz Tate (ein großartiger Schauspieler und ein guter Bruder); Anna Maria Horsford (meine wunderschöne Schokoladen-Diva; ich bin ihr größter Fan); Big Boy (ein humorvoller Typ); Ray J (ein gerissener junger Bruder); Warren G (für seine treffsicheren Erkenntnisse); Big Tray Deee (der sich mir aus tiefstem Herzen anvertraute); Matthew McDaniel (für die Worte zwischen den Filmaufnahmen); Kongressabgeordnete Maxine Waters (eine furchtlose Kämpferin, mein wunderschönes, geniales Vorbild, meine Heldin); Preston Holmes (für seine Aufrichtigkeit und die Zeit, die er mir so großzügig widmete); Vivica A. Fox (für ihre Schönheit und ihr großartiges Können); Pfarrer Willie Wilson (ein fantastischer Redner und wegweisender Christ); Vanesse Lloyd-Sgambati (eine hervorragende und einfallsreiche Presseagentin); LaTanya Richardson (ein wunderbarer Schatz); Quincy Jones (noch immer eine Koryphäe, ein großes Genie); C. Delores Tucker (die mir ihre Zeit so großzügig widmete); Geronimo Pratt (der ein Kämpfer alter Schule und ein starker schwarzer Mann war); Allison Samuels (eine begabte Journalistin, die mir immer wieder mit Kontakten weiterhalf); Keith Harrison (ein sehr kluger junger Professor und ein guter Bruder); Bill Maher (der politisch inkorrekte Guru im Spätprogramm); Arvand Elihu (ein cleverer junger Mediziner, Poet und Tupac-Experte); John Singleton (ein außergewöhnlicher Regisseur mit wahnsinnigem Talent, der es irgendwie schaffte, in seinem Terminkalender Platz für mich zu machen); Jada Pinkett Smith (eine wunderbare Künstlerin und ein wahres Goldstück); Samuel Jackson (dich gibt's nur einmal, Bruder); Takashi Buford (für die mir gewährte Zeit); Rose Catherine Pinkney (meine wunderschöne Princeton-Kumpanin); Vondie Curtis-Hall (ein wunderbarer Künstler, begnadeter Regisseur und mein *homeboy*); Cassandra Butcher (eine liebreizende, talentierte und großzügige Schwester); Peggy Lipton (eine warmherzige Frau, die so helle und so hip war); Reginald Hudlin (ein umwerfend guter Erzähler und ein Intellektueller); Everett Dyson-Bey (mein großer kleiner Bruder, dessen schärfste Waffe die Wissenschaft war); Pfarrer Al Sharpton (der nie aufhört, Zeugnis von der Wahrheit abzulegen); Kim Fields (eine kluge und begabte Mimin); Common (ein MC mit grimmigen Lyrics und ein genialer Dichter); Bischof T. D. Jakes (ein ungeheuer talentierter Prediger); Yanko Damboulev (ein großartiger Dichter, Philosoph und Bruder); Khephra Burns (ein ungemein begabter Schriftsteller und mein Bruder); Talib Kweli (ein außerordentlich bewegender und enorm talentierter Wortakrobat); Johnnie Cochran (der immer allen Brüdern half, die in der Klemme steckten); Robin D. G. Kelley (ein intellektueller Riese); Sonia Sanchez (eine großartige Dichterin, die sowohl über tiefschürfende Intelligenz als auch über ein großzügiges Wesen verfügt); Stanley Crouch (der ein erstaunlich kluger Kritiker und die Verkörperung des Renaissancemenschen war); Charles Ogletree (ein unglaublicher Professor, herausragender Jurist und guter Bruder); Danyel Smith (meine süße, wunderschöne und brillante Freundin, die eine großartige

Schriftstellerin ist); Vijay Prashad (für die *thug*-Wissenschaft); Toni Morrison (für ihr Genie, ihren Großmut und ihre gute alte Innerlichkeit); Big Syke (ein beseelter, wundervoller und großherziger Bruder, der Tupac auf verschiedene Weisen ein wichtiger Mentor war); Tracy Robinson (für ihre außergewöhnliche Offenherzigkeit, ihr wundervolles und unschuldiges Wesen und die Verwaltung von Pacs Projekten); Leila Steinberg (für ihren außerordentlichen Einsatz, Pacs Spirit weiterleben zu lassen, und für ihr eigenes bemerkenswertes Wesen und ihre Liebe); und insbesondere Afeni Shakur (der Frau, ohne die es nie einen Tupac Shakur gegeben hätte: für ihr wunderschönes, mutiges und unerschrockenes Wesen; dafür, dass sie sich der Vollendung des Werkes verschrieben hat, das ihr Sohn begonnen hat; und für ihre großzügige Seele).

Auch bei den folgenden Leuten will ich mich bedanken, dafür dass sie sich um mein Herz, meinen Körper, meinen Verstand und meine Seele gekümmert haben: Stanley und Barbara Perkins (großartige und wundervolle Freunde mit ungeheuerlicher Energie – und unglaublich gutem Essen); Al Colon und Linda Malone-Colon (teure Freunde, die mir ihre Herzen und ihr Haus geöffnet haben); Valentine Burroughs (mein wundervoller Freund, mein großer Bruder und ein Heiler); Carolyn Moore-Assem (eine Schwester mit liebreizenden Wesen und einem magischen Mundwerk); Veronica Mallett (mein wunderschönes *homegirl*; eine gütige und großzügige Expertin); und meine liebe, brillante, großzügige Freundin Deborah Langford (»Alles klar, *Motherfucker*?«). Dankbar bin ich außerdem Mia Stokes und Kim Ransom für ihre ergiebige und zuverlässige Recherche sowie Paige McIntosh für ihre Unterstützung und ihre Hingabe. Besonders erwähnen möchte ich die unnachahmliche D. Soyini Madison, eine brillante Kritikerin, meine kostbarste Seelenfreundin, eine Geisteskämpferin und eine großartige Frau. Tiefempfundene Dankbarkeit gebührt meiner wundervollen Familie, Freda, Frederick und Dr. Sampson (mein wahrer Held und mein Vorbild).

Und schließlich will ich noch meiner Familie danken: in Erinnerung an meinen Vater, Everett Dyson Sen. (der uns vor 35 Jahren verlassen hat); meine Mutter, Addie Mae Dyson; meine Brüder Anthony, Everett,

Gregory und Brian sowie ihre Kinder; und meine eigenen wundervollen Kinder: Michael Eric Dyson (der nach Tupacs Ermordung diese lieben Worte sprach: »Dad, ich glaube, wenn du Tupac kennengelernt hättest, wäre er nicht gestorben«; Maisha Dyson (eine tolle Schauspielerin) und Mwata Dyson (eine Ärztin, deren Einsatz für die ganzheitliche Medizin vorbildlich ist); und meine wunderbare Jennifer, mein wunderbarer Virgil. Zu guter Letzt möchte ich meiner wundervollen und unglaublich loyalen Frau meinen Dank aussprechen: Pfarrerin Marcia L. Dyson, die immer wieder die Arbeit an ihrem Roman unterbrochen hat, um mir während jeder Phase der Entstehung dieses Buches ihre außergewöhnliche Unterstützung zukommen zu lassen.

ANHANG

ANMERKUNGEN

1 Dieses und die folgenden Zitate des »Gefängnis-Interviews« sind einer Videoaufzeichnung Tupacs entnommen, die 1995 in der Clinton Correction Facility in New York aufgenommen und mir freundlicherweise von Tracy Robinson, Yanko Damboulev und Mike Pope zur Verfügung gestellt wurde. Das Interview führte Frank Cooley.

2 Robin D. G. Kelley: *Yo' Mama's Disfunktional!: Fighting the Culture Wars in Urban America.* Boston, Massachusetts, 1998.

3 Ward Stavig: *The World of Tupac Amaru: Conflict, Community, and Identity in Colonial Peru.* Lincoln, Nebraska, 1999.

4 Bobby Seale: *Seize the Time: The Story of the Black Panther Party and Huey P. Newton.* Baltimore, Maryland, 1996.

5 Hugh Pearson: *Shadow of The Panther: Huey Newton and The Price of Black Power in America.* Boston, Massachusetts, 1995.

6 Christopher Lasch: *Culture of Narcissism: American Life in an Age of Diminishing Expectations.* New York City, New York, 1979; Robin D. G. Kelley: *Yo' Mama's Disfunktional!: Fighting the Culture Wars in Urban America.* Boston, Massachusetts, 1998; William Julius Wilson: *The Truly Disadvantaged: The Inner City, the Underclass, and Public Policy.* Chicago, Illinois, 1987; William Julius Wilson: *When Work Disappears: The World of the New Urban Poor.* New York City, New York, 1996; Douglas Massey und Nancy Denton: *American Apartheid: Segregation and the Making of the Underclass.* Cambridge, Massachusetts, 1993; Mike Davis: »City of Quartz: Excavating the Future in Los Angeles«. New York City, New York, 1990.

7 Gary Webb: *Dark Alliance.* San Jose, Kalifornien, 1996.

8 Robert Sam Anson: »To Die Like a Gangsta«. In: *Vanity Fair*, März 1997; Connie Bruck: »The Takedown of Tupac«. In: *The New Yorker*, 7. Juli 1997.

9 Dieses und die folgenden Zitate aus dem ›Schulinterview‹ sind einer Videoaufzeichnung Tupacs entnommen, die 1988 an der Tamalpais Highschool aufgenommen und mir großzügigerweise von Leila Steinberg zur Verfügung gestellt wurde.

10 Jack Olsen: *Last Man Standing: The Tragedy and Triumph of Geronimo Pratt.* New York City, New York, 2000.

11 Charles E. Jones: *The Black Panther Party (Reconsidered)*. Baltimore, Maryland, 1978.

12 Kara Keeling: »*A Homegrown Revolutionary*«? *Tupac Shakur and the Legacy of the Black Panther Party*«. San Francisco, Kalifornien, 1999; W. E. B. Du Bois: *The Souls of Black Folks*. New York, 1989.

13 Assata Shakur: *Assata: An Autobiography*. New York City, New York, 1988.

14 Ward Churchill, Jim Vander Wall: *Agents of Repression: The FBI's Secret Wars Against the Black Panther Party and the American Indian Movement*. Boston, Massachusetts, 1988.

15 W. E. B. Du Bois: *A Reader: 1868–1963*. New York City, New York, 1995; David Levering Lewis: *W. E. B. Du Bois: Biography of a Race, 1868–1919*. New York City, New York, 1993; John Dewey: *Dewey on Education*. Chicago 1983; Paulo Freire: *Pedagogy of the Oppressed*. New York City, New York, 1970.

16 Mario Puzo: *The Godfather*. New York City, New York, 1969; Frantz Fanon: *The Wretched of the Earth*. New York, 1986.

17 Angela Davis: *An Autobiography*. New York City, New York, 1974; Charles E. Jones: *The Black Panther Party (Reconsidered)*. Baltimore, Maryland, 1978.

18 Connie Bruck: »The Takedown of Tupac«. In: *The New Yorker*, 7. Juli 1997.

19 Robert Sam Anson: »To Die Like a Gangsta«. In: *Vanity Fair* März 1997; Connie Bruck: »The Takedown of Tupac«. In: *The New Yorker*, 7. Juli 1997.

20 Nelson George: *Buppies, B-boys, Baps, And Bohos: Notes on Post-Soul Black Culture*. Cambridge, Massachusetts, 2001. Georges Buch habe ich den Begriff des ›boho‹ entnommen.

21 Mark Twain: *The Prince and the Pauper [Der Prinz und der Bettelknabe]*. Boston, Massachusetts, 1881.

22 Pierre Teilhard de Chardin: *The Phenomenon of Man [Der Mensch im Kosmos]*. New York City, New York, 1959.

23 Tricia Rose: *Black Noise: Rap Music and Black Culture in Contemporary America*. Middletown, Connecticut, 1994; Mark Anthony Neal: *What the Music Said: Music and Black Public Culture*. London, 1994; Todd Boyd: *Am I Black Enough for You? Popular Culture from the 'Hood and Beyond*. Bloomington, Indiana, 1997; Nelson George: *Hip Hop America*. New York City, New York, 1998.

24 William Henry Sleeman: *Rambles and recollections of an Indian official*. London, 1844; William Henry Sleeman: *A Journey through the Kingdom of Oude in 1849–1850*. London, 1958; Leonard Barrett, Sr.: *The Rastafarians*. Boston, Massachusetts, 1997; Mark S. G. Dyczkowski: *The Doctrine of Vibration*. New York City, New York, 1987.

25 Eric Hobsbawm: *Social Bandits and Primitive Rebels.* New York City, New York, 1960; Eric Hobsbawm: *Bandits.* Cleveland, Ohio, 1969; Graham Seal: *The Outlaw Legend.* Cambridge, 1996; Martha Grace Duncan: *Romantic Outlaws, Beloved Prisons: The Unconscious Meanings of Crime and Punishment.* New York City, New York, 1996.

26 Giovanni Boccaccio: *The Decameron.*

27 Miles Davis, Quincy Troupe: *Miles: The Autobiography.* New York City, New York, 1990; Ian Carr: *Miles Davis: The Definitive Biography.* Cambridge, Massachusetts, 1999.

28 Mary Pattillo-McCoy: *Black Picket Fences: Privilege and Peril among the Black Middle Class.* Chicago, Illinois, 1999; Douglas Massey und Nancy Denton: *American Apartheid: Segregation and the Making of the Underclass.* Cambridge, Massachusetts, 1993; William Julius Wilson: *The Truly Disadvantaged: The Inner City, the Underclass, and Public Policy.* Chicago, Illinois, 1987; William Julius Wilson: *When Work Disappears: The World of the New Urban Poor.* New York City, New York, 1996; Robin D. G. Kelley: *Yo' Mama's Disfunktional!: Fighting the Culture Wars in Urban America.* Boston, Massachusetts, 1998.

29 Steven Kasher: *The Civil Rights Movement: A Photographic History, 1954–1968.* New York City, New York, 1996; Aldon D. Morris: *Origins of the Civil Rights Movements: Black Communities Organizing for Change.* New York City, New York, 1986; John Dittmer: *Local people: the struggle for civil rights in Mississippi.* Urbana, Illinois, 1994; Adam Fairclough: *Race & Democracy: The Civil Rights Struggle in Louisiana, 1915–1972.* Athens, Georgia, 1995; Darlene Clark Hine: *Hine Sight: Black Women and the Re-Construction of American History.* Bloomington, Indiana, 1997; Paula Giddings: *When and Where I Enter: The Impact of Black Women on Race and Sex in America.* New York City, New York, 1984; David Garrow: *Bearing the Cross: Martin Luther King, Jr., and the Southern Christian Leadership Conference.* New York City, New York, 1986; Clayborne Carson: *In Struggle: SNCC and the Black awakening of the 1960s.* Cambridge, Massachusetts, 1981; Deborah Gray White: *Too Heavy A Load: Black Women in Defense of Themselves, 1894–1994.* New York City, New York, 1999; Robert J. Norrell: *Reaping the Whirlwind: The Civil Rights Movement in Tuskegee.* New York City, New York, 1985; Taylor Branch: *Parting the Waters: America in the King Years, 1954–63.* New York City, New York, 1988; Taylor Branch: *Pillar of Fire: America in the King Years, 1963–65.* New York City, New York, 1998.

30 Peter Guralnick: *Sweet Soul Music: Rhythm and Blues and the Southern Dream of Freedom.* Boston, New York, 1986; Daniel Wolff et al.: *You Send Me: Life and Times of Sam Cooke.* London, 1995.

31 Richard Price: *Clockers.* Boston, Massachusetts, 1992; Sanyika Shakur: *Monster: The Autobiography of an L.A. Gang Member.* Reading, Massachusetts, 1988.

32 Wray Herbert: *The Making of a Hip-Hop Intellectual*. New York, New York City, 1996.

33 Todd Boyd: *Am I Black Enough for You? Popular Culture from the 'Hood and Beyond*. Bloomington, Indiana, 1997; Robin D. G. Kelley: *Race Rebels: Culture, Politics, and the Black Working Class*. New York City, New York, 1994.

34 Deborah Gray White: *Ar'n't I A Woman? Female Slaves in the Plantation South*. New York City, New York, 1999; Ira Berlin: *Many Thousands Gone: The First Two Centuries of Slavery in North America*. Cambridge, Massachusetts, 1998.

35 Theodore Rosengarten: *All God's Dangers: The Life of Nate Shaw*. New York City, New York, 1999.

36 Foucault, Michel: »Zur Genealogie der Ethik: Ein Überblick über laufende Forschungsarbeiten.« Übers. von Claus Rath und Ulrich Raulff. In: Dreyfus, Hubert L. und Rabinow, *Paul: Michel Foucault. Jenseits von Strukturalismus und Hermeneutik*. Frankfurt a.M. 1987, S. 273.

37 Michel Foucault: *Subjectivity and Truth: The Essential Works of Foucault, 1954-1984. Vol. 1*. New York City, New York, 1997.

38 Tricia Rose: *Black Noise: Rap Music and Black Culture in Contemporary America*. Middletown, Connecticut, 1994; Mark Anthony Neal: *What the Music Said: Music and Black Public Culture*. London, 1994; Robin D. G. Kelley: *Race Rebels: Culture, Politics, and the Black Working Class*. New York City, New York, 1994; Robin D. G. Kelley: *Yo' Mama's Disfunktional!: Fighting the Culture Wars in Urban America*. Boston, Massachusetts, 1998; Nelson George: *Hip Hop America*. New York City, New York, 1998.

39 Thelma Golden: *Black Male: Representations of Masculinity in Contemporary American Art*. New York City, New York, 1994.

40 Amy L. Alexander: *The Farrakhan Factor: African-American Writers on Leadership, Nationhood, and Minister Louis Farrakhan*. New York City, New York, 1999.

41 Ebd.

42 Phil Berger: *Blood Season: Tyson and the World of Boxing*. New York City, New York, 1997; Richard Hoffer: *A Savage Business: The Comeback and Comedown of Mike Tyson*. New York City, New York, 1998.

43 Paula Giddings: *When and Where I Enter: The Impact of Black Women on Race and Sex in America*. New York City, New York, 1984; Darlene Clark Hine: *Hine Sight: Black Women and the Re-Construction of American History*. Bloomington, Indiana, 1997; Deborah Gray White: *Too Heavy A Load: Black Women in Defense of Themselves, 1894-1994*. New York City, New York, 1999.

44 Tricia Rose: *Black Noise: Rap Music and Black Culture in Contemporary America.* Middletown, Connecticut, 1994; Dorothy Roberts: *Killing the Black Body: Race, Reproduction, and the Meaning of Liberty.* New York City, New York, 1997; Frances Fox Piven, Richard Cloward: *Regulating the Poor: The Functions of Public Welfare.* New York City, New York, 1993.

45 Paula Giddings: *When and Where I Enter: The Impact of Black Women on Race and Sex in America.* New York City, New York, 1984; Darlene Clark Hine: *Hine Sight: Black Women and the Re-Construction of American History.* Bloomington, Indiana, 1997; Deborah Gray White: *Too Heavy A Load: Black Women in Defense of Themselves, 1894-1994.* New York City, New York, 1999.

46 Tricia Rose: *Black Noise: Rap Music and Black Culture in Contemporary America.* Middletown, Connecticut, 1994.

47 Jay MacLeod: *Ain't No Makin' It: Aspirations and Attainment in a Low-Income Neighborhood.* Boulder, Colorado, 1995; Fox Butterfield: *All God's Children: The Bosket Family and the American Tradition of Violence.* New York City, New York, 1996; Todd Boyd: *Am I Black Enough for You? Popular Culture from the 'Hood and Beyond.* Bloomington, Indiana, 1997.

48 Charles Murray: *Losing Ground: American Social Policy, 1950–1980.* New York City, New York, 1994.

49 Connie Bruck: »The Takedown of Tupac«. In: *The New Yorker,* 7. Juli 1997.

50 Robert Sam Anson: »To Die Like a Gangsta«. In: *Vanity Fair,* März 1997; Connie Bruck: »The Takedown of Tupac«. In: *The New Yorker,* 7. Juli 1997.

51 Ludwig Wittgenstein: *Philosophical Investigations.* New York City, New York, 1953; Herbert Gintis: *Game Theory Evolving: A Problem-centered Introduction to Modeling Strategic Interaction.* Princeton, New Jersey, 2000; Brian Sutton-Smith: *The Ambiguity of Play.* Cambridge, Massachusetts, 1997; Lenore Terr: *Beyond Love and Work: Why Adults Need to Play.* New York City, New York, 1999; Diane Ackerman: *Deep Play.* New York City, New York, 1999; Roy Harris: *Language, Saussure and Wittgenstein: How to Play Games with Words.* London, 1990; Tricia Rose: *Black Noise: Rap Music and Black Culture in Contemporary America.* Middletown, Connecticut, 1994; Todd Boyd: *Am I Black Enough for You? Popular Culture from the 'Hood and Beyond.* Bloomington, Indiana, 1997; Mark Anthony Neal: *What the Music Said: Music and Black Public Culture.* London, 1994; Lawrence W. Levine: *Black Culture and Black Consciousness: Afro-American Folk Thought from Slavery to Freedom.* New York City, New York, 1977; Robin D. G. Kelley: *Yo' Mama's Disfunktional!: Fighting the Culture Wars in Urban America.* Boston, Massachusetts, 1998.

52 [Keine Autorenangabe]: »[Kein Artikelname]«. In: *Jet Magazine*, Oktober 1996.

53 James Cone: *God of the Oppressed*. Maryknoll, New York, 1997; Gustavo Gutierrez: *A Theology of Liberation: History, Politics, Salvation*. Maryknoll, New York, 1988.

54 Howard Thurman: *Jesus and the Disinherited*. Boston, Massachusetts, 1996; Richard Horsley: *Jesus and the Spiral of Violence: Popular Jewish Resistance in Roman Palestine*. Minneapolis, 1992.

55 Tupac Shakur: *The Rose That Grew from Concrete*. New York City, New York, 1999.

56 Martin Luther King Jr.: *A Testament of Hope: The Essential Writings and Speeches of Martin Luther King Jr*. New York City, New York, 1986; Clayborne Carson, Peter Holloran: *A Knock at Midnight: Inspiration from the Great Sermons of Reverend Martin Luther King, Jr*. New York City, New York, 1998.

57 Lindon Barrett: »Dead Men Printed: Tupac Shakur, Biggie Small, and Hip-Hop Eulogy«. In: *Callaloo*, Bd. 22, Nr. 2, Frühjahr 1999.

58 Armond White: *Rebel for the Hell of It: The Life of Tupac Shakur*. Cambridge, Massachusetts, 1997.

59 Catherine Ugwu: *Let's Get it on: The Politics of Black Performance*. London, 1995; W. T. Lhamon Jr.: *Raising Cain: Blackface Performance from Jim Crow to Hip Hop*. Cambridge, Massachusetts, 1998; Harry Justin Elam, David Krasner: *African-American Performance and Theater History: A Critical Reader*. Oxford, 2000.

60 Todd Boyd: *Am I Black Enough for You? Popular Culture from the 'Hood and Beyond*. Bloomington, Indiana, 1997; Brian Cross: *It's Not About a Salary ... Rap, Race and Resistance in Los Angeles*. New York City, New York, 1993.

61 Robert Sam Anson: »To Die Like a Gangsta«. In: *Vanity Fair* März 1997. In dem Song »Black Jesus«, den er 1999 zusammen mit den Outlawz für das Album *Still I Rise* aufnahm, schlägt Tupac vor, man möge nach seinem Tod seine Asche rauchen.

62 Russell Banks: *Cloudsplitter*. New York City, New York, 1999; Bruce Olds: *Raising Holy Hell*. New York City, New York, 1995; Colson Whitehead: *John Henry Days*. New York City, New York, 2001.

63 Ngaire E. Genge: *Urban Legends: The As-Complete-As-One-Could-Be Guide to Modern Myths*. New York City, New York, 2000; Linda Dégh: *Legend and Belief: Dialectics of a Folklore Genre*. Bloomington, Indiana, 2001.

64 Gary Giddins: *Celebrating Bird: The Triumph of Charlie Parker*. New York City, New York, 1987; Ross Russell: *Bird Lives!: The High Life & Hard Times of Charlie (Yardbird) Parker*. New York, New York City, 1996.

65 Gilmore: *Live Fast – Die Young: My Life with James Dean*. Cambridge, Massachusetts, 1998; Peter Guralnick: *Last Train to Memphis: The Rise of Elvis Presley*. Boston, Massachusetts, 1994; Peter Guralnick: *Careless Love: The Unmaking of Elvis Presley*. Boston, Massachusetts, 1999; Anthony Summers: *Goddess: The Secret Lives of Marilyn Monroe*. New York City, New York, 1985; Fred Lawrence Giles: *Legend: The Life and Death of Marilyn Monroe*. New York City, New York, 1991.

66 Lewis Porter: *John Coltrane: His Life and Music*. Ann Arbor, Michigan, 1998; Eric Nisenson: *Ascension: John Coltrane and his Quest*. Cambridge, Massachusetts, 1995; Noel Redding, Carol Appleby: *Are You Experienced? The Inside Story of the Jimi Hendrix Experience*. New York City, New York, 1996; John McDermott et al.: *Hendrix: Setting the Record Straight*. New York City, New York, 1992.

67 Michael Kammen: *Mystic Chords of Memory: The Transformation of Tradition in American Culture*. New York City, New York, 1991; Barry Schwartz: *George Washington: The Making of an American Symbol*. New York City, New York, 1987; Barry Schwartz: *Abraham Lincoln and the Forge of National Memory*. Chicago, Illinois, 2000. Wenn ich von Tupacs tragischer Wahrnehmung des Ghetto-Lebens spreche, beziehe ich mich damit natürlich auf Miguel de Unamunos eindringliche Erkundung des Zusammenstoßes von Vernunft und Emotion in seinem Klassiker *Das tragische Lebensgefühl*, ganz so wie Tupac, wenngleich mit anderen Emphasen.

LITERATURVERZEICHNIS

Bücher

Ackerman, Diane: *Deep Play.* New York 2000.

Adjaye, Joseph K. und Andrews, Adrianne R. [Hrsg.]: *Language Rhythm 'N Sound: Black Popular Cultures into the 21st Century.* Pittsburgh 1997.

Alexander, Amy L.: *The Farrakhan Factor: African-American Writers on Leadership, Nationhood, and Minister Louis Farrakhan.* New York 1999.

Alexander, Frank mit Cuda, Heidi S.: *Got Your Back: The Life of a Bodyguard in the Hardcore World of Gangster Rap.* New York 1998.

Angelou, Maya: *I Know Why the Caged Bird Sings.* New York 1971.

Bailey, Alicia A.: *Serving Humanity.* New York 1987.

Banks, Russell. *Cloudsplitter.* New York 1999.

Baraka, Amiri: *Blues People: Negro Music in White America.* New York 1963.

Barrett, Leonard: *The Rastafarians.* Boston 1997.

Berger, Phil: *Blood Season: Mike Tyson and the World of Boxing.* New York 1996.

Berlin, Ira: *Many Thousands Gone: The First Two Centuries of Slavery in North America.* Cambridge, Massachusetts, 1998.

Besant, Annie und Das, Bhagavan [Übersetzung]: *Bhagavad-Gita.* Madras, India, 1979.

Boccaccio, Giovanni: *Decameron.* Madrid 2000.

Boston Women's Health Book Collective: *New Our Bodies, Ourselves: A Book by and for Women.* New York 1998.

Boyd, Todd: *Am I Black Enough for You? Popular Culture from the 'Hood and Beyond.* Bloomington 1997.

Branch, Taylor: *Parting the Waters: America in the King Years, 1954–63.* New York 1988.

Branch, Taylor: *Pillar of Fire: America in the King Years, 1963–65.* New York 1998.

Bruno de Jesus-Marie, Father: *St. John of the Cross.* New York 1957.

Butterfield, Fox: *All God's Children: The Boskett Family and the American Tradition of Violence.* New York 1996.

Carr, Ian: *Miles Davis: The Definitive Biography.* New York 1999.

Carson, Clayborne: *In Struggle: SNCC and the Black Awakening of the 1960s.* Cambridge 1981.

Cloward, Richard A. und Piven, Frances F.: *Regulating the Poor: The Function of Public Welfare.* 2. Ausgabe, New York 1993.

Cone, James: *God of the Oppressed.* Maryknoll, New York, 1997.

Creme, Benjamin: *Messages from Maitreya the Christ. Vol. 1: Messages 1–100.* St. Pacoima 1980.

Cross, Brian: *It's Not About a Salary ... Rap, Race and Resistance in Los Angeles.* New York 1993.

Datcher, Michael und Alexander, Kwame: *Tough Love: Cultural Criticism and Familial Observations of the Life and Death of Tupac Shakur.* Alexandria 1996.

Davis, Angela: *Angela Davis: An Autobiography.* International Publishers, 1989.

Davis, Miles und Troupe, Quincy: *Miles: The Autobiography.* New York 1990.

Degh, Linda: *Legend and Belief: Dialectics of a Folklore Genre.* Bloomington 2001.

De Unamuno, Miguel: *Tragic Sense of Life.* New York 1990.

Dewey, John: *John Dewey on Education.* Chicago 1983.

Dittmer, John: *Local People: The Struggle for Civil Rights in Mississippi.* Urbana 1994.

Du Bois, W. E. B.: *The Souls of Black Folk.* New York 1989.

Duncan, Martha Grace: *Romantic Outlaws, Beloved Prisons: The Unconscious Meanings of Crime and Punishment.* New York 1996.

Dyczkowski, Mark S. G.: *The Doctrine of Vibration: An Analysis of the Doctrines and Practices of Kashmir Shaivism.* New York 1987.

Dyson, Michael Eric: *Reflecting Black: African-American Cultural Criticism.* Minneapolis 1993.

Dyson, Michael Eric: *Race Rules: Navigating the Color Line.* Reading 1995.

Dyson, Michael Eric: *Between God and Gangsta Rap: Bearing Witness to Black Culture.* New York 1996.

Dyson, Michael Eric: *I May Not Get There with You: The True Martin Luther King, Jr.* New York 2000.

Essert, Charles Ernest: *Secret Splendor: The Journey Within.* New York 1973.

Fairclough, Adam: *Race and Democracy: The Civil Rights Struggle in Louisiana, 1915–1972.* Athens 1995.

Fanon, Frantz: *The Wretched of the Earth.* New York 1986.

Forkos, Heather: *Tupac Shakur (They Died Too Young).* New York 1998.

Foucault, Michel: *Ethics: Subjectivity and Truth: The Essential Works of Foucault, 1954-1984.* Vol. 1. [Hrsg. Paul Rabinow] New York 1997.

Freire, Paulo: *Pedagogy of the Oppressed.* London 2000.

Garrow, David: *Bearing the Cross: Martin Luther King, Jr. and the Southern Christian Leadership Conference.* New York 1986.

Genge, Ngaire E.: *Urban Legends: As-Complete-as-One-Could-Be Guide to Modern Myths.* New York 2000.

George, Nelson: *Buppies, B-Boys, Baps and Bohos: Notes on Post-Soul Culture.* Boston 2001.

Gibran, Khalil: *Tears and Laughter.* New Jersey 1993.

Giddings, Paula: *When and Where I Enter: The Impact of Black Women on Race and Sex in America.* New York 1984.

Giddins, Taylor: *Celebrating Bird: The Triumph of Charlier Parker.* Boston 1999.

Giles, Fred Lawrence: *Legend: The Life and Death of Marilyn Monroe.* Scarborough House 1991.

Gilmore, John: *Live Fast—Die Young: My Life with James Dean.* New York 1998.

Gintis, Herb: *Game Theory Evolving.* Princeton 2000.

Grant, Joan: *Life as Carola.* Columbus 1986.

Gratus, Jack: *The Great White Lie: Slavery, Emancipation and Changing Racial Attitudes.* New York 1973.

Guralnick, Peter: *Last Train to Memphis: The Rise of Elvis Presley.* New York 1995.

Guralnick, Peter: *Careless Love: The Unmaking of Elvis Presley.* New York 2000.

Gutierrez, Gustavo: *A Theology of Liberation: History, Politics, Salvation.* Maryknoll, New York, 1988.

Harris, William H.: *The Harder We Run: Black Workers Since the Civil War.* New York 1982.

Hine, Darlence Clark: *Hine Sight: Black Women and the Re-construction of American History.* Brooklyn 1994.

Hirsch, E. D.: *The Dictionary of Cultural Literacy: What Every American Needs to Know.* 2. Ausgabe, Boston 1993.

Hobsbawm, Eric: *Primitive Rebels: Studies in Archaic Forms of Social Movements in the 19th and 20th Centuries.* New York 1953.

Hobsbawm, Eric: *Bandits.* New York 1963.

Hoffer: Richard. *A Savage Business: The Comeback and Comedown of Mike Tyson.* New York 1998.

Horsley, Richard: *Jesus and the Spiral of Violence: Popular Jewish Resistance in Roman Palestine.* Penn 1992.

Horsley, Richard mit John S. Hanson: *Bandits, Prophets, and Messiahs: Popular Movements in the Time of Jesus.* Norcross 1999.

James, Darius: *That's Blaxploitation: Roots of the Baadasssss 'Tude (Rated X by an All 'Whyte Jury).* New York 1995.

Johnson, Charles Bertram: *Songs of My People.* Boston 1918.

Jones, Charles [Hrsg.]: *The Black Panther Party Revisited.* Baltimore 1998.

Jones, Quincy: *Tupac Shakur, 1971–1996.* New York 1998.

Kammen, Michael: *Mystic Chords of Memory: The Transformation of Tradition in American Culture.* New York 1991.

Kasher, Stephen: *The Civil Rights Movement: A Photographic History, 1954–1968.* New York 1996.

Kaufmann, Walter [Hrsg.]: *The Portable Nietzsche.* New York 1977.

Kelley, Robin D. G.: *Yo' Mama's Disfunktional! Fighting the Culture Wars in Urban America.* Boston 1998.

Kidron, Michael und Segal, Ronald [Hrsg.]: *The New State of the World Atlas. Part 1.* New York 1984.

Kincaid, Jamaica: *At the Bottom of the River.* New York 1983.

Kornfield, Jack und Fronsdal, Gil [Hrsg.]: *Teachings of the Buddha.* Boston 1993.

Kozol, Jonathan: *Savage Inequalities: Children in America's Schools.* New York 1991.

Krasner, David und Elam, Harry J [Hrsg.]: *African-American Performance and Theatre History: A Critical Reader.* New York 2000.

Lasch, Christopher: *The Culture of Narcissism: American Life in an Age of Diminishing Expectations.* [überarbeitete Ausgabe] New York 1991.

Lee, George L.: *Interesting People: Black American History Makers.* London 1989.

Lhoman, W. T., Jr.: *Raising Cain: Blackface Performance from Jim Crow to Hip-Hop.* Cambridge 2000.

Light, Alan und Watson, Margeaux: *Tupac Amaru Shakur, 1971–1996.* New York 1997.

MacLeod, Jay: *Ain't No Making It: Aspirations and Attainments in a Low-Income Neighborhood.* Boulder 1995.

Martinez, Gerald, Martinez, Diana und Chavez, Andres: *What It Is ... What It Was! The Black Film Explosion of the 70's in Words and Pictures.* New York 1998.

Massey, Douglas S. und Denton, Nancy A.: *American Apartheid and Segregation and the Making of the Underclass.* Cambridge 1993.

McCall, Nathan: *Makes Me Wanna Holler: A Young Black Man in America.* New York 1994.

McCann, Justin [Hrsg.]: *Cloud of Unknowing.* London 1936.

McClary, Susan: *Feminine Endings: Music, Gender and Sexuality.* Minneapolis 1991.

McDermott, John u. a.: *Hendrix: Setting the Record Straight.* New York 1992.

Mellon, James [Hrsg.]: *Bullwhip Days: The Slaves Remember.* New York 1988.

Melville, Herman: *Moby Dick; or, The White Whale.* New York 1949.

Merton, Thomas: *No Man Is an Island.* New York 1955.

Morgan, Robin: *Sisterhood Is Powerful: Anthology of Writings from the Women's Liberation Movement.* New York 1970.

Morris, Aldon: *Origins of the Civil Rights Movement: Black Communities Organizing for Change.* New York 1984.

Murray, Charles: *Losing Ground: American Social Policy, 1950–1980.* New York 1995.

Nisenson, Eric: *Ascension: John Coltrane and His Quest.* New York 1995.

Norrell, Robert J.: *Reaping the Whirlwind: The Civil Rights Movement in Tuskegee.* New York 1992.

Olds, Bruce: *Raising Holy Hell: A Novel.* New York 1997.

Olsen, Jack: *Last Man Standing: The Tragedy and Triumph of Geronimo Pratt.* New York 2000.

Passman, Donald S.: *All You Need to Know About the Music Business.* New York 1991.

Patillo-McCoy, Mary: *Black Picket Fences: Privilege and Peril Among the Black Middle Class.* Chicago 1999.

Patterson, Orlando: *Rituals of Blood: Consequences of Slavery in Two American Centuries.* New York 1998.

Pattison, Robert: *The Triumph of Vulgarity: Rock Music in the Mirror of Romanticism.* New York 1997.

Pearson, Hugh: *The Shadow of the Panther: Huey Newton and the Price of Black Power in America.* Reading 1994.

Peck, Ira: *The Life and Words of Martin Luther King, Jr.* New York 1968.

Pirsig, Robert: *Zen and the Art of Motorcycle Maintenance.* New York 1974.

Pope, Alexander [engl. Übersetzung]: *The Odyssey of Homer.* Philadelphia 1828.

Porter, Lewis: *John Coltrane: His Life and Music.* Ann Arbor 2000.

Price, Richard: *Clockers.* New York 2001.

Puzo, Mario: *The Godfather.* New York 1969.

Redding, Noel und Appleby, Carl: *Are You Experienced? The Inside Story of the Jimi Hendrix Experience.* New York 1996.

Rickford, Russell John: *Spoken Soul: The Story of Black English.* New York 2000.

Roberts, Dorothy: *Killing the Black Body: Race, Reproduction and the Meaning of Liberty.* New York 1997.

Rosengarten, Theodore: *All God's Dangers: The Life of Nate Shaw.* [überarbeitete Ausgabe] New York 1999.

Russell, Gary Ross: *Bird Lives! The High Life and Hard Times of Charlie (Yardbird) Parker.* New York 1996.

Salinger, J. D.: *Catcher in the Rye.* Boston 1951.

Scholem, Gershem: *Kabbalah.* New York 1974.

Schwartz, Barry: *George Washington: The Making of an American Symbol.* New York 1987.

Schwartz, Barry: *Abraham Lincoln and the Forge of National Memory.* Chicago 2000.

Scott, Cathy: *The Killing of Tupac Shakur.* Las Vegas 1997.

Seal, Graham: *The Outlaw Legend: A Cultural Tradition in Britain, America and Australia.* Cambridge 1996.

Shakur, Assata: *Assata: An Autobiography.* Lawrence Hill 1988.

Shakur, Sanyika: *Monster: The Autobiography of an L.A. Gang Member.* Reading 1998.

Shakur, Tupac: *The Rose That Grew from Concrete.* New York 1999.

Sing-Ha, Shri: *Karma-glin-pa. The Tibetan Book of the Dead.* New York 1994.

Sleeman, W. H.: *Journey Through the Kingdom of Oude, 1849–1850.* South Asia Books 1995.

Sleeman, W. H.: *Rambles and Recollections of an Indian Official.* South Asia Books 1995.

Southern, Eileen: *The Music of Black Americans: A History.* New York 1983.

Stavig, Ward: *The World of Tupac Amaru: Conflict, Community, and Identity in Colonial Peru.* Lincoln 1999.

Stetson, Earlene: *Black Sister: Poetry by Black American Women, 1746 to 1980.* Bloomington, 1981.

Styron, William: *Confessions of Nat Turner.* New York 1967.

Summer, Anthony: *Goddess: The Secret Lives of Marilyn Monroe.* New York 1985.

Sun Tzu: *Art of War.* New York 1984.

Sutton-Smith, Brian: *The Ambiguity of Play.* Cambridge 2001.

Teilhard de Chardin, Pierre: *Phenomenon of Man.* New York 1959.

Terr, Lenore: *Beyond Love and Work: Why Adults Need to Play.* New York 1999.

Thomas à Kempis. *Imitation of Christ.* London 1959.

Thurman, Howard: *Jesus and the Disinherited.* Boston 1996.

Twain, Mark: *The Prince and the Pauper.* New York 1999.

Ugwu, Catherine [Hrsg.]: *Let's Get It On: The Politics of Black Performance.* Bay Press 1995.

Underhill, Evelyn: *Mysticism: A Study in the Nature and Development of Man's Spiritual Consciousness.* New York 1955.

Walker, Alice: *In Search of Our Mothers' Gardens: Womanist Prose.* San Diego 1983.

Watts, Alan: *The Wisdom of Insecurity.* New York 1951.

White, Armond: *Rebel for the Hell of It: The Life of Tupac Shakur.* New York 1997.

White, Deborah Gray: *Ar'n't I a Woman? Female Slaves in the Plantation South.* New York 1999.

White, Deborah Gray: *Too Heavy a Load: Black Women in Defense of Themselves, 1894–1994.* New York 1999.

Whitehead, Colson: *John Henry Days.* New York 2001.

Wilmshurst, W. L.: *The Meaning of Masonry.* London 1923.

Wilson, William Julius: *The Truly Disadvantaged: The Inner City, the Underclass and Public Policy.* Chicago 1987.

Wilson, William Julius: *When Work Disappears: The World of the New Urban Poor.* New York 1996.

Wittgenstein, Ludwig: *Philosophical Investigations: The English Text of the Third Edition.* [3. Auflage] New York 1999.

Wolff, David: *You Send Me: The Life and Times of Sam Cooke.* New York 1996.

Wright, Richard: *Native Son.* New York 1940.

Fachzeitschriften

Kara Keeling: »›A Homegrown Revolutionary‹? Tupac Shakur and the Legacy of the Black Panther Party« In: *Black Scholar* 29, 2/3 Sommer 1999, S. 59–63.

Lindon Barrett: »Dead Men Printed: Tupac Shakur, Biggie Small, and Hip-Hop Eulogy« In: *Callaloo* 22, 2/1999, S. 306–332.

Martin Fox: »Expanded Theory Of ›Brady‹ Material Rebuffed by Judge in Rapper's Appeal« In: *New York Law Journal,* Mai 1996.

Simon Glickman: »2Pac« In: *Contemporary Musicians* 17, 2. Halbjahr 1996, S. 228–231.

Literaturverzeichnis

Zeitschriften und Magazine

[ohne Autorennennung]: »2PAC: Unforgiven« In: *The Source*, November 1993, S. 16.

[ohne Autorennennung]: »2PAC« In: *Hip-Hop Connection*, August 1996, S. 35.

[ohne Autorennennung]: »2PAC« In: *The Source*, Januar 1994, S. 24.

[ohne Autorennennung]: »Anti-Rap Crusader Claims That Gangsta Lyrics Ruined Her Sex Life« In: *Daily Record*, 5. August 1997, S. 13.

[ohne Autorennennung]: »Anti-Rap Crusader Files $10 Million Suit Against Shakur's Estate« In: *Entertainment Litigation Reporter*, 30. August 1997.

[ohne Autorennennung]: »Are Rappers Predicting Their Own Deaths?« In: *Jet*, 31. März 1997, S. 60–63.

[ohne Autorennennung]: »Arrest Warrant Extended for Rapper Tupac Shakur« In: *Los Angeles Times*, 26. Januar 1994, S. 2B.

[ohne Autorennennung]: »Bits and Pieces« In: *The Source*, April 1995, S. 27.

[ohne Autorennennung]: »Citing Health, Rapper Misses Court Hearing« In: *New York Times*, 6. Dezember 1994, S. 3B.

[ohne Autorennennung]: »Interscope Splits from Time-Warner! 2Pac Signs to Death Row« In: *Hip-Hop Connection*, S. 4.

[ohne Autorennennung]: »Legends« In: *Rap Pages*, April 1999, S. 118.

[ohne Autorennennung]: »Most Influential Rapper« In: *The Source*, Januar 1998, S. 169.

[ohne Autorennennung]: »Pac and Biggie« In: *Rap Pages*, Januar 1999, S. 27.

[ohne Autorennennung]: »Rap Execs Face Police Investigations« In: *Billboard*, 1. Mai 1999, S. 3, 80.

[ohne Autorennennung]: »Rap Singer Arrested in a Weapon Inquiry« In: *New York Times*, 2. Mai 1994, S. 18A.

[ohne Autorennennung]: »Rap Singer Sentenced to 15 Days in L.A. Jail« In: *United Press International*, 10. März 1994.

[ohne Autorennennung]: »Rapper Gets 4 1/2 Years in Sex Case« In: *Atlanta Journal and Constitution*, 8. Februar 1995, S. 9B.

[ohne Autorennennung]: »Rapper Settles Suit over Boy's Death« In: *Phoenix Gazette*, 9. November 1995, S. 2A.

[ohne Autorennennung]: »Rapper Shakur Released on Bail After 8 Months« In: *Chicago Sun-Times*, 15. Oktober 1995, S. 3.

[ohne Autorennennung]: »Rapper Shakur Sentenced to Prison in Sexual Assaults« In: *Houston Chronicle*, Februar 1995, S. 8A.

[ohne Autorennennung]: »Rapper Shakur Shot« In: *Gazette (Montreal)*, 1. Dezember 1994, S. 13C.

[ohne Autorennennung]: »Rapper Shakur to Spend Christmas in Police Custody« In: *Gazette (Montreal)*, 24. Dezember 1994, S. 11C.

[ohne Autorennennung]: »Rapper Shot Five Times« In: *Calgary Herald*, 1. Dezember 1994, S. 18D.

[ohne Autorennennung]: »Rapper Snoop Doggy Dogg to Leave Death Row Records; Fear for His Life« In: *Jet*, 2. Februar 1998, S. 15.

[ohne Autorennennung]: »Shakur Charged with Possession« In: *Gazette (Montreal)*, 3. Mai 1994, S. 5B.

[ohne Autorennennung]: »Shakur's Bail Set at 3 Million« In: *Gazette (Montreal)*, 22. Dezember 1994, S. 7C.

[ohne Autorennennung]: »Still No Arrest« In: *Time*, 30. Dezember 1996, S. 130.

[ohne Autorennennung]: »The NAACP's New Taste for Rap« In: *Washington Times*, 11. Februar 1994, S. 22A.

[ohne Autorennennung]: »Time Warner Bails Out of Gangsta Rap« In: *Phoenix Gazette*, 28. September 1995, S. 2A.

[ohne Autorennennung]: »Too-pock Rapper 2Pac Charged with Sex Attack« In: *United Press International*, 19. November 1993.

[ohne Autorennennung]: »Tupac Shakur, R.I.P« In: *Hip-Hop Connection*, Januar 1997, S. 60.

[ohne Autorennennung]: »Tupac Shakur« In: *Economist*, Dezember 1996, S. 91.

Adario Strange: »Real Thug Life« In: *The Source*, Februar 1995, S. 19.

Allen S. Gordon: »Tupac Shakur: R U Still Down?« In: *Rap Pages*, S. 102.

Allen S. Gordon: »Tupac: Me Against the World« In: *The Source*, April 1995, S. 78–79.

Allison Samuels und John Leland: »Trouble Man« In: *Newsweek*, 23. September 1996, S. 66–69.

Allison Samuels und Karen Schoemer: »Back in the Thug Life Again« In: *Newsweek*, 26. Februar 1996, S. 68.

Allison Samuels: »Who Stole Tupac's Soul?« In: *Rolling Stone*, 25. Juni 1998, S. 23–25.

Andrew Emory: »Dead Poets Society« In: *Hip-Hop Connection*, März 1999, S. 32.

Andrew Emory: »Encyclopaedia Raptannica« In: *Hip-Hop Connection*, Dezember 1997, S. 27.

Ann Brown: »Afeni Shakur Launches Label, Writer Disputes Tupac's Biography« In: *Rap Sheet*, Dezember 1997, S. 32.

Anthony Violanti: »A B.I.G. Deal« In: *Buffalo News*, 21. April 1995, S. 30.

Anthony Violanti: »Tupac Shakur Takes on a World of Persecution« In: *Buffalo News*, 17. April 1995, S. 1.

Barbara Ross: »Cop Killed« In: *The Source*, Dezember 1992, S. 16–17.

Barron, James: »Rapper Becomes Victim« In: *New York Times*, 1. Dezember 1994, S. 3B.

Beale, Lewis: »Tupac Bail Aid Rapped« In: *New York Daily News*, 13. Mai 1995, S. 6.

Bill Hewitt: »Rapper Sheet« In: *People*, 6. Dezember 1993, S. 89–90.

Britt, Donna: »A Little Poetic Justice« In: *Atlanta Journal and Constitution*, 8. November 1993, S. 9A.

Burhan Wazir: »2Pac ›Me Against The World.‹« In: *Hip-Hop Connection*, Mai 1995, S. 40.

Burhan Wazir: »Life Before Death« In: *Hip-Hop Connection*, Februar 1988, S. 41.

Burhan Wazir: »Mum's the Word« In: [ohne Nennung], April 1998, S. 28–31.

Burhan Wazir: »Tupac Shakur« In: *Hip-Hop Connection*, Dezember 1996, S. 32–33.

Calvin Baker: »Living Dangerously« In: *People*, 23. September 1996, S. 75–76.

Calvin Sims: »Gangster Rapper: The Lives, the Lyrics« In: *New York Times*, 28. November 1993, S. 3D.

Charen, Mona: »Putting a Muzzle on Gangsta Rap« In: *Atlanta Journal and Constitution*, 30. Mai 1995, S. 7A.

Charles, Jeff: »Be Against the World« In: *Houston Chronicle*, 9. April 1995, S. 6.

Charlie Braxton: »Conspiracy Theory« In: *The Source*, Mai 1998, S. 42.

Chrisena Coleman: »Shakur's Lifestyle Is a Hard Cell Upstate« In: *New York Daily News*, 16. März 1995, S. 6.

Christopher John Farley: »From the Driver's Side« In: *Time*, September 1996, S. 70.

Chuck Phillips: »Q & A with Tupac Shakur« In: *Los Angeles Times*, 25. Oktober 1995, S. 1F.

Chuck Phillips: »2PAC's Gospel Truth« In: *Rolling Stone*, 28. Oktober 1993, S. 22.

Cinque Henderson: »Split Personality« In: *New Republic*, Oktober 7, 1996, S. 46.

Clarisse Jones: »For a Rapper, Life and Art Converge in Violence« In: *New York Times*, 1. Dezember 1994, S. 1A.

Clarisse Jones: »Rapper Slain After Chase in Queens« In: *New York Times*, 1. Dezember 1995, S. 3B.

Clarisse Jones: »Trouble Aplenty: Rapper's Life Mirrors Music« In: *New York Times*, 4. Dezember 1994, S. 2D.

Colson Whitehead: »An Unforgiving New York Which Urges Self Destruction …« In: *The Source*, März 1992, S. 47–48.

Connie Bruck: »The Takedown of Tupac« In: *The New Yorker*, 7. Juli 1997, S. 46–65.

Dan Sandy: »Reunited« In: *Hip-Hop Connection*, September 1997, S. 6.

Danzy Senna und Vern E. Smith: »The Postures and the Reality« In: *Newsweek*, 15. November 1993, S. 86.

Dara Cook: »Tupac's Stage Debut« In: *Rap Sheet*, Dezember 1998, S. 8.

Darell Dawsey: »A Eulogy for Tupac« In: *Essence*, Dezember 1996, S. 38.

Dave Wielenga: »A Free Man on Death Row« In: *Rolling Stone*, 30. November 1995, S. 42.

Dave Wielenga: »Hip-Hop Nation Shaken by Tupac Shakur Ambush off Las Vegas Strip« In: *Rolling Stone*, 17. Oktober 1996, S. 40.

David Thigpen: »Is Rap to Blame?« In: *The Source*, Dezember 1998, S. 168.

David Van Biema: »What Goes Around …« In: *Time*, 23. September 1996, S. 40.

Don Singleton: »Bad Time in Joint for Tupac Cover Pot« In: *New York Daily News*, 17. Juni 1995, S. 6.

Dream Hampton: »Hellraiser« In: *The Source*, September 1994, S. 80–89.

Dream Hampton: »Keep Your Head Up« In: *The Source*, April 1994, S. 19.

Edward Helmore: »Pop Music« In: *Independent (London)*, 2. Dezember 1994, S. 27.

Elisa Davis: »Trials and Tribulations« In: *The Source*, Januar 1994, S. 46.

Eric Berman: »2Pac Strictly 4 My N.I.G.G.A.Z« In: *The Source*, April 1993, S. 69–70.

Eric Deggans: »Taking the Gangsta out of Rap« In: *St. Petersburg Times*, 15. Oktober 1996, S. 1D.

Erika Blount: »Out on Bail Tupac Gets a Taste of Freedom« In: *The Source*, Dezember 1995, S. 32.

Erika Blount: »Tupac's Trail« In: *The Source*, November 1995, S. 26.

Esther Iverson: »Screen Star Debuted on the Streets« In: *Record*, 27. Juli 1993, S. 11B.

Esther Iverson: »The Softer Side of Tupac Shakur« In: *Los Angeles Times*, 24. Juli 1993, S. 12F.

Frank Alexander: »The Day the Hip-Hop Died« In: *Hip-Hop Connection*, Oktober 1998, S. 16–21.

Gary Webb: »Dark Alliance« In: *San Jose Mercury News*, 18.-20. August 1996, S. 1A, 10A, 17A.

Geoffrey Himes: »Classic Funk from Clinton« In: *Washington Post*, 31. Dezember 1993, S. 12N.

George James: »Rapper Faces Prison Term for Sex Abuse« In: *New York Times*, 8. Februar 1995, S. 1B.

Greg Tate: »Above and Beyond Rap's Decibels« In: *New York Times*, 6. März 1994, S. 1.

Gretchen Lacharite: »Gangsta Protesters Arrested« In: *Washington Times*, 6. Januar 1994, S. 3C.

Hannibal Tabu: »Tribute to Tupac Shakur« In: *Rap Pages*, Mai 1997, S. 90.

Ivan Solotaroff: »Gangsta Life, Gangsta Death« In: *Esquire*, Dezember 1996, S. 78–82.

James T. Jones: »Jury Finds Shakur Guilty« In: *USA Today*, 2. Dezember 1994, S. 2D.

James T. Jones: »Menace or Martyr?« In: *USA Today*, 29. März 1994, S. 1D.

James T. Jones: »Rapper's Run-ins with the Police« In: *USA Today*, 2. November 1993, S. 2D.

Jane Furse: »Tupac's Side of the Story« In: *New York Daily News*, 1. März 1995.

Jeannie Williams: »Another Gun Arrest for Tupac Shakur« In: *USA Today*, Mai 2, 1994, S. 2D.

Jeff Gambles: »Afterthuglife« In: *The Source*, August 1995, S. 24.

Jerry Crowe: »Atop the Charts from Behind Bars« In: *Los Angeles Times*, 8. April 1995, S. 1F.

Jesse Washinton: »Source Awards Honor Past and Present Hip-Hop Giants« In: *Associated Press*, 26. April 1994.

Jim Farber: »2pac: ›Me Against the World.‹« In: *New York Daily News*, 11. April 1995, S. 33.

John Leland: »Gangsta Rap and the Culture of Violence« In: *Newsweek*, 29. November 1993, S. 60–64.

Johnnie L. Roberts: »Grabbing at a Dead Star« In: *Newsweek*, 1. September 1997, S. 48.

Jon Pareles: »A Night for Surviving Through Hip-Hop« In: *New York Times*, 14. März 1995, S. 16C.

Jon Pareles: »How Real Is ›Realness‹ in Hip-Hop?« In: *New York Times*, 11. Dezember 1994, S. 34.

Joseph Juni: »Tuff Links« In: *Hip-Hop Connection*, Januar 1995, S. 24–27.

Joseph V. Tirella: »Police Sweep L.A. in the Wake of Shakur Murder« In: *Rolling Stone*, 14. November 1996, S. 32.

Joy Bennett Kinnon: »Does RAP Have a Future?« In: *Ebony*, Juni 1997, S. 76.

Karen Hunter-Hodge: »He's a B.I.G. Help to Junior M.A.F.I.A« (New York) In: *Daily News*, 19. November 1995, S. 39.

Karen Hunter-Hodge: »Rap Getting a Bum Rap« In: *Calgary Herald*, 13. November 1993, S. 5E.

Kendall Hamilton und Allison Samuels: »Double Trouble for 2Pac« In: *Newsweek*, Dezember 12, 1994, S. 62–63.

Kevin Larkin: »Sexual Abuse Rap Lands Shakur in Holiday Lockup« In: *Chicago Sun-Times*, 25. Dezember 1994, S. 26.

Kevin Merida: »Lawmaker Using CIA Controversy to Marshal Forces« In: *Washington Post*, 25. Oktober 1996, S. 16A.

Kevin Powell: »The Short Life and Violent Death of Tupac Shakur« In: *Rolling Stone*, 31. Oktober 1996, S. 38–46, 49–51.

Kim Green: »War Stories« In: *The Source*, August 1993, S. 56, 58–59, 92.

Larry McShane: »Rap the Rap. Walk the Walk« In: *Associated Press*, 24. Dezember 1994.

Larry McShane: »Rapper Tupac Shakur Shot While Jurors Deliberate Sexual Assault Charges« In: *Associated Press*, 30. November 1994.

Laura B. Goldsmith: »America's Black Man Carries Heavy Burden« In: *San Francisco Chronicle*, 1. März 1994, S. 17A.

Laura B. Goldsmith: »Rapper Tupac Shakur Robbed, Shot in New York« In: *Washington Post*, 1. Dezember 1994, S. 1A.

Lawrence Gelder: »Rapper, Shot and Convicted« In: *New York Times*, 3. Dezember 1994, S. 26E.

Macon Morehouse: »Rapper Accused of Shooting Two Off-Duty Cops« In: *Atlanta Journal and Constitution*, 1. November 1993, S. 1B.

Malcolm Gladwell: »Shakur Goes Free Pending Appeal« In: *Washington Post*, 14. Oktober 1995, S. 8D.

Mark Delvin: »Hip-Hop's Darkest Hour?« In: *Hip-Hop Connection*, Oktober 1996, S. 7.

Meri Nana-Ama Danquah: »A Rising Chorus« In: *Los Angeles Times*, 12. Januar 1995, S. 1E.

Mikal Gilmore: »Why Tupac Should Be Heard« In: *Rolling Stone*, Oktober 31, 1996, S. 49–51, 84.

Natasha Stovall: »Town Criers« In: *Village Voice*, 18. März 1997, S. 42.

Noah Callahan-Bever: »The Death of Battle Rap« In: *The Source*, Februar 1998, S. 41.

Patrick Rogers: »Prophecy Fulfilled« In: *People*, 30. September 1996, S. 79–80.

Peter Castro: »All Eyes on Her« In: *People*, 1. Dezember 1997, S. 151–154.

Peter Pringle: »Peter Pringle's America: Rapped up in a Violent Life« In: *Independent (London)*, 5. Dezember 1994, S. 15.

Peter Pringle: »Rap Star Accused After Sex Attack« In: *Independent (London)*, 25. November 1993, S. 15.

Phyllis Pollack: »Tupac's Dad Gets His Day in Court« In: *Rap Pages*, März 1998, S. 56.

Richard Harrington: »Fro Rap, Some Arresting Developments« In: *Washington Post*, 29. Dezember 1993, S. 7C.

Richard Lacayo: »Shootin' up the Charts« In: *Time*, 15. November 1993, S. 81–82.

Richard Perez-Pena: »Wounded Rapper Gets Mixed Verdict in Sex-Abuse Case« In: *New York Times*, 2. Dezember 1994, S. 1A.

Rinat Fried: »Tupac v. Shakur« In: *Recorder*, 15. November 1995, S. 2.

Robert Sam Anson: »To Die Like a Gangsta« In: *Vanity Fair*, March 1997, S. 244–252.

Rod Watson: »Violence Is Not New to Entertainment« In: *Buffalo News*, 8. Juni 1995, S. 3.

Ronald Smothers: »Rapper Charged in Shootings of Off-Duty Officers« In: *New York Times*, 2. November 1993, S. 16A.

Ronald Sullivan: »Wounded Rapper Jailed at Bellevue After Failing to Post Bond« In: *New York Times*, 24. Dezember 1994, S. 30.

Ronin Ro: »The Whole Nine« In: *Rap Pages*, Mai 1997, S. 49–50, 53–54, 90.

Samuel Maull: »Art of Anarchy? Gunplay Spurs Rap Debate« 3. November 1993, S. 1D.

Samuel Maull: »Police Have Video That Shows Rapper in Sex Act« In: *Associated Press*, 26. November 1993.

Sonia Murray: »Tupac's Mama« In: *Atlanta Journal and Constitution*, 28. Mai 1995, S. 1K.

Sonya Ross: »Women's Group Angry over Tupac Shakur Nomination« In: *Associated Press*, 5. Januar 1994.

Soren Baker: »Music After Death« In: *The Source*, Februar 1998, S. 44.

Steve Hochman: »Pop Eye: 2Pac's Pals Turn Out for Tupac-less Video« In: *Los Angeles Times*, 24. September 1995, S. 73.

Steve Proffitt: »Russell Simons: Defending the Art of Communications Known as Rap« In: *Los Angeles Times*, 27. August 1995, S. 3M.

Ted Hayes: »Excusing Negative Rap Is Wrong« In: *Los Angeles Times*, 21. Januar 1995, S. 5B.

Terry Pristin: »Rap Star Faces Charges« In: *New York Times*, 1. August 1996, S. 1B.

Thomas Oliphant: »2Pac on the Dole Hits Low Notes« In: *Boston Globe*, 4. Juni 1995, S. 87.

Thomas Wallace: »2Pac Steps Up: Positive Sounds from Troubled Life« In: *Cleveland Plain Dealer*, 1. Mai 1995, S. 1E.

Tom Hays: »Wounded Rapper Leaves Hospital« In: *Associated Press*, 1. Dezember 1994.

Tom Lowry: »Shakur Denies Gang-rape Rumors« In: *USA Today*, 11. Juli 1995, S. 2D.

Tom Lowry: »Rap on Label« In: *New York Daily News*, August 1995, S. 32.

Tom Morganthau: »The New Frontier for Civil Rights« In: *Newsweek*, 29. November 1993, S. 65–66.

Tonya Pendleton: »Soul for Sale« In: *Rap Pages*, Oktober 1997, S. 56–63, 102–103.

Torri Minton und Jim Doyle: »Settlement in Rapper's Trial for Boy's Death« In: *San Francisco Chronicle*, 8. November 1994, S. 1A.

Torri Minton: »Jury Hears 2 Views of How Rapper's Gun Killed Boy« In: *San Francisco Chronicle*, 7. November 1994, S. 11A.

Torri Minton: »Marin City Haunted by Boy's Shooting Wrongful Death Trial to Begin« In: *San Francisco Chronicle*, 3. November 1994, S. 1A.

Toure: »Biggie Smalls, Rap's Man of the Year« In: *New York Times*, 18. Dezember 1994, S. 42.

Toure: »The Professional: Tupac Shakur Gives the Performance of His Life« In: *Village Voice*, 3. Dezember 1994, S. 75.

Tracy E. Hopkins: »Critics Rap Gangsta Lyrics for Obscenity, Misogyny« In: *Washington Post*, 20. Juli 1994, S. 11C.

Veronica Lodge: »Inside Dope« In: *Rap Pages*, Februar 1999, S. 24–25.

Veronica Lodge: »Jackin' Beats« In: *Rap Pages*, September 1998, S. 65–68, 71.

Vivian Huang: »Rap Producer Slain Near Home« In: *(New York) Daily News*, 1. Dezember 1995, S. 2.

Will Ashon: »The Six Faces of Tupac Shakur« In: *Hip-Hop Connection*, Mai 1996, S. 40–41.

William Raspberry: »Blame Those Responsible for Gangsta Rap« In: *Houston Chronicle*, 15. August 1995, S. 18.

William Raspberry: »Passing the Rap« In: *Washington Post*, 14. August 1995, S. 17A.

Wray Herbert: »The Making of a Hip-Hop Intellectual« In: *U.S. News and World Report*, 1996.

REGISTER

A

Above the Rim (Film) 63f., 180, 187, 204, 206
Agnant, Jacques 180–183
All Eyez on Me (Album) 159

B

Bad Boy Records 157
Bahamadia 106, 127, 131
Bailey, Alice A. 97, 263
Balkan, Sheila 229f.
Baltimore 38, 42, 45, 75f., 83f., 148, 172
Baltimore School for the Arts 21, 42, 45, 75
Big Boy (Bodyguard Pharcyde) 9f., 205, 249
Big Syke 98, 110, 198, 225, 239, 251
Big Tray Deee 17ff., 103f., 194, 249
Afeni Shakur 20, 27, 29f., 170, 185, 251, 273
Black Panthers 21, 30, 33, 42, 44, 51–54, 57f., 63, 67, 255f., 266, 270
Bodhi Tree Bookstore 92, 193
Boyd, Todd 147, 249, 256, 258ff., 263
Bronx Legal Services 73
Brown, Foxy 126, 131, 170
Burns, Khephra 108f., 118, 159, 184f., 202, 250
Bush, George 82
Bush, Kate 72
Butcher, Cassandra 62–65, 181, 204, 206, 220f., 225, 250
Butterfield, Fox 95, 259, 264

C

Chapman, Shawn 72f., 187, 218f., 229f.
Chase, David 122, 274
Chuck D 104, 135
Church's Chicken 236
Clinton, Hillary 49
Clockers (Film) 135f., 257, 268
Cochran, Johnnie 215, 250
Colored American (Zeitung) 111
Combs, Sean »Puffy« 156ff., 207
Common 106, 127, 129, 131, 250
Conscious Rap 105, 128f., 143
Crack (Kokain) 29, 38–41, 44f., 76, 80, 96, 172, 213, 221
Crouch, Stanley 67f., 95, 98, 109, 120–123, 186f., 202, 250
Curtis-Hall, Vondie 18, 64, 209, 250

D

Davis, Miles 115, 191, 257, 264
Dead Prez 131
Dean, James 124, 239f., 242, 260, 265
Dear Mama (Lied) 20, 27, 29, 48, 105, 133, 218
Digital Underground 91
Disciple Debs, The 33
Dr. Dre 128, 131, 159, 161, 208
Duke, George 106, 249
Dyson-Bey, Everett 123, 250

E

Elihu, Arvand 129, 250
Essert, Charles 97, 265

F

Fanon, Frantz 67, 256, 265
Farrakhan, Louis
Federal Bureau of Investigation (FBI) 59, 63, 256
Fields, Kim 218, 250
Fishbein, Dick 73
Foucault, Michel 137, 146f., 258, 265
Fox, Vivica A. 218, 249
Freud, Sigmund 94

G

Garland, William (Tupacs Vater) 30, 37, 53
Gentry, Minnie 74
Grant, Joan 97, 265
Gregory, Atron 61f., 91, 98, 249
Gridlock'd (Film) 18, 64, 99, 194
Gynophobie 22, 171, 173, 175, 178, 187

H

Hansberry, Lorraine 38
Harrison, Keith 210, 250
Hill, Lauryn 106, 130
Hirsch, E. D. 94, 266
Holland, Charlie 220
Holmes, Preston 99, 148f., 249
Holyfield, Evander 153, 156
Howard, David 138
How Do You Want It (Lied) 185
Hudlin, Reginald 186, 231, 250
Hunter, Lawanda 89
Huxley, Aldous 94

I

I Get Around (Lied) 177, 184
In Living Color (TV-Serie) 160
Intruders, The 28

J

Jackson, Ayana V. 180–183
Jakes, T. D. (Bischof) 118f., 195, 250
Jesus Christus 196, 216, 244, 260, 266, 269
Jones, Kidada 5, 72, 148
Juice (Film) 47, 49, 99

K

KRS-One 104
Karibik 111f.
Keep Ya Head Up (Lied) 105, 177, 184
Kelley, Robin D. G. 68, 115, 140f., 237f., 244, 250, 255, 257ff., 266
Kimbangu, Simon 237, 242
King, Don 154
King, Martin Luther Jr. 53, 94, 119, 190, 196, 210, 232, 240ff., 244f., 257, 260, 264f., 268
Kongo 86, 237
Ku Klux Klan 32
Kweli, Talib 106, 127, 131, 143, 206f., 250

L

Lasch, Christopher 39, 255, 266
Las Vegas 76, 221, 236, 274
Lee, Karen 51, 66f., 145f., 173, 182f., 203f., 207f., 223, 249
Lee, Spike 135, 218
Lil' Kim 126, 131, 154, 170
Lipton, Peggy 72f., 179f., 250

Los Angeles, Kalifornien 9, 72, 85f., 92, 131, 136, 157, 160, 205, 219, 229, 255, 260, 264
Lumberton, North Carolina 31f.

M

Machiavelli, Niccolò 99, 231
Malcolm X Grassroots Movement 145
Man Man 180ff.
Marin City, Kalifornien 42, 45, 57, 71, 76, 83, 88ff., 148, 221, 279
McLachlan, Sarah 73
McLean, Don 75
MC Lyte 104
Meza, Eric 162, 249
Morrison, Toni 29, 107, 113f., 132, 251
Mos Def 68f., 104, 106, 127ff., 131, 148, 150, 162, 199, 203, 249
Mt. Tamalpais High School 76, 85, 165, 255
MTV Music Video Awards 208

N

Nate Dogg 9, 16, 17
New York Times 72
North Carolina 31f.
Notorious B.I.G. »Biggie (Smalls)« 76, 104, 126, 153f., 156f., 207

O

Ogletree, Charles 239, 250
One Nation Emcees 77

P

Panther 21 30f., 35ff.
Parker, Charlie 237f., 260, 265, 268

Poetic Justice (Film) 63, 146, 180, 218, 220, 273
Prashad, Vijay 111f., 114, 224, 251
Pratt, Elmer »Geronimo« 44, 51, 54, 58f., 76, 250, 255, 267
Pratt, Linda 45
Presley, Elvis 12, 20, 231, 239, 242, 260, 265
Price, Richard 135, 257, 268

Q

Quayle, Dan 146

R

Raffeloc, David 97
Ray J 10f., 249
Reagan, Ronald 82f.
Richardson, LaTanya 49, 249

S

Samuels, Allison 72, 148, 180, 183, 250, 272f., 276
Sanchez, Sonia 65f., 95, 176, 196, 218, 250
Sartre, Jean-Paul 147
Shackleton, Peggy 93
Shakespeare, William 72, 76, 92, 114
Shakur, Afeni 20, 23, 27, 29–38, 41–49, 53f., 58ff., 62ff., 73–76, 95, 170, 172, 185, 251, 273
Shakur, Mutulu 37, 53, 60
Shakur, Sekyiwa 37, 47, 73
Sharpton, Al 64, 205, 250
Singleton, John 146, 159, 181, 201, 203f., 239, 250
Smith, Danyel 61, 224, 227f., 231, 240, 250
Smith, Jada Pinkett 45f., 49, 73, 143, 150f., 178, 183, 194, 200, 222f., 250

Smith, Will 128, 131
Snoop Dogg 9, 14f., 17, 19, 96, 104, 110, 122, 128, 131, 154, 173, 272
Sopranos, Die (TV-Serie) 122f.
Soul Train Music Awards 207
Spinners, The 28
Steinberg, Leila 71, 77, 85–96, 191–194, 200, 205, 209, 251, 255
Stoute, Steve 157
Strictly 4 My N.I.G.G.A.Z (Album) 143, 180, 275

T

Tate, Larenz 12ff., 249
Tucker, C. Delores 185f., 203, 208, 250
2 of America's Most Wanted (Lied) 122
Tyson, Mike 152–156, 236, 258, 263, 266

U

Until the End of Time (Album) 133

V

Van Gogh, Vincent 75

W

Warren G 9, 15–18, 249
Washington, Desiree 155
Waters, Maxine 172f., 206, 208, 249
West 127th Street Ensemble Company 74
Williams, Alice Faye (*siehe:* Shakur, Afeni) 30
Wilson, Willie 189f., 249
Wittgenstein, Ludwig 184, 259, 270
Wonda Why They Call You B__ (Lied) 185
Wu-Tang Clan 106, 131, 135

Y

Young Imaginations 87f.

BILDNACHWEIS

Joel Levinson/Corbis-Sygma: S. 1 oben
James Bevins/Globe: S. 1 unten
Danny Clinch/Corbis-Outline: S. 2 oben, S. 6
Hulton/Archive by Getty Images: S. 2 unten
Raymond Boyd/MichaelOchsArchives.com, S. 3 oben
Al Pereira/MichaelOchsArchives.com: S. 3 unten
Michael Benabib/Retna: S. 4
Ernie Paniccioli/Retna: S. 5 oben
Helayne Seidman/Getty Images: S. 5 unten links
John Spellman/Retna: S. 5 unten rechts
Jeffrey Newbury/Corbis-Outline: S. 7
Andrew Lichtenstein/Corbis-Sygma: S. 8

ÜBER DEN AUTOR

Michael Eric Dyson ist ein preisgekrönter Autor, ein weithin geschätzter Intellektueller und Professor der Georgetown University, dessen politische Analysen Gewicht haben. Geboren 1958 in Detroit, Michigan, ist er außerdem ein ordinierter Baptistenpfarrer. Dyson wurde bereits mit dem American Book Award sowie zwei Mal mit dem NAACP Image Award ausgezeichnet. Sein Buch über die Präsidentschaft Barack Obamas stand auf der Shortlist des angesehenen Kirkus Prize. In seiner fast dreißigjährigen Karriere hat er bislang 19 Bücher veröffentlicht. Dyson ist zudem ein gefragter Sprecher auf Bühnen sowie im Radio.

Haben Sie Interesse an unseren Büchern?

Zum Beispiel als Geschenk für Ihre Kundenbindungsprojekte?

Dann fordern Sie unsere attraktiven Sonderkonditionen an.

Weitere Informationen erhalten Sie bei unserem Vertriebsteam unter **+49 89 651285-252**

oder schreiben Sie uns per E-Mail an:
vertrieb@m-vg.de